Friedrich Mildenberger

Theorie der Theologie

Enzyklopädie als Methodenlehre

Calwer

Theorie der Theologie

CAV 18 36

Friedrich Mildenberger

Theorie der Theologie

Enzyklopädie als Methodenlehre

Calwer Verlag Stuttgart

ISBN 3-7668-0384-0
Erste Auflage 1972
© 1972 by Calwer Verlag Stuttgart
Alle Rechte vorbehalten. Wiedergabe, auch auszugsweise, nur mit
Genehmigung des Verlags. Fotokopieren nicht gestattet.
Einband: Gerh. Kurt Hofmann
Druck: Produktionsgemeinschaft Druckhaus Schwaben

FÜR CHRISTOPH UND BERNHARD

Inhalt

Ich widme diese Arbeit meinen Patensöhnen und mit ihnen allen denen, die es noch mit der Theologie wagen. Ihnen ein Hinweis: Man kann die allgemeinen Ausführungen zur Standortbestimmung und zur Methode der Theologie (unter 1 und 2) zunächst auch überschlagen und mit der Darstellung der theologischen Einzeldisziplinen und ihrer Probleme (unter 3) beginnen. Da ist die Anschauung für das, was zunächst als die Situation theologischer Arbeit beschrieben wird, die sich dann wieder in der methodischen Problematik zeigt. Vielleicht erleichtert diese Anschauung den Zugang zu den allgemeinen Teilen meiner Überlegungen.

P. Stuhlmacher, W. Metz und J. Track habe ich für Hilfe und Beratung zu danken.

Erlangen, im Juni 1972

Friedrich Mildenberger

0. Vorbemerkung

Standortbestimmungen der Theologie sind immer an der Zeit. Wer Theologe wird, sollte wissen, was er tut, wie er das tut und erst recht warum und für wen er sein Geschäft betreibt. Daß solche Überlegungen dann immer wieder anders ausfallen werden, muß nicht gegen die Theologie und die Kontinuität ihrer Denkvollzüge sprechen, kann auch ein Zeichen dafür sein, daß Theologie immer noch am Leben ist. Vielleicht gibt es aber gegenwärtig doch besonders gewichtige Gründe, die dafür sprechen, solche grundsätzlichen Überlegungen zur Theologie anzustellen und sie auch öffentlich zur Diskussion zu stellen.

Beziehungen, die für die Theologie lebenswichtig sind, sind heute schwer gestört. Das gilt sicher zuerst für die Beziehung von Theologie und Kirche. Da ist die doch nicht nur künstlich aufgebaute Front des Gemeindeglaubens gegen die Universitätstheologie. Über die Gründe dieser Frontbildung brauche ich mich jetzt noch nicht auszulassen. Das Faktum läßt sich nicht aus der Welt schaffen. Zugleich besteht aber auch die Gefahr, daß sich Theologie und institutionalisierte Kirche, daß sich die Theologie und die Kirchenleitungen, daß sich die Theologie und die Pfarrer immer weiter auseinanderleben. Man versteht sich nicht mehr, weil man anscheinend in ganz anderen Welten lebt, weil die Probleme, die hier und dort erörtert werden, sich anscheinend immer weniger decken. Die Kirche, auf die sich theologische Reflexion bezieht, ist nicht da – noch nicht? Und die Kirche, die da ist, will sich nicht auf die theologische Reflexion einlassen, die uns unumgänglich scheint. Denn sie will sich nicht in den Strudel der Kritik hineinreißen lassen — einer theologischen Kritik, die Evangelium und Sakrament, Amt und Kirche, ja Christus, Gott und den Glauben in sich zu verschlingen droht.

Ähnliches gilt aber auch für die Beziehungen der Theologie zu Universität und Öffentlichkeit. Die Zeiten sind vorbei, in denen die Theologie einen gesicherten Platz an den Universitäten beanspruchen konnte. Ein bekenntnisneutraler Staat muß sich fragen lassen, inwiefern er eine kirchlich gebundene Theologie an den Universitäten unterhalten kann. Eine Wissenschaft die sich ihrer eigenen Voraussetzungen oft kaum bewußt ist und sich stattdessen immer noch um das Panier der Freiheit von Forschung und Lehre schart, fragt nach der Wissenschaftlichkeit einer Theologie, die ihre kirchliche Bindung nicht verleugnen kann und meist auch nicht verleugnen möchte. Die Öffentlichkeit zeigt in der Regel nur dort ein gewisses Interesse für die Theologie, wo man sensationelle Enthüllungen verspricht, wo man echte oder auch nur vermeintliche religiöse Tabus bricht, wo man Kirche gegen Theologie und Theologie gegen Kirche auszuspielen sucht, wo kritische Äußerungen kolportiert werden können, die das, was man sich als kirchliche Glaubenspflicht vorstellt, aushöhlen. Da die Reizschwelle hier — genau wie beim Brechen sexueller Tabus — immer höher getrieben werden muß, wird dieses Interesse sicher nicht lange anhalten. Aber es wird das Bild der Theologie, gerade auch der kritischen Funktion der Theologie, in Kirche und Öffentlichkeit noch mehr verzerren, so daß es eine begründete kritische theologische Arbeit schwer haben wird, dort Gehör zu finden und wirksam zu werden, wo das nötig wäre.

Dabei kann sich die Theologie in dieser prekären Situation nicht einheitlich darstellen. Gruppen- und Schulbildungen sind unvermeidlich. Und in und mit diesen Gruppen wird man dann hier oder dort engeren Kontakt suchen — man mag das dann als Kooperation oder nach Geschmack auch als Kollaboration mit konservativer Kirchlichkeit, mit einer theologie-kritischen Wissenschaftlichkeit, mit einer mehr oder weniger seriösen Publizistik bezeichnen. Das gestörte Verhältnis der Theologie zu Kirche, Universität, Öffentlichkeit spiegelt sich jedenfalls auch in der innertheologischen Auseinandersetzung.

Das sind die Gründe, die es als besonders angezeigt erscheinen lassen, eine Standortbestimmung der Theologie zu versuchen. Wir wollen gerade in dieser Situation eine Erklärung darüber geben, was Theologie ist, und wie sie arbeitet.

Man mag mit einigem Recht einwenden, daß damit nicht viel gewonnen ist. Was soll eine solche, doch notgedrungen einseitige und beschränkte Darlegung? Für *die* Theologie kann sowieso niemand sprechen, sondern nur für die eigene Auffassung, für eine begrenzte Position — falls man den Schwierigkeiten nicht damit begegnen will, daß man sämtliche Positionen kritisch hinterfragt.

Zugegeben — wer versucht, sich darüber zu erklären, was Theologie ist, und wie sie arbeitet, der wird seine Auffassung von Theologie mit in die Reflexion einbringen. Das ist unvermeidlich. Gerade die Subjektivität dieser Auffassung aber wird die Tendenz auf Allgemeinheit der Aussagen mit sich bringen, den Anspruch, für *die* Theologie zu reden. Das gilt mindestens so lange, als der normative Anspruch der Theologie nicht aufgegeben wird. Wir haben ja nicht nur zu beschreiben, was ist. Wir haben auch auf das hinzuweisen, was sein soll. Das

Ineinander von Faktischem und Normativem ist unvermeidlich, auch dann, wenn man wie D. Rößler das Programm einer kritischen Theologie entwickelt, die alle positionelle Theologie hinterfragen will[1]. Damit kann man sich zwar aus dem Gegensatz der streitenden Positionen vornehm zurückziehen — aber tauscht man dann nicht gegen die strittigen Positionen eine programmatische Unverbindlichkeit der Theologie ein?

Das bedeutet noch nicht eine Resignation vor der Vielfalt der Meinungen. Anerkennung eines theologischen Pluralismus wird sich gegenwärtig kaum vermeiden lassen. Daß er damit wünschenswert wäre, soll allerdings nicht behauptet werden. Immerhin setzt auch ein solcher Pluralismus theologischer Meinungen und Positionen einen Minimalkonsens voraus über das, was Theologie sein soll und wie sie zu arbeiten hat. Wollten wir nur diesen Minimalkonsens formulieren, dann blieben wir gewiß in einer blassen und unverbindlichen Darlegung stecken. Darum ist ein Einbringen der begrenzten eigenen Position in die Gedanken unvermeidlich. Doch die Intention geht dabei gerade auf den Konsens, der nicht in einem unverbindlichen Minimalismus stecken bleiben sollte, sondern sich vielleicht doch etwas ausweiten läßt. Das würde der Theologie in der gegenwärtigen prekären Situation sicher gut bekommen.

Nicht ein Programm also ist hier beabsichtigt, die Darlegung eines neuen und originellen Verständnisses der theologischen Aufgabe, das um Zustimmung werben will. Originalität theologischer Positionen ist gegenwärtig sowieso nur schwer zu erreichen. Dazu ist seit der Aufklärung schon zu viel gedacht worden — und es waren der originellen Köpfe schon zu viele da, gerade im ausgehenden achtzehnten und in der ersten Hälfte des neunzehnten Jahrhunderts, die so ungefähr alle Möglichkeiten vorweggenommen haben, die uns heute offenstehen. Im übrigen scheint mir solche Originalität auch nicht gerade die größte theologische Tugend zu sein — dann auf jeden Fall nicht, wenn wir der Meinung sind, die Gemeinschaft des Glaubens sollte sich doch auch in einem theologischen Konsens widerspiegeln. Wir beschreiben, was Theologie heute ist, freilich immer mit der kritischen Frage danach, was sie sein könnte und sein sollte.

Diese irenischen Töne mögen manchem nicht passen, der die Kriege des Herrn auf eigene Faust führen und sich als theologischer Partisan das Schußfeld möglichst nach allen Seiten freihalten will. Wie die Dinge heute liegen, scheint mir solche Streitbarkeit der theologischen Verantwortung für eine Übereinkunft in dem, was an der Zeit und notwendig ist, nicht gerade zu entsprechen. Im übrigen wird ja die

Position, die in die Überlegungen einzubringen ist, auch Abgrenzungen notwendig machen. Und die sollen in der wünschenswerten Deutlichkeit vollzogen werden.

Wir legen die Erklärung zu Wesen und Aufgabe der Theologie unter dem hergebrachten Namen einer theologischen Enzyklopädie[2] vor. Auf den Begriff kommt es nicht an, eher schon darauf, daß wir auch hier den Konsens mit früheren Denkbemühungen anzudeuten suchen. Das heißt allerdings nicht, daß wir dem Schema älterer theologischer Enzyklopädien folgen können, indem wir zunächst einen Begriff von Theologie entwickeln, aus dem sich dann die faktische theologische Arbeit in ihrer Gliederung deduzieren ließe. Eine solche streng systematische, womöglich spekulative Entwicklung ist in der Tat heute nicht an der Zeit. Dazu sind die Dinge an allen Fronten viel zu sehr im Fluß. Wir werden uns vielmehr mit einer flächigen Beschreibung begnügen müssen, die Spannungen sichtbar macht, ohne sie im Begriff auflösen zu können, Spannungen, die heute nun einmal zur Theologie gehören und im faktischen Vollzug der theologischen Arbeit ausgehalten werden müssen. Einiges von diesen Spannungen ist schon vorweg angedeutet, es muß freilich erst auf seine Gründe hin befragt werden. Das soll in einem ersten Teil unserer Überlegungen geschehen. Weiter haben wir uns über die Methodenfrage einige Gedanken zu machen. Wir werden dann nach der spezifischen Art und Weise fragen, wie die Spannungen, die heute die Theologie und ihre Methode bestimmen, in den einzelnen theologischen Disziplinen in Erscheinung treten oder auch verdeckt werden — so sehr angenehm ist es ja nicht, Spannungen durchzustehen! Schließlich werden wir aus unseren Überlegungen auch einige praktische Nutzanwendungen zu ziehen haben, für die Gliederung der Theologie, des Theologiestudiums, des theologischen Examens — über das Weitere sollen sich die Kirchenmänner den Kopf zerbrechen, sofern sie nicht davon völlig in Anspruch genommen sind, den schwindenden Bestand ihrer Kirchen zu repräsentieren und zu verwalten.

1. Spannungsfeld Theologie

1.1 Die kirchliche Bindung der Theologie

Wir gehen aus von dem geschichtlich gewordenen Sachverhalt: Theologie und Kirche gehören zusammen. Sie gehören auch dann zusammen, wenn theologische Arbeit, wie das heute bei uns der Fall ist, weithin an Fakultäten der staatlichen Universitäten geleistet wird. Sicher kann man sich von diesem Ort der Theologie in der Universität zu apologetischen Trapezakten — mit Netz NB, denn die Bindung an die Kirche bleibt einem ja immer noch, falls es mit der Apologetik schief gehen sollte — veranlaßt fühlen: da der Staat doch die gesamte Gesellschaft vertritt und nicht nur die Kirchen, muß auch ein gesamtgesellschaftliches Interesse an der Theologie nachgewiesen werden. Die Wissenschaft braucht die Theologie —, die Gesellschaft braucht die Theologie —, darum ist es nicht mehr als recht und billig, daß der Staat an seinen Universitäten theologische Fakultäten unterhält (vgl. K. Koch)[1].

In Wahrheit sieht das ein bißchen anders aus. Vielleicht braucht die Gesellschaft, vielleicht braucht auch die Wissenschaft in der Tat die Theologie. Das wird ein Theologe, der seine Arbeit ernst nimmt, nicht bestreiten wollen. Aber dann braucht es andere Begründungen als ein solches kurzschlüssiges Überspringen des kirchlichen Bezuges der Theologie. Wir haben sowieso genug zu tun, die Glaubwürdigkeit theologischer Argumentation wenigstens halbwegs aufrecht zu erhalten und sollten sie nicht mit solchen unnützen Versuchen strapazieren. Gesellschaft braucht Theologie genau so viel oder so wenig, wie sie Kirche braucht. Aber was eine brauchbare Kirche und dann vielleicht auch eine brauchbare Theologie ist, das läßt sich nicht von den Menschen her einsichtig machen, die die Kirche brauchen, auch nicht von der Gesellschaft her, in der Kirche lebt. Was eine brauchbare Kirche und Theologie ist, das bestimmt sich von dem Gott her, der diese Kirche gebraucht. Davon aber ist hier noch nicht die Rede.

Wir bleiben zunächst bei dem augenfälligen Tatbestand, daß Kirche Theologie braucht — besser reden wir gleich im Plural von den Kirchen, die die Theologie brauchen.

Die institutionelle Verflechtung von Kirchen und theologischen Fakultäten muß hier nicht lange aufgezeigt werden. Deren Hauptaufgabe ist nun einmal die Ausbildung der künftigen kirchlichen Amtsträger (ein unschöner und auch unscharfer Begriff. Aber er soll hier einmal durchgehen). Und Theologie mag man dann als die Bildung bezeichnen, die benötigt wird, um die Aufgaben eines kirchlichen Amtes auszufüllen. Damit nähern wir uns von diesen Überlegungen zur Bindung der Theologie an die Kirche einer ersten möglichen Bestimmung dessen, was Theologie ist.

1.1.1. Theologie als Kunstlehre der Kirchenleitung

Die hier genannte Bestimmung klingt nicht nur etwas ungewohnt, sondern vielleicht auch nicht gerade anziehend. Sicher könnten wir auch „Gemeindeleitung" sagen. Aber damit legten wir uns von vornherein auf ein Gemeindeprinzip fest, das möglicherweise doch seine Zeit schon gehabt hat. Sei's drum: Wir können uns hier ja auf einen Großen der Theologie berufen, an den sich diese erste Bestimmung anlehnt — Friedrich Schleiermacher. In seiner kurzen Darstellung des theologischen Studiums lautet der fünfte Paragraph so: „Die christliche Theologie ist sonach der Inbegriff derjenigen wissenschaftlichen Kenntnisse und Kunstregeln, ohne deren Besitz und Gebrauch eine zusammenstimmende Leitung der christlichen Kirche, d. h. ein christliches Kirchenregiment, nicht möglich ist" [2].

Das ist unbestreitbar richtig und ein nützlicher Einstieg in unsere Fragen. Wir dürfen uns nur durch den Begriff der Kirchenleitung bzw. des Kirchenregiments nicht zu der irrigen Vorstellung verleiten lassen, damit seien nur die Bischöfe und Oberkirchenräte und vielleicht noch ein paar Superintendenten gemeint. Sicher brauchen die auch Theologie! Aber hier ist anderes im Blick. Nehmen wir zur Verdeutlichung die jedenfalls in unserem gegenwärtigen Stadium der kirchlichen Organisation immer noch zentrale Stellung des sonntäglichen Gottesdienstes. Da passiert Kirchenleitung, Gemeindeleitung, indem der gemeinsame Gottesdienst eben vom Theologen geleitet wird. Von hier aus hat man sich klarzumachen, was Kirchenleitung ist. Es geht da um die gemeinsamen Vollzüge, die das kirchliche Leben ausmachen. Die geschehen nicht einfach von selbst, sondern brauchen Ordnung, Initiative, Lenkung. Daß solche „Kirchenleitung" dann immer Sache des einen Pfarrers — und dann höchstens noch von dem Pfarramt übergeordneten Instanzen sein müsse, ist damit freilich noch nicht ausgemacht. Kooperative Formen solcher Kirchenleitung sind denkbar und an der Zeit — was zweifellos auch für die Theologie von einiger Bedeutung ist. Die kann dann ja nicht Theologie für Pfarrer bzw. für das herkömmliche Pfarramt bleiben.

Theologie also ist die Kunstlehre der Kirchenleitung, wobei wir unter Kunstlehre die Vermittlung dessen verstehen, was einer können muß, um der genannten Aufgabe gerecht zu werden. Das die These, mit der wir es zu tun haben. Von diesem praktischen Zweck her muß sich dann alles, was man unter Theologie versteht, zu einer Einheit zusammenfassen lassen. Also die philologische und historische Schulung, wie sie Theologie vermittelt, um zu einer gründlichen Exegese der Bibel instand zu setzen. Das geschichtliche Wissen, das mit dem Werden der Kirche wie mit ihrem gegenwärtigen Bestand und seinen besonderen Problemen vertraut macht. Die normativen Fragestellungen von Dogmatik und Ethik. Die Überlegungen zum Handeln der Kirche, die Sache der praktischen Theologie sind — auf die einzelnen Zweige der theologischen Arbeit werden wir noch ausführlicher zu sprechen kommen.

Also: Wenn wir Theologie bestimmen als Kunstlehre der Kirchenleitung, dann bedeutet das, daß sie ihre Einheit eben in der Abzweckung auf das praktische Handeln in der Kirche findet. Sie hat dann das auszubilden, was für die Kirchenleitung notwendig ist. Umgekehrt wird sich dann alles, was den Anspruch erhebt, zur Theologie zu gehören, an dieser praktischen Abzweckung ausweisen müssen. Nicht dies oder das, sicher auch recht interessante Dinge und Sachverhalte, ist schon von seinem Gegenstand her Theologie — etwa der Bereich der Religionswissenschaft, oder die Wissenschaft von der christlichen Religion mit allen da möglichen Aspekten und Fragestellungen. Theologie ist vielmehr von dem her zu bestimmen, was für die Kirche notwendig ist — vielleicht auch nur gut und nützlich. Immer muß jedenfalls die Beziehung auf die Kirche mitgesetzt sein. Sonst geht die Einheit der Theologie verloren. Um noch einmal Schleiermacher zu zitieren (§ 6): „Dieselben Kenntnisse, wenn sie ohne Beziehung auf das Kirchenregiment erworben und besessen werden, hören auf, theologische zu sein, und fallen jede der Wissenschaft anheim, der sie ihrem Inhalte nach angehören. Diese Wissenschaften sind dann der Natur der Sache nach die Sprach- und Geschichtskunde, die Seelenlehre und Sittenlehre, nebst den von dieser ausgehenden Disziplinen der allgemeinen Kunstlehre und der Religionsphilosophie".

Theologie ist also ein Bündel von verschiedenen Wissenschaften hergeliehener Kenntnisse und Fähigkeiten — das seine Einheit nur von der Beziehung auf die Kirche gewinnt und sie nur in dieser Beziehung auf die Kirche festhalten kann. Abgesehen von der Kirche ist Theologie nichts. Sie hat kein gesondertes Fachgebiet, mit welchem sie sich im Ganzen der Wissenschaften behaupten könnte, keine besondere Methode, durch die sie ihr Recht erweisen könnte. Nur in ihrer Beziehung auf die Kirche liegt ihr Recht. Das die These Schleiermachers.

So läßt sich also zunächst einmal feststellen: Kirche braucht Theologie und eben darum braucht Theologie Kirche, da sie ohne Kirche nichts wäre.

1.1.2. Die Differenz von Kirche und Kirche als Hinweis auf den Gegenstand von Theologie

Wir begnügen uns nicht mit diesem zunächst vom Phänomen her begründeten Beieinander von Kirche und Theologie. Das heißt nicht, daß wir diese Bestimmung von Theologie als Kunstlehre der Kirchenleitung nun kurzerhand beiseiteschieben wollten. Sie hat ihr bleibendes Recht. Aber sie reicht doch nicht ganz zu.

Um hier weiter zu kommen, fragen wir zunächst, warum eine solche Kunstlehre der Kirchenleitung eigentlich den Namen „Theologie" trägt. Das ist ja seltsam. Wir sind doch geneigt, in Analogie zu anderen Bildungen — Psychologie, Biologie usw. — zu übertragen: Theologie ist die Wissenschaft von Gott, die Wissenschaft, die Gott als ihren Gegenstand hat.

Gewiß lassen sich dagegen dann auch gleich die verschiedensten Einwände vorbringen. Man kann sagen, daß Gott nicht zum Gegenstand einer wissenschaftlichen Erkenntnis werden kann, da er nun einmal nicht zu den Gegenständen möglicher Erfahrung gehört — falls es ihn überhaupt gibt. Man kann umgekehrt vom religiösen Standpunkt aus bestreiten, daß Gott zum Gegenstand menschlicher Wissenschaft gemacht werden darf — da sich damit das Verhältnis von Schöpfer und Geschöpf umkehre. Das ist so und so bedenkenswert. Doch wir halten uns zunächst an das viel Einfachere, an die Differenz der geläufigen Bezeichnung „Theologie" und dessen, was wir zunächst als Theologie bestimmt haben. Ist diese Bezeichnung nur zufällig an der Theologie hängen geblieben, obwohl sich ihre Aufgabenstellung ganz anders bestimmt, als der Name vermuten läßt? Oder hat beides — Kunstlehre der Kirchenleitung und Wissenschaft von Gott — doch miteinander zu tun?

Wir gehen diese Frage auf einem Umweg an, der sich allerdings nicht wohl vermeiden läßt. Daß sich Theologie auf Kirche beziehe und beziehen müsse, das setzen wir jetzt voraus. Welche Kirche ist aber damit gemeint? Ist das diese und diese Landeskirche, oder einer der verschiedenen Kirchenbünde? Sicher dann, wenn wir auf die institutionelle Verflechtung von theologischen Fakultäten und kirchlichen Rechtskörperschaften sehen. Doch wir wissen, daß damit nicht der Begriffsgehalt von Kirche schon erschöpft ist. Wir brauchen dazu nur an die eine, heilige, allumfassende und apostolische Kirche zu erinnern, von der im Glaubensbekenntnis die Rede ist. Daß hier eine Differenz besteht, liegt auf der Hand. Die evangelisch-lutherische Kirche in Bayern ist nicht diese eine, allumfassende Kirche. Sie bezeichnet sich selbst ja ausdrücklich nicht nur als eine lokal begrenzte, die Kirche in Bayern, sondern auch als eine konfessionell, eben evangelisch-lutherisch bestimmte Kirche.

Aber es kann ja nicht nur diese Differenz markiert werden. Ohne jetzt auf die Fragen einer Ekklesiologie, einer theologischen Lehre von der Kirche, gründlich einzugehen, muß doch eine Tendenz auf Identifikation dieser differenten Größen vermerkt werden. Freilich muß man da dann sehr genau zusehen, wie nun die Identität — oder besser noch einmal: die Tendenz auf Identifikation — der differenten Größen bestimmt werden muß.

Gehören sie zusammen wie ein Teil und das Ganze? So könnte man höchstens sagen, wenn nur die lokale und nicht auch die konfessionelle Begrenzung für die einzelnen Kirchentümer kennzeichnend wäre. Doch davon sind wir weit entfernt. Das Nebeneinander verschiedener Kirchen liegt am Tag, und die Differenzen lassen sich nicht übersehen, auch wenn man sich um gegenseitiges Verständnis, auch um Annäherung bemüht. Aber gerade wo es um die Einheit im Glauben, die Einheit des Bekennens, geht, zeigt sich nicht nur ein Nebeneinander, sondern auch ein Gegeneinander, das aufweist, wie die empirische Vielheit und die geglaubte Einheit von Kirche im Widerspruch stehen. Wir werden die Identität in der Differenz nicht fassen können, indem wir sagen: Dieses und dieses Kirchentum verhält sich zu der Kirche, wie sie das Glaubensbekenntnis anspricht, als Teil zum Ganzen. Wir werden aber auch nicht die geläufigen Begriffe der sichtbaren und der unsichtbaren Kirche zur Bestimmung der Identität in der Differenz verwenden wollen. Denn damit kann man sich in der Differenz leicht und bequem einrichten: Einheit, Heiligkeit der Kirche ist sowieso nur als Prädikat der unsichtbaren Kirche möglich. Also brauchen wir uns nicht allzu sehr um die Uneinigkeit und Unheiligkeit unserer Kirchentümer zu sorgen. Sie ist in dieser Differenz der sichtbaren und der unsichtbaren Kirche sozusagen schon theologisch vorgesehen und hat damit sogar ihr Recht!

Die wahre Kirche ist nicht eine civitas Platonica[3], schön ausgedachte, aber unwirkliche Utopie. Sie will vielmehr Gestalt gewinnen — ich brauche das hier nicht ausführlich biblisch zu belegen (vgl. etwa Mt 5, 13 ff.; Eph 4). So weit sind wir sowieso noch nicht in unseren Überlegungen, daß wir über die Art und Weise theologischer Argumentation aus der Schrift Rechenschaft gegeben hätten, können darum nur in einem Vorgriff darauf verweisen, daß Kirche — die eine, heilige, allgemeine („katholisch" — das ist ja seltsamerweise einer partikularen Konfessionskirche als spezifisches Prädikat zugestanden) und apostolische Kirche — in unserer Welt sichtbare Gestalt gewinnen will. Dazu allein ist Kirche da. Sie lebt nicht auf eigene Rechnung, um die religiösen Bedürfnisse ihrer Mitglieder zu befriedigen. Dann könnte es ohne viel Schwierigkeit so sein, daß den verschiedenen Bedürfnissen auch ein verschiedenes Angebot entspräche. Und warum sollte man dann nicht eine geistige Einheit aller Religion postulieren, eine unsichtbare Gemeinschaft des Religiösen, die dann meinetwegen nicht an den Grenzen der christlichen Kirchentümer aufzuhören brauchte, sondern alle religiöse Menschlichkeit in sich schließen könnte. Wenn aber Kirche nicht durch die Allgemeinheit religiöser Bedürfnisse und deren Befriedigung bestimmt ist, sondern durch die Besonderheit ihrer geschichtlichen Herkunft, geht es damit nicht. In dieser Besonderheit, die durch den Namen Jesu Christi bezeichnet wird, haben wir Gottes Auftrag an die Kirche zu erfassen und von daher auch theologisch zu bestimmen. Darum muß dann dieser Auftrag sichtbar und vor jedermanns Augen ausgerichtet werden — und der Skandal der kirchlichen Uneinigkeit kann nicht mit dem Verweis auf die Unsichtbarkeit der wahren Kirche vertuscht werden. Dann wird vielmehr die Differenz zur unausweichlichen Frage: Wie gewinnt in dem einzelnen Kirchentum jene eine, heilige, allgemeine und apostolische Kirche Raum und Gestalt?
So haben wir also die Identität in der Differenz zu bestimmen, indem wir auf die Intention verweisen, die in dem vorhandenen Kirchentum liegt: Hier, in der evangelisch-lutherischen Kirche in Bayern z. B., und durch sie soll die Kirche Gestalt gewinnen.
Wie geschieht das? So ist dann selbstverständlich weiter zu fragen. Eine theologische Antwort ist schnell gegeben, und eine andere kann sowieso nicht gefragt sein (vgl. aber 1.3.2.). Denn für jede andere Betrachtungsweise kommt die Kirche des Glaubensbekenntnisses mitsamt ihren Prädikaten nicht in Frage, und kann also die Differenz, mit der wir uns befaßt haben, nicht als ein wirklich fragwürdiger Sachverhalt wahrgenommen werden. Die theologische Antwort wird also lauten: Jene Identifikation geschieht durch Gott selbst — den Heili-

gen Geist. Damit bezeichnen wir die bestimmende Wirksamkeit Jesu Christi in der Kirche, die sich auf ihn als ihren Herrn beruft. Wir reden von Gottes Wirksamkeit im Menschen. Aber die geschieht nicht unvermittelt. Der Heilige Geist ist gebunden an äußere, wahrnehmbare Vollzüge. „Darumb sollen und müssen wir darauf beharren, daß Gott nicht will mit uns Menschen handeln denn durch sein äußerlich Wort und Sakrament" (ASm, BSLK². 1952, S. 455 f.).

Nun haben wir oben schon darauf hingewiesen, daß im Zentrum dessen, was der Theologe traditionell als kirchenleitende Aufgabe wahrzunehmen hat, die Leitung des sonntäglichen Gottesdienstes und also die Verwaltung von Wort und Sakrament steht. Hier läuft zusammen, was zunächst sehr weit voneinander geschieden schien: Theologie, bestimmt als Technik der Kirchenleitung, und Theologie als die Wissenschaft, die Gott zum Gegenstand hat. Denn Technik der Kirchenleitung kann ja nicht als Selbstzweck bestimmt werden, mindestens solange nicht, als sich nicht das einzelne Kirchentum als Selbstzweck versteht. Sie intendiert vielmehr den Vorgang der Identifikation der differenten Größen Kirche und Kirche, dient der Gestaltwerdung der einen, allgemeinen, heiligen Kirche in dem begrenzten, unheiligen Kirchentum.

Wir können das auch begrifflich zusammennehmen und also sagen: Theologie ist die Wissenschaft vom Wort Gottes. Einmal so, daß sie im Wort Gottes ihren Gegenstand hat, daß sie jenem Handeln Gottes selbst nachdenkt, durch welches Kirche Gestalt gewinnt. Zum anderen so, daß sie die Fertigkeiten vermittelt, durch die jene Institutionen in Gang gehalten werden, deren sich Gott selbst erklärtermaßen bedienen will zu dieser Gestaltwerdung.

Sicher kommt jetzt der Einwand: Wort Gottes als Gegenstand der Theologie — das ist ein alter Hut, erst recht dann, wenn dieses Wort Gottes sich nun im Gottesdienst als Wort und Sakrament ereignen soll. Zugegeben, Neuigkeiten bringen wir damit nicht vors Publikum. Aber abgesehen einmal davon, daß ein rechter Mann an seinem alten Hut hängt und sich nicht ohne Not nach einem neuen umtut — wir fangen eben erst an, nachzudenken. Und da ist es nicht ohne Wert, erst einmal dort anzufangen, wohin andere schon gekommen sind. Das scheint mir sicherer, als großartige neue Entwürfe vorzulegen, die dann, falls man sich überhaupt an die Durchführung macht, wohlbekannten alten Hüten doch auch sehr stark ähneln.

1.1.3. Gottes Handeln als Gegenstand der Theologie

Wir sind mit unserer Bestimmung des Gegenstandes der Theologie als Wort Gottes noch nicht am Ende unserer Überlegungen. Das einmal ganz abgesehen davon, daß ein solcher Begriff nicht schon damit geklärt ist, daß wir ihn in einem bestimmten Zusammenhang einführen. Ich erinnere daran: Wir bedenken hier die kirchliche Bindung der Theologie. Sie ist nicht allein deshalb unabdingbar, weil Theologie, verstanden als Kunstlehre der Kirchenleitung, ohne diesen praktischen Bezug ihre Einheit verlieren und in verschiedene Gegenstandsbereiche und Methoden auseinanderfallen müßte. Auch wenn wir vom Begriff Theo-Logie aus Theologie, ihren Gegenstand, ihre Arbeitsweise zu verstehen suchen, stoßen wir auf diese Bindung: Gott ist der Theologie nicht anders gegeben als in seinem Handeln in der Kirche und durch die Kirche. Dabei ist Kirche wieder verstanden von der Wirksamkeit Jesu Christi her. Auf ihn führt sich die christliche Kirche zurück. Darum ist sie ihm unterstellt, kann nur von ihm her und in der Ausrichtung auf ihn Gott zu Recht in Anspruch nehmen.

Das heißt, daß hier Gottes Wirklichkeit keinesfalls einem direkten Zugriff offen steht. Sie ist gerade in den Mitteln — sagen wir ruhig: sie ist ausschließlich in den Mitteln faßbar, deren sich Gott bedient, wo es um die Verwirklichung von Kirche, um Glauben und christliches Leben geht. Daß das speziell Wort und Sakrament wären, das ist zwar die ehrwürdige und bedenkenswerte Auskunft unserer kirchlichen Tradition. Aber hier werden wir mit unserer Reflexion nicht aufhören. Es ist ja immerhin denkbar, daß sich Gottes Handeln auch anderer Mittel bedient und weiter bedienen will. Nicht Wort und Sakrament sind als solche das Wort Gottes, an welches sich Kirche und damit doch wohl auch Theologie gebunden weiß. Dieses Wort Gottes heißt Jesus Christus. Der Auftrag, den die Kirche zu erfüllen hat, ist darum nicht einfach der, das Evangelium zu verkündigen und die Sakramente zu verwalten. Es könnte sein, daß diese Gestaltung des kirchlichen Auftrages schon lange nicht mehr zeitgemäß ist, und eine Bindung der Kirche an diese Gestaltung gerade im Namen des kirchlichen Auftrages den schärfsten Protest wecken müßte — da sind wir nahe dran, wenn ich recht sehe! Das Wort Gottes, an das die Kirche gebunden ist, heißt Jesus Christus, und der kirchliche Auftrag ist es, einer heillosen Welt das heilsame Werk Jesu Christi zu vermitteln. Solche Vermittlung kann nicht bedeuten, daß wir als Theologen oder als Kirche dieses heilsame Werk Christi hätten, etwa in unserer Tradition, im Bekenntnis, in der Institution, in unserer Gläubigkeit.

Dann wäre die Frage nur noch, wie wir es einer Welt weitergeben, die anscheinend wenig Interesse für das zeigt, was wir da anzubieten haben. Sicher steckt man weithin in diesem Denkmodell. Aber das ist Unsinn. Vermittlung kann nur heißen, daß sich in uns, durch uns dieses Werk Christi unserer Welt und Zeit vermittelt, indem wir selbst danach fragen, danach suchen. Das gilt nicht nur, aber doch in erster Linie für die Sprache, in der sich dieses Werk verständlich mitteilen läßt.

Bleiben wir bei diesem Auftrag der Vermittlung. Zunächst ist klar: daß sich mit und unter der kirchlichen Vermittlung das Handeln Gottes selbst vollzieht, das läßt sich nicht aufweisen. Wir setzen das theologisch voraus, indem wir es erwarten, erhoffen und erbitten. Solche Voraussetzung ist nicht grundlos. Sie kann sich auf Geschichte berufen, auf die Erfahrungen, die andere gemacht haben, die so auf Gott vertrauten. Gewiß ist dieser Verweis auf Geschichte wieder zweideutig. Denn in dieser Hinsicht ist vieles, das solches Handeln Gottes nicht sein kann, weil es Jesus nicht entspricht, obwohl es ihn in Anspruch nimmt. Wir können mit unserem Verweis auf Geschichte nicht heraus aus dieser Zweideutigkeit. Wir nennen damit nur, daß solche theologische Voraussetzung nicht grundlose Willkür ist, sondern sich in die Kontinuität dieser Geschichte einstellt.

Was wir also als theologischen Gegenstand intendieren, das ist dieses Handeln Gottes. Was wir als Gegenstand haben, das sind die kirchlichen Vollzüge, deren sich solches Handeln Gottes bedient. Das selbstverständlich samt der Geschichte, aus der sich diese kirchlichen Vollzüge herleiten, und der Zukunft, auf die sie aus sind. Das heißt zweierlei, was hier noch zu sagen ist: Theologie hat ihren intendierten Gegenstand in einer starken Indirektheit, Gebrochenheit. Metaphysik, philosophische Gotteslehre, mag da viel direkter dran sein, etwa dann, wenn sie sich hineinreißen läßt in eine Grunderfahrung der Fraglichkeit, in der Wirklichkeit im Ganzen erfaßt wird als Fraglichkeit von Sein und von Sinn, um dann in dieser Erfahrung der Fraglichkeit „Gott" als „das Vonwoher der Fraglichkeit" zu fassen (W. Weischedel, in: H. Gollwitzer — W. Weischedel, Glauben und Denken, 1965, S. 297)[4]. Da sind nicht die Vermittlungen, Jesus Christus, Kirche mit ihren Institutionen — da ist das Denken mit seiner Erfahrung gottunmittelbar. So geht es in der Theologie nicht. Da haben wir den intendierten Gegenstand nur in den Vermittlungen, darum mittelbar. Und haben als unmittelbaren Gegenstand eben die Vermittlungen.

Von daher ist nun noch einmal, und jetzt auf einer neuen Ebene, die kirchliche Bindung der Theologie zu betonen. Sie geht nicht nur auf die Institutionen, auf die Kirchentümer, die Theologie brauchen und auf deren Bedürfnisse die theologische Arbeit eingeht. Sie geht vielmehr, gerade weil sie auf Gott selbst hin ausgerichtet ist, auf die Vermittlungen, in welchen und durch welche Gott wirksam ist. Theologie ist also auf Kirche angewiesen — sonst hat sie nichts zu tun, ist sie ohne Einheit und Gegenstand. Das als Fazit des ersten Gangs unserer Überlegung.

Da mag es nun manchem gerade von der theologischen Zunft angst und bang werden — die anderen haben es ja sowieso gewußt, mindestens als selbstverständlich angenommen, daß Theologie und Kirche zusammengehören. Nicht nur jenen hochgemuten Denkern, die sich aufs hohe Roß einer voraussetzungslosen Wissenschaft geschwungen haben und nun meinen, sie kämen ausgerechnet als Theologen auf diesem Schaukelpferd vom Fleck. Sondern auch den andern, die wissen, daß Theologie ohne Kirche eine brotlose Kunst ist — die aber zugleich ihre Erfahrungen mit der Kirche gemacht haben — und wer hätte das nicht! Ihnen zum Trost: Wir sind hier noch nicht am Ende, stehen erst am Anfang. Wir verkaufen unsere theologische Freiheit und Verantwortung nicht, wenn wir so die kirchliche Bindung unserer Theologie betonen. Im Gegenteil: Nur so läßt sich theologische Freiheit behaupten und theologische Verantwortung wahrnehmen.

1.2. Die kirchenkritische Funktion der Theologie

Man mag sich nun fragen, wieso eigentlich das Verhältnis der Theologie zur Kirche gestört sein soll, wenn doch Theologie ihre kirchliche Bindung anerkennt. Damit formulieren wir ja keineswegs eine Außenseiterposition, sondern können einen weitreichenden theologischen Konsens voraussetzen. Eine Theologie, die sich an die Kirche gebunden weiß, müßte doch eigentlich bei dieser Kirche Liebkind sein! Und begegnet merkwürdigerweise von dort her spürbarem Mißtrauen. Das ist ja mit der aktuelle Anlaß dafür, daß wir uns hier grundsätzlich über Wesen und Aufgabe der Theologie erklären. Wie kommt es zu dieser ärgerlichen Spannung?

1.2.1. Distanz und Mißtrauen

Wir gehen aus von der Erfahrung und fragen dann nach möglichen Gründen dessen, was wir erfahren. Diese Erfahrung läßt sich in die beiden Begriffe „Distanz" und „Mißtrauen" fassen: Distanz des Theologen zur Kirche — nicht nur des Theologen, der in einem akademischen Lehramt steht. Auch mancher Vikar und Pfarrer bewahrt sich ja diese Distanz zur verfaßten Kirche und ihren Organen, auch zur Gemeinde, ihrer Frömmigkeit. Er will sich seine theologische Existenz nicht abkaufen lassen, indem er den bequemen Weg der Anpassung an das, was von ihm erwartet wird, geht. Wir kennen das — so merkwürdig diese Erfahrung anmutet, wenn wir etwas mehr über sie nachdenken. Das die eine Seite: Distanz.

Dem entspricht auf der anderen Seite das Mißtrauen. Das braucht sich noch nicht gleich in dem Vorwurf zu artikulieren, die Theologen seien doch alle ungläubig. Auf jeden Fall sind sie unbequem — desto unbequemer, je mehr sie mit Leib und Seele Theologen sind. So, wie die verfaßte Kirche — wir haben hier zunächst immer diese im Blick, wenn wir jetzt von Kirche reden — dem Theologen als ein notwendiges Übel erscheint, dem er nur kritisch distanziert begegnen kann, so erscheint häufig genug die Theologie, es erscheinen die Theologen dieser Kirche als ein solches notwendiges Übel, dem man zunächst einmal mit einem grundsätzlichen Mißtrauen begegnen muß.

Woran liegt das?

Hier ist einiges zu nennen. Es hängt den evangelischen Kirchen an, daß hier die Theologen immer eine beherrschende Stellung eingenommen haben. Schon die Reformation ist ja als Bewegung akademischer Theologie gegen die damalige Kirche in Gang gekommen. Und ihrer ganzen Struktur nach beansprucht seither die Theologie eine bestimmende Rolle in der Kirche. Sicher kann man nicht einfach von einer Theologenherrschaft reden — aber ein Moment solchen Herrschaftsanspruchs steckt doch in dem Verhältnis der Theologie zur Kirche und kann eben darum dieses Verhältnis belasten. Die römisch-katholische Theologie beispielsweise hat von ihrer Tradition her längst nicht dieses Gewicht, kann es der Hierarchie gegenüber nach der Struktur dieser Kirche gar nicht haben, wird darum auch viel eher auf die Sympathie derer rechnen können, die sich innerlich oder auch äußerlich gegen den Herrschaftsanspruch der Hierarchie zur Wehr setzen. Aber was dort geschieht, braucht uns jetzt nicht zu bekümmern. Wir können nur am Gegensatz uns die Stellung der evangelischen Theologie, gerade in diesem Moment der Herrschaft, verdeutlichen. Da mag mit ein Grund des Mißtrauens liegen, mit dem man der Theologie heute in der Kirche weithin begegnet, was nicht heißen soll, daß sich nicht auch dem römischen Verhältnis entsprechende Strukturen etwa einer Verbindung von progressiver Kirchlichkeit mit der Theologie zeigten.

Wir reden jetzt nicht über Recht oder Unrecht solcher Ansprüche und Verbindungen. Sie sind da — das muß zunächst genügen.

Wahrscheinlich wichtiger aber ist, wenn wir nach den Gründen von Distanz und Mißtrauen fragen, die Tendenz zu einer esoterischen Fachdiskussion, wie sie der Theologie naturgemäß wie jedem anderen Fach eignet. Nur, daß die Theologie da in anderer Lage ist als Mathematik oder vielleicht auch Philosophie. Womit sie sich beschäftigt, das geht jedenfalls dem Anspruch nach jeden Menschen, auf jeden Fall jeden Christen unmittelbar an. Gott und Christus, Bibel und Bekenntnis, Glaube und Heil, das sind Dinge, die man nicht hinter verschlossenen Türen, die man auch nicht in der Abschirmung durch eine dem Außenstehenden unverständliche Fachsprache verhandeln sollte. So wird jedenfalls der unmittelbare Eindruck sein — Einschränkungen werden wir gelegentlich schon noch geltend machen.

Nehmen wir das zunächst: eine innertheologische Fachdiskussion ist immer eine fragwürdige Sache. Doch können wir nicht bei einem solchen allgemeinen Urteil bleiben. Es hat diese Fachdiskussion der Theologen in der Tat gegeben — und zwar so, daß dort die kritische Auseinandersetzung mit dem modernen historischen Bewußtsein stattfand. Ergebnis ist unter anderem eine allgemein anerkannte Geltung der historisch-kritischen Methode bei der Auslegung der Bibel — wir wollen freilich lieber nicht fragen, was dann dieser oder jener Exeget unter dieser Methode versteht; da würden sich rasch sehr schwerwiegende Differenzen zeigen. Gegen diese kritische Diskussion der Fachleute hat man die Gemeinden mehr oder weniger bewußt abgeschirmt. Wer dafür verantwortlich ist, und warum man das getan hat — das sind Fragen, die nicht leicht zu beantworten sind. Man kann sicher mit Recht sagen, die Gemeinden hätten an den kritischen Fragestellungen der Theologie lange nicht das Interesse wie die Theologen selbst. Man kann die Meinung vertreten, diese kritische Auseinandersetzung verlange so komplizierte Denkvorgänge, daß sie einem nicht theologisch geschulten Christen nicht zuzumuten wären. Das ist schon ein schwächeres Argument. Man kann schließlich auch sagen, die Theologen müßten stellvertretend für die Gemeinden die Anfechtung der historischen Kritik durchstehen. Das allerdings ist ein ganz windiges Argument, das verschwinden sollte. Es kann so wenig und so viel stellvertretende Anfechtung geben, wie es stellvertretenden Glauben geben kann — und daß nun ausgerechnet die Theologen stellvertretend für die Gemeinden glauben sollten, davon habe ich glücklicherweise doch noch niemand reden hören.

Es hat diese Abschirmung gegeben — aber die geht ja mindestens ebensosehr zu Lasten der theologischen Praktiker in Kirchenleitungen und Gemeinden wie zu Lasten der Universitätstheologie, die nun, nachdem sich diese Abschirmung nicht mehr halten läßt, den Buhmann abgeben muß. Warum diese Abschirmung durchbrochen ist, wahrscheinlich irreparabel — und das halte ich für durchaus wünschenswert —, das läßt sich leicht sagen. Die Massenkommunikationsmittel unserer Gesellschaft dulden eine solche Abschirmung nicht. Freilich ist es dann eine unbillige Forderung, daraufhin die kritische Fachdiskussion einzustellen bzw. auf das Maß zurückzuschrauben, das dem Gemeindetheologen erträglich scheint. Wer mitreden will, muß hier eben mitkommen. Das ist nicht die Sache von Glauben oder Unglauben, von konservativer oder progressiver Einstellung, sondern zunächst einmal die Sache von Informiertheit und Reflexionsvermögen. Es wäre also fatal, wenn sich das, was als Fach- bzw. Universitätstheologie einmal, gegen das „Volk" abgeschirmt, im „gelehrten Publikum" diskutiert wurde, nun als eigene theologische oder womöglich gar kirchliche Front dem gegenübersehen würde, was man an Reflexion und Information allenfalls den Gemeinden vermittelt hatte.

Vermutlich stecken hier die Hauptgründe für das, was ich als Distanz einerseits, als Mißtrauen andererseits bezeichnete. So leidig diese Geschichte aber ist — die Frage der Schuld will ich hier nicht aufrollen —, sie macht doch noch nicht das Ganze aus, was hier zu sagen ist. Sie erklärt höchstens, daß das Verhältnis von Theologie und Kirche gegenwärtig in einer unnormalen Spannung steckt. Aber sie erklärt noch nicht, daß dieses Verhältnis ganz normalerweise Spannungen in sich birgt und bergen muß. Dem wenden wir uns jetzt zu.

1.2.2. Kirchenkritik, begründet in der Differenz von Kirche und Kirche

Wir sahen uns genötigt, bei der Erörterung der kirchlichen Bindung der Theologie auf die Differenz hinzuweisen, die wir im Auge haben müssen, wenn wir von Kirche reden. Kirche ist nicht nur das jeweilige Kirchentum. Kirche ist im Bekenntnis des Glaubens genannt. Nur in der Intention auf diese geglaubte Kirche hin hat das jeweilige Kirchentum mit seinen Personen und Institutionen sein Recht. Es soll dazu dienen, daß in diesem Kirchentum die eine, heilige Kirche, der Leib Christi, Gestalt gewinnt. Die genannte Differenz wird also zum Anspruch, Auftrag, Befehl.

Zweierlei ist zu diesem Imperativ, unter dem wir in der Kirche stehen, zu bemerken. Einmal gilt dieser Imperativ sicher jedem Glied der Kirche. Aber zugleich ist es doch der Theologe, der sich von Berufs wegen ständig diesem Imperativ zu stellen hat. Das heißt nicht, daß er damit eo ipso ein besserer oder auch nur ein mehr verantwortlicher Christ wäre. Es heißt aber doch, daß er es nun einmal als sein Geschäft gewählt hat, das Menschenmögliche dafür zu tun, daß aus Kirche Kirche wird. Dazu ist er „minister verbi divini" geworden. Das zunächst — wobei wir jetzt nicht zwischen dem theologischen Praktiker und dem Theoretiker unterscheiden.

Zum anderen bemerken wir, daß dieser Imperativ in der Differenz zwischen Kirche und Kirche bei uns sicher wahrgenommen und auch grundsätzlich in seinem Recht anerkannt wird. Eine platte Identifizierung des eigenen Kirchentums mit der geglaubten heiligen und allumfassenden Kirche ist nicht die Gefahr evangelischer Landeskirchen. Doch besteht ganz natürlich eine Tendenz, diesen Imperativ zwar auf die Personen zu beziehen, die Institutionen aber davon auszunehmen. — Den Begriff der Institution gebrauchen wir hier in dem Sinne, daß er Einrichtungen gesellschaftlicher Gruppen bezeichnet, die dazu dienen sollen, bestimmte Verhaltensweisen auf Dauer zu stellen. In diesem Sinne ist etwa das gemeinsam im Gottesdienst gesprochene Vaterunser eine Institution, dazu da, gemeinschaftliches Gebet als dauerndes bzw. sich beständig wiederholendes Verhalten zu ermöglichen. Ebenso kann man dann selbstverständlich den ganzen Gottesdienst als Institution bezeichnen usw. — Es besteht die naheliegende Tendenz, die Personen, Amtsträger wie Gemeinden, mit dem Imperativ zu konfrontieren, wie er in der Differenz zwischen Kirche und Kirche begründet ist. Darüber aber wird leicht übersehen, daß gerade auch die Institutionen hier mit in die Reflexion einbezogen werden müssen. Diese Institutionen sind stabil, sie dauern — darum ist ihre Verbindung mit dem bleibenden Imperativ naheliegend. Gerade hier werden wir aber unterscheiden müssen, sehen auch die Institutionen in ihrem geschichtlichen Wandel; damit aber haben wir auch die Verantwortung für ihre bewußte Gestaltung wahrzunehmen.

Der Theologe kann sich dem Imperativ der Kirchwerdung nicht entziehen — hier liegt sein alltägliches Geschäft. Er hat sich den Fragen, die mit diesem Imperativ zusammenhängen, zu stellen. Das heißt nun aber, daß er nicht nur die Personen, sondern auch die Institutionen der Kirche mit diesem Imperativ konfrontiert sieht. Hier mag nun ein gewisser Unterschied, nicht prinzipiell, aber faktisch, zwischen dem Theoretiker und dem Praktiker in der Theologie genannt werden.

Der Praktiker wird sich schwerer tun, gegenüber den Institutionen, in denen er sich Tag für Tag und ganz selbstverständlich bewegt, die notwendige kritische Distanz zu gewinnen. Darum wird hier die kritische Frage des Theoretikers leicht mißverstanden werden — statt der Frage an die Institutionen sieht man gleich die Infragestellung des kirchlichen Auftrages, der hier mit den Institutionen identifiziert wird.

Diese Gefahr des Mißverstehens kann uns nicht hindern, daß *wir* die Frage stellen, daß wir also den Imperativ der Kirchwerdung der Kirche nicht nur in seiner personalen, sondern auch in seiner institutionellen Dimension theologisch durchdenken. Das gibt Spannungen. Gerade weil uns Institutionen vom dauernden Entscheidungsdruck entlasten — was ich jetzt und dann, hier und dort zu tun, wie ich mich in dieser oder jener Situation zu verhalten habe, muß ich mir glücklicherweise nicht selbst ausdenken, weil es institutionell geordnet ist —, sind wir geneigt, uns mit diesen Institutionen zu identifizieren. Darum sehen wir dann uns selbst — und das heißt hier ja: wir sehen Glauben und Heil angegriffen, wo Institutionen kritisch befragt werden. Statt die Diskussion über die Sachgemäßheit von Institutionen distanziert auszutragen, werden dann die kritischen Auseinandersetzungen gerade an diesem Punkt personalisiert, wie beispielsweise die verschiedenen Auseinandersetzungen um das Apostolicum — eine Institution NB! — zeigten.

1.2.3. Die kritische Frage nach der Identität in der notwendigen Veränderung

Daß um der Kirchwerdung von Kirche willen Kritik notwendig ist, wird zugestanden. Der Imperativ — kirchlicher Auftrag — gilt. Doch damit kommt die Frage nach der Kritik erst recht auf. Was soll ihr Maßstab sein? In welcher Richtung geht sie?
Wir nennen dazu ein erstes Kriterium: Zeitgemäßheit. Das bedeutet: Anpassung an die Zeitumstände, unter welchen die Kirche mit ihrem Auftrag lebt. Nehmen wir das einmal als Frage auf: warum ist hier denn Anpassung notwendig?
Wir können zunächst ganz pragmatisch argumentieren. Wenn sich Lebendiges erhalten will, dann muß es sich anpassen. Das gilt auch für eine soziale Gruppe wie die Kirche. Nur dann kann sie sich durchhalten im Wechsel der Zeiten, wenn sie sich diesem Wechsel anpaßt.
Doch brauchen wir uns mit dieser pragmatischen Auskunft allein nicht

zu begnügen. Weil der Herr der Kirche der Herr der Zeiten ist — Jesus Christus gestern und heute und derselbe auch in Ewigkeit (Hb 13,8) — darum hat die Kirche diesem Herrn gerade im Wechsel der Zeiten zu dienen. Sie hat nicht eine zeitlose Wahrheit identisch zu bewahren — denn Jesus Christus, lebendige Person, ist ihre Wahrheit. Diese lebendige Person fassen wir nicht jenseits von Welt und Geschichte, sondern gerade in ihrer geschichtlichen Wirksamkeit durch die Zeiten hindurch. Nicht unvermittelt wirkt er als der Herr der Kirche, sondern in den geschichtlichen Vermittlungen: im Zeugnis der Schrift und der Kirche, im Glauben derer, die ihm folgen. Das soll hier doch wenigstens angedeutet werden, um Mißverständnissen vorzubeugen. Sicher ist das jetzt abgekürzt hingesagt, bräuchte eigentlich eine ausführliche Interpretation. Aber zu einer vorläufigen Verständigung mag es genügen. Nicht um der Selbsterhaltung der Kirche willen ist jene Anpassung erforderlich, sondern um des Auftrags willen, der das Leben der Kirche ausmacht.

Veränderung, Anpassung ist notwendig; nur dann kann die Kirche jenem Imperativ entsprechen, der ihr Lebensgesetz ist. Man wende hier bitte nicht ein, daß doch der Herr selber seine Kirche baut und daß er seinen Geist und den Glauben gibt, wo und wann es ihm gefällt. Davon haben wir geredet. Aber das Vertrauen auf die Wirksamkeit Jesu Christi enthebt uns ja gerade nicht der Aufgabe, über den Auftrag der Kirche kritisch nachzudenken und danach zu fragen, wie wir diesem Auftrag richtig nachkommen können. Daß dazu Anpassung, Veränderung notwendig ist, das leuchtet ein. Darum könnte es scheinen, als brauche dieser Sachverhalt nicht mehr eigens betont zu werden. Wenn schon, dann brauche man sich mindestens nicht prinzipiell über diesen Sachverhalt Gedanken zu machen, sondern könne gleich in die konkrete Diskussion über Möglichkeiten und Modelle solcher Anpassung eintreten. Doch steht der Einsicht in die Notwendigkeit solcher Anpassung eine gewichtige Hemmung entgegen: Die Sorge, wie denn in solcher Anpassung die Kirche ihre Identität bewahren könne. Darum hat man in der Kirche von Anfang an das Neue kritisch angesehen. Was neu ist, ist damit eo ipso der Häresie verdächtig, in welcher die Identität der Kirche verlorengeht. Die Häretiker sind die Neuerer — und eben damit sind dann leicht alle Neuerer als Häretiker zu denunzieren.

Weil der Notwendigkeit der Anpassung die Notwendigkeit entgegengehalten wird, die Identität der Kirche zu bewahren, darum muß über diese Dinge diskutiert werden. Es liegt ja auf der Hand, daß hier in der Tat Identitätsverlust droht, etwa wenn die Kirche zu einem Organ revolutionärer Bewußtseinsbildung im Sinne einer marxistischen Ideologie umfunktioniert werden soll. Das mag manchem als eine zeitgemäße Formulierung des kirchlichen Auftrags einleuchten — aber da sich hier die Kontinuität zur bisherigen Bestimmung des kirchlichen Auftrags nicht nachweisen läßt, wird sich ein solcher Anpassungsversuch kaum durchsetzen, ganz abgesehen davon, daß eine *solche* Anpassung keine theologischen Kriterien für ihr Recht anführen kann.

Wir fragen nun aber auch umgekehrt: Kann die Kirche ihre Identität denn wirklich bewahren, wenn sie beispielsweise an den Formeln und Institutionen des sechzehnten Jahrhunderts festhält? Gehört es nicht mit zu ihrer Identität, über die sie zu wachen hat, daß sie sich in die Zeit schickt? Nur so kann sie brauchbare Kirche sein, die sich zur Gestaltwerdung des Leibes Christi in dieser Welt und Zeit eignet. Geschieht das nicht, dann mögen zwar die Formeln und Institutionen eine Identität der Kirche vorspiegeln, bei der sich der äußerliche Betrieb noch eine ganze Zeit aufrechterhalten läßt — aber der Geist ist längst ausgezogen. Auch das ist zu bedenken: Eine Kirche, die sich aus Angst, ihre Identität zu verlieren, der notwendigen Anpassung verschließt, wird eben damit verlieren, was ihre Wahrheit ausmacht: daß in ihr und durch sie Gott selbst sich wirksam erweist in der Gestaltwerdung des Leibes Christi. Gottes Werk wird damit nicht verhindert, aber es wird sich dann anderswo vollziehen.

Die Frage nach der Identität kann darum nicht von der Frage nach der Anpassung getrennt werden, vielmehr wird immer beides miteinander bedacht werden müssen, soll die theologische Verantwortung wahrgenommen werden, die sich aus dem Bewußtsein der Differenz von Kirche und Kirche ergibt. Hier muß es Spannungen geben, je nachdem, ob mehr der Versuch betont wird, die Identität in der Bewahrung der Tradition festzuhalten, oder sie in der Anpassung zu finden. Was kann Kriterium sein, um hier zu entscheiden?

Diese Frage nach dem Kriterium läßt sich nicht völlig lösen von der Frage nach Anpassung oder Beharrung. Man kann ja eben Beharrung zum Kriterium der kirchlichen Identität machen, indem man eine bestimmte Gestalt der Kirche, die alte ursprüngliche Kirche, die Kirche der ökumenischen Konzilien, zum Kriterium der kirchlichen Identität erklärt. Man kann umgekehrt die Anpassung zum Kriterium der Identität machen, das kirchliche Lehramt, das jeweils seine Entscheidungen situationsbezogen fällen kann. Dabei ist freilich ein gutes Stück Beharrung mitgesetzt, eine Identität der hierarchischen Struktur wie doch auch eine sachliche Kontinuität der lehramtlichen Entscheidungen, in welchen sich das Lehramt als die Größe ausweisen kann, in welcher die Kirche ihre Identität findet und bewahrt. Wie problematisch derartiges rasch werden kann, das hat die Diskussion um die Enzyklika Humanae vitae Pauls VI. recht deutlich gezeigt. Daß die evangelischen Kirchen ihre Identität als Schriftgemäßheit suchen, braucht nur eben erwähnt zu werden. Freilich wird sich da dann gleich die Frage stellen: Was heißt schriftgemäß? Denn das kann ja nicht die Orientierung an der frühesten, im Neuen Testament kenntlichen Gestalt der Kirche sein, will man nicht die Unzeitgemäßheit zum Prinzip machen.

Von ihrer Fragestellung her ist Theologie nicht nur an Kirche gewiesen, auf Kirche angewiesen. Sie wird zugleich damit die Frage stellen, wieweit Kirche wirklich Kirche ist. Sie ist darum, gerade wenn sie ihre kirchliche Bindung ernst nimmt, der Kirche gegenüber kritisch. Das gehört sich so. Man sollte freilich in der Kirche bemerken, warum das so ist, und sich nicht in eine Theologiefeindlichkeit hineintreiben lassen, die umgekehrt den Theologen zu einer distanzierten Haltung der Kirche gegenüber zwingt — womit wir wieder dort wären, wo wir angefangen haben, bei jener fatalen Erfahrung von Mißtrauen und Distanz. Fatal, weil das nun gewiß nicht sein muß, weil sich vielmehr Kirche und Theologie gegenseitig nötig haben. So unangefochten sind wir als Theologen nicht, daß wir auf den Rückhalt der Kirche, einen sichtbaren und energischen Rückhalt, verzichten könnten — wie umgekehrt die Kirche zur Sekte werden müßte, wollte sie die kritische Theologie loswerden, die sie mit der Frage nach Zeitgemäßheit und Schriftgemäßheit konfrontiert.

1.3. Theologie unter dem Anspruch der Wissenschaftlichkeit

Wir haben eben auf die angefochtene Stellung auch der Theologie hingewiesen, die nötigt, mit der Kirche zusammenzurücken. Daß es die Theologie nicht leicht haben wird, ihre angestammte Stellung an der Universität zu behaupten, liegt auf der Hand. Auch hier hat sich ein Stück gesellschaftlichen Wandels vollzogen — und nun sollen die Konsequenzen dieses Wandels vollstreckt werden, indem der Theologie ihre Wissenschaftlichkeit und damit ihr Recht an der Universität bestritten wird. Die Fragwürdigkeit dieses Rechts — wie jedes gewachsenen Zustandes, der nun einer rationalen Kritik unterworfen wird — mußte nicht erst durch das Pamphlet von Rütger Schäfer [1] bewußt gemacht werden. Allerlei mißliche Apologetik von theologischer Seite zeigt genügend diese Fragwürdigkeit auf. Um solche Apologetik ist mir hier nicht zu tun. Es geht um die Erklärung, wie sich Theologie dem Anspruch der Wissenschaftlichkeit gegenüber zu verhalten hat. Wie sich die äußere Stellung der Theologie in der Zukunft gestalten wird, ist demgegenüber eine zweitrangige Frage.

Dabei müssen wir sehen, wie der Anspruch der Wissenschaftlichkeit an die Theologie einmal von außen herangetragen wird. Wenn sie sich als ein Teil der universitas litterarum verstehen will, so muß sie dem entsprechen, was diese Universität von ihren Gliedern verlangt. Sie muß als Wissenschaft unter Wissenschaften bestehen können und den Kriterien, die hier an Wissenschaft gestellt werden, genügen.

Zum anderen sieht sich Theologie aber schon durch ihre eigene Tradition vor die Forderung der Wissenschaftlichkeit gestellt. Denn in dieser Tradition hat sich die Theologie selbst diesem Anspruch der Wissenschaftlichkeit gestellt, und hat sich diesem Anspruch gegenüber zu behaupten gewußt — mochte das auch hin und wieder mit Schwierigkeiten verbunden gewesen sein, die dann umgekehrt das Verhältnis von Theologie und Kirche belasteten. Dies insbesondere, seit eine von jeder Autorität emanzipierte Vernunft sich zum Kriterium aller wahren Wissenschaft aufgeworfen hat und auch die Theologie vor ihr kritisches Forum zitiert (vgl. I. Kant, Der Streit der Fakultäten). Man kann versuchen, diesen Sachverhalt unter dem Stichwort der Anpassung, wie sie im letzten Abschnitt erläutert worden ist, zu begründen. Es geht hier ja nicht darum, sich theologisch mit der Vernunft anzubiedern und darüber das Evangelium zu verraten. Es geht vielmehr gerade auch in der Frage nach der Wissenschaftlichkeit der Theologie darum, dieses Evangelium vor der Welt zu verantworten. Freilich, wie soll das nun geschehen? Wir können in der gegenwärtigen Situation nicht einen allgemein anerkannten, etwa von der Philosophie ausgearbeiteten Wissenschaftsbegriff benennen, an welchem dann die Theologie zu messen wäre. Genügt sie ihm, dann ist sie als Wissenschaft anzuerkennen, genügt sie ihm nicht, dann ist es mit der Theologie als einer anerkannten Wissenschaft vorbei. Wir werden aber auch nicht umgekehrt nun als Theologen einen solchen Wissenschaftsbegriff aufstellen — unter den sich dann natürlich auch die Theologie subsumieren ließe —, um unseren wissenschaftlichen Anspruch zu bewähren. Denn ein solcher Wissenschaftsbegriff wäre so lange für den beabsichtigten Zweck untauglich, als er nicht auf einen weitgehenden Konsens bei denen, die Wissenschaft treiben, rechnen dürfte. Doch gerade daran wird es wohl fehlen. Sicher gibt es Wissenschaft, auch wenn sie sich nicht einfach auf einen Begriff bringen läßt. Es gibt wissenschaftliche Vollzüge mit Kennzeichen hinsichtlich ihrer Voraussetzungen und Methoden. Aber die lassen sich nicht generalisieren. So bleibt uns nichts anderes übrig, als daß wir einige geläufige Stichworte nennen, um an ihnen die Frage der Wissenschaftlichkeit von Theologie zu prüfen.

1.3.1. *Allgemeinheit theologischer Denkvollzüge*

Erste Forderung, die wir an die Wissenschaftlichkeit der Theologie stellen, ist, daß ihre Denkvollzüge grundsätzlich nachprüfbar sein müssen. Scheinbar eine Binsenwahrheit. Auch Theologie hat sich an die Logik zu halten, darf für ihre Arbeit nicht besondere Denkgesetze postulieren. Man hat denn auch immer schon die Vernunft mindestens als Instrument theologischer Denkvollzüge akzeptiert, auch wenn man die Übervernünftigkeit oder gar Widervernünftigkeit von Glaubensaussagen und damit auch von theologischen Sätzen postulierte. Anders geht es nicht, will Theologie nicht in Glossolalie entarten. Jeder vernünftige Mensch muß — die nötige Informiertheit selbstverständlich vorausgesetzt, die wir auch von den Kritikern der Theologie verlangen müssen! — imstande sein, theologische Gedanken nachzuvollziehen und auf ihre Stimmigkeit hin zu überprüfen.

Die Forderung geht freilich tiefer. Und hier wird sich die Kontroverse innerhalb der Theologie vermutlich rasch einstellen. Kann Theologie anders als in einem existentiellen Engagement vollzogen werden? Setzt sie nicht notwendig den Glauben voraus? Setzt sie nicht voraus, daß der Theologe einsteht für das, was er sagt?

Zur Erläuterung führe ich einige Sätze von Gerhard Ebeling an. „In der dogmatischen Theologie identifiziert sich der Theologe mit der Sache der Theologie. Er kann sie nur assertorisch, bejahend aussagen. Er läßt sich bei ihr behaften, nimmt sie auf seine Verantwortung. Darin gleicht das Wort dogmatischer Theologie dem Wort der Verkündigung... Ein dogmatischer Theologe ist bei aller Gelehrsamkeit unbrauchbar, wenn er nicht dessen gewiß ist, was er sagt... Von Gott kann man nicht distanziert, objektiv, neutral reden. Tut man es doch, so redet man faktisch nicht von Gott. Das Reden von Gott gehört in denjenigen Horizont, in dem allein ein konfessorischer und in diesem Sinne dogmatischer Gebrauch der Sprache sachgemäß ist. So ist auch dogmatische Theologie, streng genommen, eine Tautologie. Theologie hört auf, Theologie zu sein, wenn sie nicht darauf aus ist, Gott zur Sprache zu bringen, und so den Anspruch erhebt, die Wahrheit im Sinne des schlechthin Notwendigen zu sagen" (Theologie und Verkündigung, HUT 1, 1962, S. 11 f.).

Es spricht einiges für diese Verbindung von theologischer Reflexion und existentiellem Engagement. Was sollte auch Theologie als Kunstlehre der Kirchenleitung für einen Sinn haben, wenn in dieser Kirche nicht die Wahrheit Gottes zur Sprache kommt? Was sollte erst recht die Intention der Theologie auf Gottes Wort als auf ihren eigentlichen Gegenstand, wenn dieses Wort Gottes nur Fiktion ist? Wenn also der Imperativ, unter dem die Kirche steht — gerade die Theologie hat diesen Imperativ ja zu explizieren und bewußt zu halten —, ins Leere verweist. Wenn der Auftrag der Kirche, der Gestaltwerdung des Volkes Gottes zu dienen, nur Einbildung ist — weil es den Auftraggeber und also auch seinen Auftrag gar nicht gibt, sondern höchstens ein Bewußtsein dieses Auftrags, das als Selbstmißverständnis zu erweisen und damit zurechtzubringen ist.

Doch zugleich müssen nun die Einwände bedacht werden, die gegen eine solche Verbindung von theologischem Denken und existentiellem Engagement vorgebracht werden können. Wohlgemerkt: Es geht hier nicht um die Frage, ob theologisches Denken ein existentielles Engagement ausschließt — das gewiß nicht! Darum geht es, ob theologisches Denken ein solches existentielles Engagement voraussetzt. Dabei lassen wir die persönlichen Schwierigkeiten jetzt einmal beiseite, in die ein solches Postulat einer „gläubigen" Theologie den Theologen hineintreiben kann. Immerhin überlege man sich: Über seinen Glauben kann einer doch wohl nicht verfügen, so gewiß dieser Glaube ein Geschenk des Geistes Gottes ist, das wir täglich neu zu erbitten haben. Gerade darum aber wird er zögern, diesen Glauben nun andererseits als Handwerkszeug des Theologen zu bezeichnen, das dieser in seinem Denken einsetzen und gebrauchen muß. Wer das verlangt, der fordert, was wir selbst beim besten Willen nicht geben können — weil es nun einmal Gottes Gabe ist und bleibt!

Hier geht es nicht um diese persönliche Frage, sondern um das sachliche Recht einer solchen Theologie „aus Glauben". Verwechselt sie nicht den intendierten Gegenstand — Wort Gottes, jenes Geschehen, in welchem aus Kirchentum Kirche wird — mit dem, was ihr als Gegenstand faktisch gegeben ist, und was sie zu bearbeiten hat: Kirche, ihr Reden, Handeln — das die Theologie nicht selbst aufzubringen, sondern über das sie kritisch zu reflektieren hat. Ich setze dazu: Wir werden es uns als Theologen nicht nehmen lassen, auch direkt in jenen kirchlichen Auftrag einzutreten, über den wir uns Gedanken zu machen haben. Wir müssen uns dann aber zugleich darüber klar sein: das ist nicht mehr theologische Reflexion im strengen Sinne — vielmehr Überschritt in einen anderen Bereich. Sagen wir so: hier ist dann ein opus alienum der Theologie, sicher hin und wieder unumgänglich, aber nicht mit dem zu verwechseln, was Sache der Theologie ist. Daß hier nicht klar genug unterschieden wird, das bringt manche Verwirrung über das, was Theologie ist und sein soll. Zugegeben, eine solche Unterscheidung macht Mühe. Sie macht deshalb besonders Mühe, weil solches opus alienum der Theologie ja zugleich das opus proprium des Glaubens ist — Bekenntnis, Zeugnis, direkter Anspruch und Zuspruch in Erfüllung des göttlichen Auftrags, unter dem die Kirche steht.

Trotzdem: In unserer theologischen Reflexion treten wir aus der Direktheit solchen Redens zurück. Nicht um den Vollzug geht es da, sondern um die kritische Reflexion auf diesen Vollzug. Muß diese Reflexion Glauben voraussetzen? Wird sie sich nicht damit begnügen können, Gestalt und Sinngehalt dessen, was Kirche ist und tut, kritisch zu überprüfen? Dazu braucht es nicht die Überzeugung, daß hier ein sinnvolles Reden und Handeln im Sinne des kirchlichen Selbstverständnisses, also ein durch Gott selbst gedecktes Reden und Handeln vorliegt. Dazu genügt es zunächst einmal, daß beispielsweise die kirchliche Rede von Gott nach den allgemeinen Kriterien sinnvollen menschlichen Redens untersucht wird — vielleicht hilft das sogar dazu, manchen Unsinn, den es hier ohne Zweifel gibt, zu durchschauen und abzustellen. Theologie wird sich dabei der Sprachanalyse annehmen, deren Methode sie auf ihren besonderen Gegenstand anwendet.

Bei einem solchen Vorgehen hält sich theologische Reflexion ganz im Allgemeinen auf. Dabei ist dann freilich auch noch nicht ausgemacht, inwiefern hier spezifisch theologische Denkvollzüge vorliegen. Man mag sich dabei an das Schleiermachersche Theologiemodell halten und sagen: theologisch ist eine solche Analyse, weil sie nicht nur das kirchliche Reden von Gott zum Gegenstand hat, sondern weil sie auch darauf abgezweckt ist, die Funktionsfähigkeit dieses kirchlichen Redens zu erhalten oder zu verbessern.

Halten wir fest: Hier ist eine Allgemeinheit wissenschaftlicher Methodik da, die es zweifellos gestattet, eine so prozedierende Theologie als Wissenschaft auszuweisen. Freilich ist das nicht die Theologie, wie wir sie kennen, wie sie faktisch getrieben wird, sondern ein mögliches Modell wissenschaftlicher Arbeit, das erst realisiert werden müßte. Ich setze dazu: Gerade diese Allgemeinheit fordert auf der anderen Seite die äußerste Distanz zu dem, was wir als „gläubige" Theologie bezeichneten. Diese kann in ihren Äußerungen Gegenstand solcher Analyse werden, aber gewiß kann sie eine solche Analyse nicht vollziehen oder vollziehen wollen. Sie wird höchstens abwehrend sagen können, daß derartiges dem spezifisch theologischen Gegenstand — das ist hier ja Gott selbst! — unangemessen sei.

Vgl. dazu die freilich von einem anderen Begriff wissenschaftlicher Theologie aus von Adolf Harnack mit Karl Barth 1923 geführte Auseinandersetzung (in: K. Barth, Theologische Fragen und Antworten. Ges. Vorträge 3. Band, 1957, S. 7—31).

Wir können einen solchen Einwand nicht anerkennen. Gerade weil wir wissen, daß Theologie ihren — intendierten — Gegenstand nie direkt hat und haben kann, halten wir eine derartige kritische Distanz für möglich. Deren Wissenschaftlichkeit wird man nicht bezweifeln — solange nicht die spezifische Beziehung auf die Kirche mit in die Fragestellung einbezogen wird. Im selben Augenblick muß dann freilich die Frage kommen: Was hat diese Abzweckung, die Funktionsfähigkeit des kirchlichen Redens von Gott zu erhalten oder zu verbessern, mit Wissenschaft zu tun? Mit einer vom Staat erhaltenen, also von der Gesamtgesellschaft getragenen Wissenschaft NB! Sieht man jedoch von dieser Beziehung auf die Kirche ab, dann bleibt da sicher Wissenschaft, Wissenschaftlichkeit — nur ist nicht mehr recht einzusehen, inwiefern das Theologie sein soll.

1.3.2. Voraussetzungslosigkeit

Gehen wir einen Schritt zurück. Wir bestimmten Theologie als die kritische Reflexion auf jenes Geschehen, in welchem Kirche zu Kirche wird. Setzen wir die Kriterien solcher Reflexion zu allgemein an, dann wird die Differenz von Kirche und Kirche überhaupt nicht in den Blick kommen. Sicher kann dann Kirche selbst zum wissenschaftlich bearbeiteten Gegenstand werden. Nicht nur eine Analyse des religiösen Sprechens (J. M. Bocheński)[2], wie es in der Kirche vor sich geht, kann als wissenschaftliche Aufgabe angegriffen werden. Solche Untersuchungen können sich auch auf die Kirche als religiöse Gemeinschaft richten; so macht das die Kirchen- oder Religionssoziologie. Dabei wird dann freilich wieder die Frage nach einer Verfälschung der Wissenschaftlichkeit solcher Untersuchungen durch die kirchliche Bindung der Theologie nicht zu umgehen sein. Sobald eine solche Untersuchung „theologisch" wird, bewußt bezogen auf die Bedürfnisse einer wissenschaftlich fundierten kirchenleitenden Technik, muß diese Frage auch hier gestellt werden (D. Savramis)[3]. Muß eine solche Zwecksetzung nicht die Allgemeinheit der wissenchsaftlichen Methodik alterieren? Erst recht: Kann eine derartige, durch kirchliche Zwecke bestimmte Wissenschaft Sache staatlicher Institutionen sein? Wir nennen die Fragen hier nur, ohne sie weiter zu erörtern.

Unsere Überlegung geht in anderer Richtung weiter. Ist eine wissenschaftliche Reflexion der kirchlichen Wirklichkeit denkbar, die einen umfassenden normativen Anspruch durchhalten kann? Wird es wissenschaftlicher Fragestellung möglich sein, die Differenz zwischen Kirche und Kirche in den Blick zu bringen? Dann kann ja die Wahrheitsfrage nicht mehr so umgangen werden, daß sich wissenschaftliche Reflexion allein auf die vorgegebene Wirklichkeit der Kirche bezieht. Vielmehr wird dann die Frage nach dem Recht dieser vorgegebenen kirchlichen Wirklichkeit gestellt werden müssen. Theologie reflektiert kritisch, indem sie in die Differenz von Kirche und Kirche eintritt. Das haben wir schon behauptet, werden davon nichts nachlassen können. Ist aber eine solche Reflexion als wissenschaftliche Reflexion denkbar? Dann müßten doch wohl die Kriterien, von denen her hier die Wahrheitsfrage gestellt und beantwortet wird, allgemein gelten. Die Differenz zwischen Kirche und Kirche müßte damit wissenschaftlich wahrnehmbar sein — wobei der Grenzfall denkbar wäre, daß der Wirklichkeit der Kirche keinerlei Wahrheit entspricht. Das hieße dann, daß Wissenschaft der Kirche die Existenzberechtigung absprechen müßte.

Gibt es solche wissenschaftlichen Kriterien? Die normative Fragestellung ist im Gang unserer Überlegungen ja nicht neu. Doch haben wir diese normative Fragestellung zunächst so angesetzt, daß wir die geglaubte Wahrheit der Kirche ihrer empirischen Wirklichkeit gegenüberstellten. Nun steht aber außer Frage, daß eine solche geglaubte Wahrheit nicht unmittelbar als wissenschaftliches Kriterium dienen kann. Das auch dann nicht, wenn wir vom Glaubensvollzug absehen und nur die Formulierung des kirchlichen Bekenntnisses vornehmen — was zudem theologisch ein unzulässig vereinfachendes Verfahren wäre, da wir damit Bekenntnis als fraglose Norm nehmen würden und nicht die Spannung von Schrift und Bekenntnis, norma normans und norma normata mit bedächten, die zu einer Diskussion jeder normativen kirchlichen Setzung auffordert. So oder so — hier käme auf jeden Fall der autoritative Anspruch von Bibel und Bekenntnis ins Spiel, damit aber eine Instanz, die wissenschaftlich nicht unbefragt gelten kann. Denn die von der wissenschaftlichen Aussage intendierte Allgemeinheit ist hier jedenfalls nicht unmittelbar gegeben.

Zwei Fragen sind hier zu stellen. Einmal: Muß die Besonderheit der kirchlich behaupteten Wahrheit — theologisch gesprochen: der Offenbarung Gottes in Jesus Christus — der von der wissenschaftlichen Aussage intendierten Allgemeinheit notwendig widersprechen? Dann könnte es nur eine nicht weiter hinterfragbare Entscheidung geben:

entweder Wissenschaft oder Glaube. Weiter: Kann es eine Vermittlung geben, die hier die Brücke schlägt? Beide Fragen diskutieren wir natürlich nicht abstrakt, sondern denken an Versuche, unser Problem zu bewältigen, wie sie häufig gemacht worden sind.

Zunächst die Frage, inwiefern es theologisch — das heißt jetzt: von einer kirchlich gebundenen Theologie aus — möglich erscheint, nach wissenschaftlichen Kriterien für die Wahrheit der Kirche zu fragen. Dabei bleiben wir für die Bestimmung dessen, was wissenschaftlich heißen soll, zunächst einmal bei dem, was wir im ersten Abschnitt bedacht haben, bei der Allgemeinheit wissenschaftlicher Aufstellungen. Diese Allgemeinheit nun wird auch von der Offenbarung beansprucht. Nachweise im einzelnen müssen wohl nicht gegeben werden. Wenn Jesus Gott ist, so muß das ja auf jeden Fall heißen, daß seine Wirklichkeit allumfassend und unüberholbar ist — das ist noch nicht Christologie, sondern nur ein hier zur vorläufigen Verständigung unentbehrlicher, wenngleich selbst außerordentlich interpretationsbedürftiger Lehnsatz aus dem Bereich der Christologie. Allgemeinheit dort und Allgemeinheit hier müssen aber in Beziehung gesetzt werden können, ihre Wahrheit einmal vorausgesetzt. Das heißt noch lange nicht, daß damit Offenbarung vor das Forum der Wissenschaft gezogen werden soll, um sich hier zu verantworten. Es heißt genauso wenig, daß wissenschaftliche Wahrheit gezwungen werden soll, sich dem Autoritätsanspruch der Offenbarung — und das müßte hier ja heißen: der Kirche — zu beugen, oder sich damit mindestens zu arrangieren. Beides hat es gegeben. Es heißt aber, daß sich Reflexion auf den christlichen Anspruch mit dem Allgemeinen, das wissenschaftlich erfragt wird, auseinanderzusetzen hat. Wie das im einzelnen in der langen Tradition theologischen Denkens geschehen ist, das muß hier nicht rekapituliert werden. Daß es zu geschehen hat, lassen wir uns von dieser Tradition einschärfen, ohne uns damit schon auf die Wege festzulegen, die die theologische Tradition dabei beschritten hat. Das also als vorläufige Antwort auf die erste der beiden von uns gestellten Fragen: Weil der christliche Anspruch dieselbe Allgemeinheit hat wie der wissenschaftliche Anspruch, darum kann nicht von vornherein ausgeschlossen werden, daß von der Allgemeinheit wissenschaftlicher Wahrheit aus kritisch nach Kirche, nach ihrer Wahrheit, nach dem Recht ihres allgemeinen Anspruchs gefragt wird.

In diesem Zusammenhang muß die Religionsschrift Kants mindestens erwähnt werden. Hier wird ja der Allgemeinheitsanspruch der Kirche beim Wort genommen, und von daher werden Kriterien entwickelt, wie eine allgemeine Kirche vernünftigerweise auszusehen hat — „die wahre (sichtbare) Kirche ist diejenige, welche das (moralische) Reich Gottes auf Erden, so viel es durch Menschen geschehen kann, darstellt". Von da aus wird dann die Allgemeinheit dieser Kirche, ihre numerische Einheit gefordert, Lauterkeit der Gesinnung, die in dieser Kirche zusammenschließt etc. (Vgl. I. Kant, Die Religion innerhalb der Grenzen der bloßen Vernunft, Drittes Stück, 1. Abteilung, IV. Zitat S. 134, Studienausgabe Weischedel Bd IV. 761). Hier nimmt eine rationale Argumentation das Glaubensbekenntnis an sich, beansprucht dessen Aussagen für ihre vernünftige Allgemeinheit und verwendet sie damit zugleich gegen die empirische Kirche, ihr Selbstverständnis, ihre Praxis. Die streitende, zerstrittene Kirche nimmt das freilich nicht zur Kenntnis. Sonst müßte das Gewicht kirchlicher Fragen und Aufgabenstellungen ein bißchen anders verteilt werden!

Wir fragen nun aber weiter nach der Möglichkeit, die beiden allgemeinen Ansprüche zu vermitteln. Denn eine Identifikation müßte faktisch zur Alternative: Offenbarung bzw. Glaube als Richter wissenschaftlicher Wahrheit — oder Wissenschaft als Richterin der Glaubenswahrheit führen. Dabei ist — zugegeben — der christliche Allgemeinheitsanspruch zunächst in der schwächeren Position, darum auch in der Gefahr, bei einem solchen Vermittlungsversuch der Allgemeinheit wissenschaftlicher Wahrheit zu erliegen. Denn Wissenschaft hat in sich die Intention auf Allgemeinheit als Objektivität, während der christliche Anspruch zwar auch allgemein ist, in dem Sinne, daß christliche Wahrheit jeden angeht. Aber das so, daß hier jeder in seiner Subjektivität beansprucht ist. Darum ist hier der Weg zur Objektivität allgemeiner Aussagen weiter und beschwerlicher — auch legt es sich gerade von hier aus dann nahe, zu einer schiedlich-friedlichen Trennung zu kommen: Objektwahrheit dort in der Wissenschaft, Existenzwahrheit hier in der Theologie. Wenn wir nach Möglichkeiten der Vermittlung fragen, dann deuten wir damit an, daß dieser Weg uns nicht bis zum Ende gangbar erscheint.

Zwar, mit den Naturwissenschaften kämen wir auf diese Weise, wenigstens vorläufig noch, schon auseinander. Aber damit ist uns nicht geholfen. Denn wir haben als Theologen nicht hier unseren traditionellen Kommerz mit anderen Wissenschaften, sondern auf der Seite der Geisteswissenschaften.

Hier werden die Vermittlungen zu suchen sein. Was kann den allgemeinen Anspruch des Christentums begründen? Anders ausgedrückt: Was kann als Kriterium für diesen Anspruch dienen — damit zugleich die Wahrheit der Kirche wissenschaftlich wahrnehmbar machen? Die Antwort ist zunächst leicht gegeben, wenn wir uns auf die Terminologie der älteren geisteswissenschaftlichen Methodendiskussion einmal einlassen: Da geht es um Werte und Wertverwirklichung. Heute vermeidet man den ontologisch ungeklärten Wertbegriff — aber der Sache nach läuft die Diskussion immer noch in demselben Geleise. Wert — das ist das Allgemeine, das die Vermittlung leisten soll, um die uns zu tun ist. Man kann dafür — denn Werte sind ja immer Werte des Menschen und Werte für den Menschen — natürlich auch Humanität sagen, die verwirklicht werden soll. Das ist die gemeinsame Basis der Theologie und anderer Geisteswissenschaft.

Es geht im Menschsein um Wertverwirklichung — und Religion gehört zu den Werten, deren Verwirklichung das Menschsein ausmacht — etwa als die Fundierung der anderen Werte, des Guten, Wahren, Schönen in einer absoluten und nicht mehr weiter hinterfragbaren Begründung (A. Nygren)[4]. Damit kann die Vermittlung geleistet werden zwischen dem Anspruch des Christlichen und der Allgemeinheit wissenschaftlicher Aussagen. Denn nun kann ja Christentum im Zuge dieser religiösen Verwirklichung des Menschseins als deren angemessenste, wertvollste Form erwiesen werden — möglicherweise sogar als die absolute Religion, in welcher alle anderen Religionen aufgehoben sind. So etwa das hergebrachte Modell wissenschaftlicher Begründung — wobei dann je nachdem mehr Gewicht auf die religiöse oder aber auf die sittliche Seite der christlichen Tradition gelegt werden kann. So, gerade in seiner ethischen Gestalt, ist das Modell noch durchaus aktuell.

Hier wird also Vermittlung geleistet — die Besonderheit der Offenbarung, der biblisch-christlichen Tradition als der vorfindlichen Gestalt dieser Offenbarung, soll mit der Allgemeinheit wissenschaftlicher Aussagen vermittelt werden. Dabei ist gerade die normative Intention mit im Spiel. Denn der allgemeine Wert, dessen Verwirklichung im Christentum aufgezeigt wird, kann hier als Kriterium dienen. Kirche kann an der Art und Weise gemessen werden, wie sie diesen Wert verwirklicht — statt Kirche sagen wir hier vielleicht besser gleich: die einzelnen christlichen Kirchentümer und Konfessionen. Gewiß ist ein solches Vorgehen nicht wertfreie, wertungsfreie, und in diesem Sinne streng voraussetzungslose Wissenschaft. Aber eine derartige Voraussetzungslosigkeit, die als wissenschaftlich nur empirisch falsifizierbare Sätze anerkennt, kann es mindestens im Bereich der Geisteswissenschaft nicht geben, für die ja gerade die Beschäftigung mit dem nun einmal wertenden menschlichen Geist kennzeichnend ist (E. Spranger)[5]. Nur wenn Wissenschaft darauf hinausliefe, alle solche Wertungen zu ersetzen durch Aussagen im oben angedeuteten positivistischen Verständnis, könnte gegen ein solches wertendes Vorgehen der Einwand der Unwissenschaftlichkeit erhoben werden.

Theologie als Wissenschaft erscheint also nach unseren Darlegungen möglich, weil die Allgemeinheit des wissenschaftlichen Wahrheitsanspruchs sich trifft mit dem allgemeinen Anspruch der Gottesoffenbarung in Jesus Christus. Sie läßt sich verwirklichen, weil und soweit die Möglichkeit einer wissenschaftlichen Erfassung menschlicher Wertverwirklichung besteht, von der aus dann normative Aussagen gewonnen werden können, die zu einer kritischen Beurteilung der empirischen Kirche und ihrer Praxis führen. Die damit genannte Struktur einer wissenschaftlichen Begründung und Durchführung der Theologie hat eine große Variationsbreite, die hier natürlich nicht auch nur angedeutet werden kann. Sie ist zudem außerordentlich anpassungsfähig, kann sich dem Wandel geistes- bzw. humanwissenschaftlicher Theoriebildung leicht anbequemen. Freilich ist damit noch nicht die Aufgabe einer Begründung der Theologie als Wissenschaft geleistet. So einleuchtend sich das genannte Modell ausnimmt, und so weitgehend es auf Zustimmung rechnen kann — bezeichnet es wirklich eine Problemlösung, oder nicht eher einen Kompromiß, der die Spannung verdeckt, die wir doch wahrnehmen sollten? Wir fragen weiter.

1.3.3. Freiheit

Theologie muß sich dem Anspruch der Wissenschaftlichkeit stellen. Darum kommen wir nicht herum. Aber das kirchliche Recht auf die Theologie ist älter, und es ist wohlbegründet. Darüber brauchen wir jetzt nicht noch einmal viele Worte zu verlieren. Doch genau von da aus muß die Frage nach der Wissenschaftlichkeit der Theologie nun auch von der Seite der theologischen Voraussetzungen her aufgerollt werden. Ist der zuletzt geschilderte Versuch möglich, von übergeordneten Kriterien aus — einem Wertallgemeinen, der Humanität — die Wahrheit der Kirche so in den Blick zu bekommen, daß sich von dieser Wahrheit aus die kirchliche Wirklichkeit kritisch befragen läßt? Die Antwort wird nicht leicht zu finden sein. Das vor allem deshalb, weil hier eine Menge Emotionen, Affekte mitsprechen: Das Ansehen der Wissenschaft in unserer Gegenwart, zugleich die offenkundigen Aporien, in die eine Wissenschaft hineingerät, die alles macht, was sich machen läßt, eben deshalb, weil man es machen kann. Die Angst, Kirche und Glaube müßten kapitulieren, wenn sie sich der Auseinandersetzung mit der Wissenschaft stellen. Altes Mißtrauen gegen die Vernunft — und ebenso die uralte Faszination des Wissens: Sein wie

Gott und wissen, was Gut und was Böse ist! (womit ich selbst nun Emotion, Affekt ins Spiel bringe).

Fangen wir darum mit der Antwort dort an, wo man sie noch halbwegs sicher zu finden scheint. Wissenschaft ist freie Wissenschaft, tut sich etwas zugute auf diese Freiheit der Wissenschaft. Nur freie Wahrheitsfindung hat die Chance des Erfolgs. Eine ideologische Bindung wird die Wahrheit verfehlen, wird Wissenschaft auf die Dauer darum auch zur Erfolglosigkeit verurteilen. So läßt sich für die hergebrachte Freiheit der Wissenschaft argumentieren — freilich, das sei wieder wenigstens nebenbei bemerkt, für eine positivistische Wissenschaft in einer erfolgsorientierten Gesellschaft.

Theologie muß hier passen. Wenn sie nicht auf ihre kirchliche Bindung verzichten will, kann sie sich nicht auf eine so verstandene Freiheit einlassen. Dabei geht es nun nicht darum, daß Theologie Ausbildungsaufgaben für die Kirche wahrzunehmen hat. Es geht auch nicht darum, daß in der Theologie schon immer ein gewisser Meinungsspielraum herrschte, ein theologischer Pluralismus, der heute ein für viele Beobachter erschreckendes Ausmaß angenommen hat. Es geht darum, daß Theologie in der Tat nur dann ein sinnvolles Unternehmen ist und sein kann, wenn Kirche, kirchliche Praxis, die sie zu bearbeiten hat, ein sinnvolles Unternehmen ist.

Eben! — wird man sagen; daß hier Sinnvolles geschieht, dafür möchte eine kirchenkritische Theologie ja sorgen. Doch genau da setzen wir mit unseren Fragen ein. Wie kann hier ein Sinnkriterium gefunden werden, das jene kirchliche Praxis streng von außen beurteilt? M. a. W., das den Glauben ersetzt, hier handle Gott (vgl. 1.1.3.)? Denn dafür läßt sich kein Kriterium angeben. Kritisch befragen können wir immer nur die kirchlichen Vermittlungen, in denen sich dieses Handeln vollzieht. Fällt aber diese Voraussetzung aus — der Glaube und Anspruch der Kirche, daß sich durch ihre Vermittlung Gott zum Heil wirksam erweise —, dann kann man zwar noch eine Zeitlang für die nun einmal bestehende kirchliche Organisation irgendwelche humanitären, sozialpädagogischen oder gesellschaftskritischen Sinngebungen versuchen. Aber das wird nicht lange vorhalten. Darum sollten wir dann den Laden lieber gleich dicht machen.

So steht es also: Theologie kann zwar in die Differenz zwischen Kirche und Kirche kritisch eintreten. Sie kann auch Vermittlungen mit allgemeinen Wahrheitsansprüchen versuchen, hat das mindestens lange getan und tut es heute noch, Vermittlungen also zwischen einem auch wissenschaftlich ausweisbaren Allgemeinen und dem universalen Anspruch der christlichen Offenbarung. Aber sie ist nicht frei zu beliebigen Sinngebungen, vielmehr an die kirchliche Voraussetzung des Handelns Gottes in der kirchlichen Vermittlung gebunden. Was das besagt? Hier ist eine Fülle von Interpretationsarbeit zu leisten — darüber brauchen wir nicht zu streiten. Aber alle Interpretation wird die Voraussetzung nicht eliminieren können. Das heißt aber, daß die theologische Reflexion an einem zentralen Punkt ihrer Fragestellung an eine wissenschaftsfremde Voraussetzung gebunden ist, die sie nicht mehr weiter hinterfragen wird, die sich auch wissenschaftlich nicht bewahrheiten läßt.

Also schließlich doch „gläubige" Theologie? Nicht unbedingt. Es ist zweierlei, ob die Theologie sich die Aufgabe stellt, jene Voraussetzung zu bewahrheiten. Das könnte in der Tat nur so geschehen, daß der Theologe zum Zeugen Gottes wird, daß die theologische Aussage in konfessorische Rede umschlagen muß, die nicht Sachverhalte beschreibt, sondern überzeugen, zu existentieller Entscheidung führen will. Oder ob theologische Reflexion diese Voraussetzung aufnimmt, im klaren Bewußtsein dessen, daß sie wissenschaftlich nicht begründbar ist — um dann mit dieser Voraussetzung in der kritischen Distanz ihrer Reflexionen weiter zu arbeiten.

Das ist für „moderne" Theologen anscheinend schwer nachzuvollziehen, die sich durch den Affekt gegen jede Autorität außer der des gängigen antiautoritären Vorurteils leiten lassen. In der Tat wird hier ja vorausgesetzt, daß Kirche zu recht Autorität des Wortes Gottes in Anspruch nimmt. Das ist dann sinnvoll, wenn in der kirchlichen Vermittlung Gott selbst handelt. Aber das läßt sich nicht vorführen und begründen. Sicher kann da dann die gläubige Subjektivität des Theologen eintreten, der für die Wahrheit Gottes in konfessorischer Rede einsteht. Aber dabei werden theologische Aussage und Glaubenszeugnis durcheinander geworfen (vgl. 1.3.1.). Wollen wir das nicht, dann werden wir an dieser Stelle auf die kirchliche Überzeugung zu verweisen haben. Kautelen ließen sich anbringen, ich verzichte hier darauf. Ich bestehe aber auf diesen Reflexionen, von denen H. Zahrnt meint — im pluralis modestiae, wie ich annehme —: „Wie ein zeitgenössischer Theologe heute noch derartige Gedanken nicht nur denken, sondern sogar zu Papier bringen kann, ist uns unerfindlich" (Gott kann nicht sterben, 1970, S. 185). Wer den Versuch unternimmt, die gläubige Subjektivität des Theologen in Richtung auf eine größtmögliche Objektivität theologischer Aussagen zu hinterfragen, der bleibt eben an diesem Punkt möglicherweise nicht so bescheiden wie Zahrnt in den Ansprüchen, die er an die Bewußtheit theologischer Voraussetzungen und Denkvollzüge zu stellen hat!

Wir haben die Freiheit, als Theologen zu dieser Voraussetzung zu stehen, und sind dankbar, wenn uns die akademische Freiheit diesen Standpunkt zugesteht. Wir haben aber nicht die Freiheit eine grundsätzliche Bestreitung dieser Voraussetzung als Möglichkeit christlicher Theologie zu konzedieren. Ob das von zeitgenössischen Wissenschaftsbegriffen aus akzeptabel ist, und also eine Theologie, die sich hier gebunden sieht, dem Anspruch der Wissenschaftlichkeit genügen kann, das haben wir nicht selbst zu entscheiden. Wir werden uns auch nicht damit verteidigen wollen, daß wir auf andere hinweisen, die in dieser heiklen Frage in anderen Glashäusern sitzen und also gut daran tun sollten, nicht mit Steinen zu werfen. Was wir tun können, ist dies, unseren Standpunkt deutlich darzulegen, gerade auch hier, wo es um eine Frage geht, die unsere theologische Tradition — Theologie als anerkannte Wissenschaft — so zentral betrifft.

Ich meine aber, wir sollten uns hier nun doch vor Peinlichkeiten in acht nehmen bei dem gutgemeinten Bemühen, den Anspruch der Theologie auf Wissenschaftlichkeit in irgendeiner Weise doch noch zu rechtfertigen — als Sammlung solcher Peinlichkeiten ist Rütger Schäfer, Die Misere der Theologischen Fakultäten, 1970, für den Theologen nützlich zu lesen, auch wenn einer nicht der Meinung ist, diese Misere lasse sich dadurch beheben, daß Theologie in Religions-Wissenschaft umfunktioniert wird. Ich rede also lieber nicht von einer „besonderen" Wissenschaftlichkeit der Theologie, die ihrem „besonderen" Gegenstand entspreche und also eine „besondere" Art von Sachlichkeit übe und derlei mehr. Der Vergleich sei verstattet: Ein Esel bleibt ein Esel, auch wenn wir ihn noch so emphatisch als eine „besondere" Art von Pferd bezeichnen. Immerhin — auch das mag dann dazugesetzt werden: man rechnet diesen Esel mit Grund den Equiden zu, den Pferdeartigen. Vielleicht kann sich einer darauf im Blick auf die Wissenschaftlichkeit der Theologie auch seinen Vers machen!

Wir haben diesen ersten Durchgang unserer Überlegungen überschrieben: Spannungsfeld Theologie. Sicher kommen wir mit einem solchen Versuch der Bestandsaufnahme nicht heraus aus den Spannungen. Doch wir haben immerhin die Möglichkeit, uns dies oder jenes deutlicher bewußt zu machen, wenn wir in dieser Weise einmal darauf reflektieren, was eigentlich die Schwierigkeiten unserer theologischen Arbeit ausmacht. Ich bin nicht imstande, diese Spannungen wenigstens in einem Begriff der Theologie aufzulösen — denn die Wirklichkeit, mit der wir es zu tun haben, wird sich nicht nach den Begriffen richten, die wir ihr gerne vorschreiben wollten. So bleiben wir bewußt drin in den Spannungen — und nehmen dankbar die Kompromisse wahr, die uns ein Arbeiten in diesen Spannungen ermöglichen.

2. Stufen der theologischen Reflexion

Gibt es eine theologische Methode? Das ist die Frage, mit der wir uns nun in einem zweiten Durchgang unserer Überlegungen zu befassen haben. Die Schwierigkeiten einer Beantwortung brauche ich nicht eigens aufzuweisen. Methodendiskussion hat eigentlich nur dort Aussicht auf Erfolg, wo eine Wissenschaft sich in gesichertem Fortgang befindet und die methodische Reflexion nur das faktische Vorgehen nachzeichnet. Aber einer Wissenschaft durch Methodendiskussion aufzuhelfen, das ist ein fast aussichtsloses Unternehmen. Selbst dem großen Kant ist es so gegangen. Die Metaphysik gelangte durch seine Vernunftkritik keineswegs in das beabsichtigte sichere Geleise eines ruhigen Fortgangs — im Grunde war die Kantische Vernunftkritik Grabgesang der Metaphysik als Wissenschaft.

Wir haben nicht die verwegene Hoffnung, der Theologie schon damit aufzuhelfen, daß wir hier eine Methodendiskussion führen. Nur dann kommen wir weiter, wenn sich die Faszination des Gegenstandes durchsetzt. Doch wir müssen uns zwingen, die Spannungen klar wahrzunehmen, die das faktische Vorgehen der Theologie in sich trägt. Wir sollten den Grund dieser Spannungen erfassen und von daher wissen, was wir tun, wenn wir etwa den Gegensatz zwischen Autorität der Bibel und historisch-kritischer Auslegung durch Kompromisse überbrücken, da wir ihn nun einmal nicht auflösen können.

Freilich bietet es beträchtliche Schwierigkeiten, dieses faktische Vorgehen der Theologie in seinen methodischen Strukturen zu erfassen. Das soll nicht heißen, daß Theologie grundsätzlich unmethodisch vorgehe, oder daß es womöglich überhaupt keine theologische Methode gebe. Ein gewisser Konsens in der faktischen theologischen Arbeit läßt vermuten, daß so etwas wie eine theologische Methode im Hintergrund steht, wenn auch das vordergründige Bild, gerade wo es um explizite Methodendiskussion geht, einen einigermaßen chaotischen Eindruck macht. Ich sehe die Schwierigkeit, mit der wir zu tun haben, darin, daß sich in der theologischen Arbeit eine Mehrzahl von Reflexionsstufen ineinander geschoben hat. Das hängt damit zusammen, daß die Theologie eine ehrwürdige Tradition hat, und sich immer noch in einer positiven Beziehung zu dieser Tradition hält. Unsere Chemiker hätten ja vermutlich einige Schwierigkeiten, wenn sie sich mit ihren alchimistischen Vorläufern auseinandersetzen müßten, also nicht die klare Begründung dafür hätten, warum sich das nicht lohnt. Nun soll damit nicht behauptet werden, die theologischen Tradition sei so etwas wie Alchimie, nur daß die Theologen heute über dieses alchimistische Stadium leider noch nicht hinausgewachsen seien, wie das bei den Chemikern glücklicherweise der Fall ist. Vielmehr steckt in unseren theologischen Fragestellungen unbewußt oder bewußt ein Moment der Reflexion, das in der Tat, bei allem methodischen Wandel in der modernen kritischen Theologie, die Kontinuität zu einer vorkritischen Phase der Theologie festhalten muß — besser sagen wir statt vorkritisch: zu der Epoche vor der Aufklärung. Zugleich ist dieses methodische Moment nun freilich von den aufgeklärten Fragestellungen überlagert. Von daher ergibt sich ein Ineinander methodischer Schritte, das leicht zu einem ungenießbaren Durcheinander werden kann. Wir wollen dieser Schwierigkeit so begegnen, daß wir das, was faktisch ineinander liegt, nun für unsere Reflexion sortieren, nebeneinander stellen. Ich betone aber noch einmal, um hier nicht mißverstanden zu werden: Was wir hier nacheinander betrachten, liegt im faktischen Vollzug der theologischen Reflexion beisammen, wird nicht etwa getrennt nacheinander vollzogen.

Dabei unterscheiden wir nun die hergebrachte theologische Reflexion von den neuen, kritischen Reflexionsstufen, reden hier von einer dogmatisch-normativen Reflexion, zu der sich dann die historisch-kritische und die empirisch-kritische Reflexion hinzufindet. Die verwendeten Begriffe sollen hier nicht vorlaufend geklärt werden. Ich betone nur: die genannten Reflexionsstufen finden sich mehr oder minder deutlich in allen theologischen Disziplinen. Man kann also nicht die dogmatisch-normative Reflexion einfach der Dogmatik zuschieben und die historisch-kritische der Exegese. Sofern und soweit es sich in jeder theologischen Disziplin um spezifisch theologische Denkvollzüge handelt — und andere interessieren uns hier nicht —, werden auch die genannten Reflexionsstufen mit vollzogen werden müssen. Dabei wird das Ineinander solange beschwerlich sein, als man es nicht durchschaut hat, also etwa normative Reflexion als historische ausgibt. Doch von den Konsequenzen später.

2.1. Die dogmatisch-normative Reflexion

Wir beginnen mit der hergebrachten theologischen Fragestellung, in welcher sich die Kontinuität theologischer Denkvollzüge durchgehalten hat, seit es christliche Theologie gibt, auch wenn sich innerhalb dieser Kontinuität dann eine beträchtliche Variationsbreite im einzelnen zeigt. Eine terminologische Vorbemerkung: Wir reden hier nicht von dogmatisch-kritischer, sondern von dogmatisch-normativer Reflexion. Das bedeutet aber nicht, daß es sich hier um einen unkritischen Denkvollzug handelte. Gewiß, das Pathos der Kritik — womöglich einer Kritik um der Kritik willen — liegt hier in der Regel nicht vor. Doch liegt in dem normativen Anspruch von vornherein ein kritisches Moment. Wir haben das schon im zweiten Abschnitt unseres ersten Durchgangs entfaltet, kommen nun unter anderem Blickpunkt auf diesen Sachverhalt zurück.

2.1.1. Der Gegenstand der dogmatisch-normativen Reflexion

Zunächst eine Binsenwahrheit: Theologie bringt, wie jede kritische Reflexion, ihren Gegenstand nicht hervor. Sie setzt ihn voraus und fragt kritisch nach seinem Recht und seiner Wahrheit. Das muß hier noch einmal gesagt werden, um Theologie gegen Verkündigung, Bekenntnis, Glaubenszeugnis abzugrenzen. Wir werden dann aber zugleich dazusetzen: Theologische Reflexion setzt diese Sachverhalte, sie setzt Glauben, Bekenntnis, Verkündigung — sie setzt Kirche voraus. Und zwar Kirche — das soll hier noch einmal betont werden — in dem doppelten Sinn, in welchem wir diesen Begriff bisher gebraucht haben: Kirche als empirische Größe, und Kirche als Wirkung des Handelns Gottes.

Genau hier beginnt freilich die Schwierigkeit. Wir sagten ja schon, daß jenes Handeln Gottes, das da vorausgesetzt wird, schlechterdings nicht aufweisbar ist, daß dafür auch keine Kriterien namhaft gemacht werden können, über die die Theologie verfügte. Wir haben die Voraussetzung gemacht, daß Kirche darin recht hat, daß sie sich als Wirkung des Handelns Gottes versteht — des Heiligen Geistes, wenn das dogmatisch näher bestimmt werden sollte. Zugleich damit müssen wir sagen: Weil das so ist, verbietet sich eine platte Identifikation der Kirche, die so als Werk Gottes geglaubt wird, mit der menschlichen Veranstaltung, die als Kirche unmittelbar wahrzunehmen ist, und an der wir als Theologen ja von Amts wegen mit beteiligt sind.

Eine platte und glatte Identifikation dessen, was wir als menschliche Veranstaltung „Kirche" machen, und dessen, was wir als Gottes Wirkung glauben, verbietet sich. Eine glatte Trennung, die jene Wirkung Gottes in die Unsichtbarkeit, etwa in die Unsichtbarkeit einer gläubigen Innerlichkeit verbannte, verbietet sich ebenfalls. Darüber haben wir schon geredet. Genau da muß darum Theologie als kritische Fragestellung eintreten, die Beziehung dieser beiden Größen bestimmen. Ist menschliche Veranstaltung Träger und Werkzeug der göttlichen Wirksamkeit — ist sie das nicht? Das ist die Fragestellung. Und weiter wird dann gefragt werden müssen — nun ausdrücklich mit normativer Intention: Wie muß die menschliche Veranstaltung aussehen, damit sie Träger und Werkzeug der göttlichen Wirksamkeit werden kann?

Dabei ist vorausgesetzt, daß die göttliche Wirkung wieder gegenständlich faßbar und von daher dann auch in der theologischen Reflexion zu befragen ist. Glaube, um gleich einen zentralen Begriff zu nennen, in welchem solche Wirkung erfaßt werden soll, ist nicht einfach innerliche Haltung, Bestimmtheit der Subjektivität, vielmehr zugleich sich äußernder Glaube, der seinen Gegenstand im Bekenntnis formuliert. So weiter: wir können hier selbstverständlich nicht zu einer erschöpfenden oder auch nur halbwegs umfassenden Beschreibung dessen übergehen, was man als Lebensäußerungen der Kirche bezeichnen und also auf Differenz und Identität von göttlicher Wirkung und menschlicher Veranstaltung theologisch zu befragen hat.

NB: Diese ganze Fragestellung und also das, was wir als Theologie beschreiben, wird dem unsinnig erscheinen, der die menschliche Veranstaltung schlicht mit der göttlichen Wirkung identifiziert — mindestens die eigene menschliche Veranstaltung. Darum werden Sektierer keine Theologie entwickeln, haben dazu kein Bedürfnis. Und wo kirchliche Gruppen, wo ganze Kirchen oder auch einzelne sich gegen theologische Fragestellungen wehren, die bei der Differenz in der Identität behaften und also die behauptete Identität menschlicher Veranstaltung und göttlicher Wirkung kritisch auf ihr Recht befragen, da zeigt sich eine Schlagseite zum Sektiererischen hin. Man denke etwa an die Auseinandersetzungen um Amt und Ordination, die göttliche Wirkung in dieser menschlichen Veranstaltung kanalisieren wollen (samt der Behauptung, daß dazu genus masculinum erforderlich sei, weil Gottes Wirkung im Sakrament sich nur dann vollziehe, wenn ein ordinierter Mann die menschliche Veranstaltung vornimmt). Da darf man nicht weiterfragen — kritisch in die Differenz eintreten. Denn die wird hier gerade bestritten. Darum braucht man hier keine Theologie, sondern Bekenntnis und Zeugnis — denen gegenüber, die hier nicht mit dem Denken aufhören wollen, sondern die hergebrachte menschliche Veranstaltung, Amt, Ordination, Sakrament in ihrer institutionellen Regelung kritisch befragen wollen.

So auf der einen Seite, wo man Theologie als unsinnig abtun muß, weil die Identität von menschlicher Veranstaltung und göttlicher Wirkung mindestens für die eigene Gruppe behauptet wird (bei der anderen ist selbstverständlich dann nur die Differenz, nur menschliche Veranstaltung ohne göttliche Wirkung).

Ebenso unsinnig wird freilich eine so bestimmte Theologie dort erscheinen, wo man nicht bereit ist, die kirchliche Voraussetzung des handelnden Gottes mitzumachen. Denn dann kann es die Dialektik von Identität und Differenz ebensowenig geben. Vielmehr ist da dann allein menschliche Veranstaltung, und es ist zwar vielleicht möglich, dann noch von Sinn und Unsinn dieser menschlichen Veranstaltung zu reden und hier nach Kriterien zu fragen. Aber eine Fragestellung, wie wir sie als die traditionelle theologische Fragestellung bezeichnet haben, kann hier nicht akzeptiert werden.

Soweit also zunächst die Bestimmung des Gegenstandes der dogmatisch-normativen Reflexion. Nicht einfach Kirche — weiter könnte man dann sagen: die christliche Religion mit allen ihren Lebensäußerungen. Vielmehr Kirche nun gerade in dieser spezifischen Dialektik von menschlicher Veranstaltung und göttlicher Wirkung, die weder einfach identifiziert noch einfach auseinandergerissen werden können. Vielmehr steht da jeweils die Differenz in der Identität und die Identität in der Differenz in Frage. Danach fragt Theologie — und zwar so, daß dabei die ganze Breite der kirchlichen Lebensäußerungen mit im Blick sein sollte, von der bekenntnismäßigen Formulierung des Glaubensgegenstandes bis hin zum sittlichen Handeln des Christen in der Welt, von der liturgischen Gestaltung des gemeinsamen Gottesdienstes bis zur rechtlichen Ordnung und zum Finanzgebaren der Kirche.

2.1.2. Kriterien der dogmatisch-normativen Reflexion

Nun ist mit dieser Bestimmung des Gegenstandes theologischer Reflexion freilich noch nicht viel geleistet. Gerade wenn wir von Identität und Differenz in göttlicher Wirkung und menschlicher Veranstaltung reden, muß dann ja gefragt werden, wie hier Differenz und Identität zu bestimmen sind. Was ist Kriterium? Was ist Norm, von der her die Differenz bestimmt und in Richtung auf die Identität hin zurechtgebracht werden kann?

Nun, wir haben diese Frage unter etwas anderem Aspekt schon gestellt als die Frage nach der Identität in der notwendigen Veränderung (vgl. 1.2.3.). Damit sind wir allerdings keineswegs schon heraus aus unserem Dilemma: einerseits die Identität von menschlicher Veranstaltung und göttlicher Wirkung betonen zu müssen, andererseits kritisch nachzufragen, wie solche Identität denn überhaupt begründet ist, und ob hier zu Recht Gottes Wirksamkeit für die menschliche Veranstaltung Kirche in Anspruch genommen wird.

Denkbar sind eine Reihe von Kriterien, die wir hier freilich nicht alle der Reihe nach erörtern können. Wir verzichten von vornherein auf den Erweis der Identität durch Erfahrungen, die als solche unmittelbar auf die göttliche Wirksamkeit hinweisen sollen.

Das heißt nicht, daß derartige Sachverhalte nicht bis heute mit im Spiel wären — und auch für die theologische Reflexion eine gewisse Rolle spielten. In der Regel wird freilich dieser Erfahrungsbeweis der theologischen Reflexion feindlich gesonnen sein, viel eher zu einer naiven Identifikation der eigenen Veranstaltung mit der göttlichen Wirkung führen — also in eine sektiererische Theologiefeindlichkeit umschlagen. Der Enthusiasmus des Geisterlebens ist der theologischen Reflexion feindlich gesonnen, da sie geeignet ist, seine Ansprüche unmittelbaren Gotteslebens, des Eintauchens in die göttliche Wirklichkeit, kritisch zurückzudrängen. (Vgl. aber E. Brunner, Das Mißverständnis der Kirche, 1951, der von „einer neuen Erfahrung heiliger Kräfte und Gaben, die jenseits der nüchternen rationalen Alltagserfahrung lagen", reden kann, um das Wesen der Kirche im Sinne der göttlichen Wirkung zu beschreiben, a.a.O. 56).

Erfahrung ist ein fragwürdiges Kriterium, wenn sie nicht allgemein nachvollzogen werden kann — und experimentieren läßt sich ja mit dem Heiligen Geist und seinen Wunderwirkungen auf jeden Fall nicht. Wer das Wunder als Erweis der göttlichen Wirkung verlangt, wird es nicht wahrnehmen. Denn das Wunder gehört dem Glauben, nicht dem Unglauben, und der Glaube will hier nicht seine Perlen den Säuen vorwerfen. Darum wird dieses Kriterium ausfallen müssen. Bleiben ethische und historische Kriterien als Möglichkeiten, die wir zu erörtern haben. „Historisch" werden wir dabei freilich nicht im Sinne der modernen kritischen Historie verstehen dürfen, obwohl der Weg dahin führt.

Nehmen wir zunächst das ethische Kriterium. Ein Beispiel: Paulus beurteilt das enthusiastische Leben der korinthischen Gemeinde danach, ob dabei alle mitkommen, die zur Gemeinde gehören. Nur wenn eine Geistwirkung gemeinschaftsfördernd, erbauend wirkt, ist sie legitim. Wenn das nicht der Fall ist, verfällt sie theologischer Kritik. Mit Recht, denn Gott, Gottes Geist, ist für alle da und in allen wirksam.

So sieht das aus. Gemeinschaft, Liebe, Achtung des Menschen — das sind Kriterien dafür, ob es sich hier um Gottes Wirkung oder um menschliche Veranstaltung handelt, ob hier die Identität beansprucht werden darf, oder ob die Differenz kritisch (urteilend, verurteilend gar) aufgewiesen werden muß. Mag sein, daß sich Theologie oft genug dieses Kriteriums nicht klar genug bewußt gewesen ist, daß man über allerlei anderem, was gleich zu nennen sein wird, dies Einfache und doch besonders Wichtige vergessen hat. Das soll uns nicht passieren. Darum nennen wir zuerst dieses ethische Kriterium, obwohl es in der theologischen Tradition stark zurücktritt.

Nun aber das andere — das Historische als Kriterium. Ich sagte schon, wir dürften da nicht einfach identifizieren mit dem, was wir heute als historisch im Sinne der kritischen Historie bezeichnen. In gewissem Sinn wird man sogar sagen müssen, daß dieses als theologisches Kriterium gebrauchte Historische direkt in Gegensatz steht zu dem, was wir gemeinhin als historisch bezeichnen. Gemeint ist da nämlich ein besonderes Geschehen in der Geschichte, welches sich auszeichnet durch die Unmittelbarkeit der göttlichen Wirkung, die dort zu fassen ist. Das kann moderne Historie nicht zulassen. Denn die muß auf der Gleichartigkeit alles historischen Geschehens insistieren, da ihr sonst kein Maßstab für ein kritisches Erfassen des vergangenen Geschehens bleibt. Immerhin verbindet jenes und dieses Historische, daß es sich dabei um ein kontingentes Geschehen handelt, in welchem in aller Unableitbarkeit des Faktischen Neues geschehen ist, das nun bestimmend weiterwirkt. Freilich wird da die Frage erst kommen müssen, inwiefern denn ein solches Historisches für die Gegenwart überhaupt Kriterium werden kann.

Nun haben wir sicher als Argument dafür die Behauptung des kirchlichen Bekenntnisses: Dieses Historische *ist* unmittelbar wirksame Gegenwart. Es hat für diese Gegenwart bestimmende Macht — Jesus ist der Herr, ist das Haupt der Kirche, ist der König im regnum gratiae. Das ist vorausgesetzt, mindestens für die traditionelle theologische Reflexion, und um die geht es uns hier zunächst. Mit dieser Voraussetzung wird also nicht nur die Einzigartigkeit dieses Historischen gesetzt, sondern auch eine besondere Weise seiner Gegenwart und gegenwärtigen Wirksamkeit. Hier redet unsere Tradition bekanntlich vom Werk Gottes, des Heiligen Geistes. Das soll noch einmal betont werden, damit hier ja keine Mißverständnisse entstehen.

Aber gerade wenn wir so auf jene Besonderheit verweisen, werden wir fragen müssen, wie denn nun dieses besondere Historische so zum Kriterium werden kann, daß es für die dogmatisch-normative Reflexion der Theologie brauchbar ist. Da kann dann nicht mehr einfach auf die Gegenwart Jesu Christi als Glaubensgegenstand verwiesen werden. Vielmehr muß dann die aufweisbare Vermittlung dieser Gegenwart bedacht werden. Dabei ist zweierlei zu erfragen. Einmal: wie ist die vermittelte Gegenwart institutionalisiert? Zum anderen: wie läßt sich die Identität der so vermittelten Gegenwart mit dem Historischen, das als Kriterium namhaft gemacht wird, nachweisen?

Hier muß nun die konfessionelle Differenz wieder vermerkt werden (vgl. o. 1.2.3.) Wir sollten gewiß nicht simplifizieren. Immerhin ist die Feststellung angebracht, daß die Tradition der evangelischen Theologie diese Frage schärfer erfaßt hat, als die griechisch-orthodoxe oder die römisch-katholische Theologie. Dort ist man geneigter, die eigene kirchliche Gegenwart mit der geglaubten Gegenwart Jesu Christi zusammenzurücken, die kirchliche Institution in ihrer Vorfindlichkeit mit der Jesu Gegenwart vermittelnden Institution zu identifizieren — so daß Jesus als der Herr der Kirche dieser Kirche nur noch sehr bedingt kritisch entgegengehalten werden kann. Ich betone zugleich, daß hier sehr viel mehr zu sagen wäre, wollten wir eine kontroverstheologische Auseinandersetzung führen. Das ist hier nicht beabsichtigt; darum kann dieser knappe und gewiß sehr einseitige Hinweis genügen.

Die vermittelte Gegenwart Jesu Christi ist in der Schrift faßbar — das ist die Grundvoraussetzung der evangelischen Theologie. Modifikationen dieser Grundvoraussetzung durch die historisch-kritische Reflexion interessieren uns hier noch nicht. Wir haben den grundlegenden Sachverhalt, der die traditionelle Substanz theologischer Reflexion im evangelischen Sinne ausmacht, darzulegen. Dabei muß von Anfang an klargestellt werden: Schrift ist hier nicht einfach historische Quelle, in welcher jenes als theologisches Kriterium dienende Historische überliefert und aus welcher es mittels kritischer Operationen zu erheben wäre. Vielmehr ist Schrift authentische Vermittlung jenes Offenbarungsgeschehens, sofern es sich in ihr gleichfalls um Offenbarung handelt, um autoritative Vermittlung des grundlegenden Geschehens.

Theologische Reflexion hat sich über die Autorität dieser Vermittlung Rechenschaft gegeben in der Entwicklung der Lehre von der Verbalinspiration, die ihre strengste Durchführung ja gerade in der altprotestantischen Orthodoxie erlebte — nicht zufällig. Denn hier lag nun alles Gewicht auf der zureichenden Vermittlung der Gegenwart Jesu Christi durch die Schrift, eben weil man sich gegen Tradition und Lehramt als zusätzliche vermittelnde Institutionen abgrenzen und deren Autoritätsanspruch bestreiten mußte. Dazu wird noch einiges zu sagen sein, wenn wir die Frage der Bibelwissenschaft zu erörtern haben. Hier genüge zunächst der Hinweis darauf, daß die Autorität jener Vermittlung nicht an die Theorie der Verbalinspiration gebunden ist, mit der man einmal eine Begründung dieser Autorität versuchte.

Das Gewicht unserer Überlegung muß zunächst auf der Autorität liegen, die dieser Vermittlung beigelegt wird. Diese Autorität kann nicht durch die Theologie begründet werden, sondern wird von ihr immer schon vorausgesetzt. Was die Theologie allenfalls tun kann, ist dies, daß sie den Vorgang nachzeichnet, in welchem sich Schrift als autoritative Offenbarungsurkunde selbst begründet. Weil sich Gott selbst durch die Schrift wirksam erweist, indem er Glauben weckt — darum ist die Schrift jene Vermittlung der Gegenwart Jesu Christi. So mag man einmal umschreiben, was als testimonium spiritus sancti internum theologisch zur Begründung der Schriftautorität zu sagen wäre.

Damit sind wir nun schon ein gutes Stück über unsere erste Frage hinausgeraten. Wie ist die vermittelte Gegenwart Jesu Christi institutionalisiert? So fragten wir ja. Und beantworteten diese Frage für die evangelische Kirche mit dem Hinweis auf deren Schriftprinzip. Ausfaltungen ins einzelne hinein brauchen wir nicht zu geben. Signifikant ist immerhin, daß die Gegenwart Jesu Christi im evangelischen Kultus nicht durch den sakramentalen Christus im Tabernakel dargestellt wird, sondern durch die geöffnete Bibel, die auf dem Altar liegt.

Es ist also nicht primär das Sakrament, in welchem der Christus vergegenwärtigt wird, wobei dann selbstverständlich der, der diese Vergegenwärtigung leisten kann, der ordinierte Priester, eine entscheidende Stellung bekommt — es ist nur konsequent, wenn sich an die potestas ordinis die potestas iurisdictionis und magisterii anschließt, so daß dann das Amt die Herrschaft Christi repräsentiert. Da kann dann nicht mehr diskutiert werden — wer für sein Heil auf das Amt angewiesen ist und bleibt, der wird sich fügen. Das ist eine Folgerung, die sich klarmachen sollte, wer eine von der ausschließlichen Verfügung über den Vollzug des Sakraments her begründete Amtsstruktur auch in evangelischen Kirchen haben will. Darüber sind wir hinaus, seit die Autorität der vermittelten Gegenwart des Herrn als Autorität der Schrift erkannt und anerkannt worden ist. Gerade hier kann sich dann ja Freiheit entfalten — das muß nicht sein, zugegeben. Es hat viel Gewaltsamkeit und Herrschsucht unter denen gegeben, die sich nun als Theologen die Auslegung der Schrift anmaßten und damit — nun als die berufenen, weil akademisch gebildeten Ausleger der Schrift — das „Kirchenvolk" in unwürdiger Abhängigkeit hielten. Ich habe diese Theologenherrschaft ja schon angesprochen (vgl. 1.2.1.). Immerhin kann man sich davon leichter emanzipieren als von dem Druck einer sakramentalen Hierarchie — aber das nur nebenbei.

Hier ist also die Autorität des Herrn — anerkannte, gerade von der Kirche anerkannte und praktizierte Autorität. Man liest ja die Bibel, legt sie aus, sucht von hier aus die Wahrheit des Glaubens wie des christlichen Lebens zu erfassen. Doch wie ist nun nachzuweisen, daß diese Vermittlung wirklich Gottes Heilstat in Jesus Christus gegenwärtig macht, also mit jenem historischen Kriterium identisch ist, wie es die dogmatisch-normative Reflexion in der Theologie sucht? Wir haben dazu schon hingewiesen auf das Zeugnis des Geistes, mit welchem letzten Endes diese Identität und damit das Recht der autoritativen Geltung der Schrift begründet wird. Doch das genügt noch nicht. Denn Schrift, die sich so als Autorität erweist, das ist ja immer die gelesene Schrift, die ausgelegte und so wirksame Schrift. Gerade weil hier Vermittlung der Gegenwart Jesu Christi nicht an eine lebendige Instanz, Hierarchie gebunden ist, muß notwendig die Frage nach der Auslegung der Schrift in den Mittelpunkt der Auseinandersetzung geraten. Schrift ist institutionalisierte Gegenwart Jesu Christi. Gut! Aber wie erweist sich diese Gegenwart als lebendig und wirksam?

Kirche *lebt* von der Schrift, von der ausgelegten Schrift. Das ist die eine Seite der Antwort, die hier zu geben ist. Kirche ist creatura verbi. Dazu nun das Zweite: Weil Kirche so von der Schrift lebt, darum soll und kann die Schrift auch die entscheidende Norm des kirchlichen Lebens sein. Gewiß ist da ein Zirkel. Wir fragten nach der Begründbarkeit der theologischen Annahme, daß Schrift identisch sei mit der vermittelten Gegenwart jenes Historischen, Offenbarung Gottes in Jesus Christus, das der dogmatisch-normativen Reflexion als Kriterium dienen soll. Begründet wird diese Identität mit der Wirksamkeit der Schrift — also mit dem Verweis auf eben jenes kirchliche Leben, dem sie doch als Norm dienen soll. Nur als lebendig wirksame Kraft hat die Schrift jene Autorität, in welcher sie als die Institution gelten kann, in der sich die geglaubte Gegenwart Jesu Christi vermittelt. Nur so kann sie darum auch als „Regel und Richtschnur" für das dienen, was als Wirkung dieses Herrn gelten darf, und andererseits abweisen, was ihm widerspricht, darum als nur menschliche Veranstaltung in der Kirche nicht weiter gelten soll.

Damit ist das mindestens für unsere theologische Tradition entscheidende Kriterium genannt. Und soweit dogmatisch-normative Reflexion in der Theologie auch weiterhin geübt wird — wir nannten sie ja als notwendiges Moment innerhalb der theologischen Denkvollzüge —, wird der Bezug auf dieses Kriterium mit im Spiel sein. Wir haben nun allerdings noch ein Stück weit genauer darzulegen, wie dieses Kriterium theologisch anwendbar ist.

2.1.3. Die Beziehung von Schrift und Bekenntnis in der dogmatischnormativen Reflexion

Der Verweis auf die Schrift allein genügt nicht, wo wir nach dem Kriterium der dogmatisch-normativen Reflexion fragen. Das soll nun nicht heißen, daß damit das reformatorische „sola scriptura" wieder in Frage gestellt werden müßte. Es heißt aber mindestens dies, daß hier Schrift immer nur als ausgelegte Schrift in Betracht kommt. Ausgelegte Schrift — das heißt nun nicht, daß da diese oder jene Schriftstelle aufgegriffen und angezogen wird, um dies oder jenes kritisch zu beurteilen. Es heißt vielmehr, daß Schrift bezogen ist auf den solus Christus — ausgelegt auf ihn hin als auf ihre Einheit und Mitte. Nur das ist Schrift im erfragten Sinn, „was Christum treibet" — um diese berühmte und vielstrapazierte Formel Luthers hier einmal zu bemühen.

Ausgelegte Schrift, das ist immer schon mindestens vorläufig verstandene Schrift. Das soll nicht heißen, daß damit eine neue Bemühung um Verstehen und Auslegung überflüssig wäre. Aber es heißt, daß der Auslegung durch solches Verstehen ihre Richtung gewiesen wird. Ausgelegte Schrift ist im kirchlichen Bekenntnis zusammengefaßt. Darum kommt es nicht von ungefähr, daß gerade dort, wo man das reformatorische Schriftprinzip entwickelt hat, zugleich auch das Bekenntnis an Gewicht gewonnen hat. Weil Schrift nicht atomistisch verstanden werden darf, weil hier nicht nur mit Schriftstellen argumentiert werden soll, sondern mit der Schrift als ganzer, darum braucht man das Bekenntnis als eine die Auslegung leitende Instanz. Die gehörte Schrift, nämlich das Evangelium, wird im Bekenntnis institutionalisiert.

Wir führen diese Überlegungen nun nicht ins einzelne hinein weiter durch (dazu vgl. F. Mildenberger, Die halbe Wahrheit oder die ganze Schrift, BEvTh 46, 1967). Hier interessiert nur die eine Frage: Wird damit nicht mindestens faktisch das Bekenntnis als Kriterium der Schrift vorgeordnet? Dann wäre ja die institutionalisierte Vermittlung der Gegenwart jenes Historischen, das wir als das entscheidende Kriterium der dogmatisch-normativen Reflexion bezeichnet haben, gar nicht die Schrift selbst, sondern das Bekenntnis. So mag es hier und da aussehen, vor allem dann, wenn man sich der hermeneutischen Diskussion nicht gewachsen fühlt und sich darum auf ein lehrgesetzliches Verständnis des Bekenntnisses zurückzieht. Doch trifft eine solche faktische Vorordnung des Bekenntnisses vor der Schrift nicht die Intention der evangelischen Theologie und ihrer Methodenlehre, die eben Schrift und nicht Bekenntnis als die entscheidende Norm nennt. Die norma normata des Bekenntnisses ist nicht der Diskussion entzogen. Sie muß vielmehr immer neu in der Auslegung der Schrift erprobt werden. Im Bild: Wir bekommen hier einen Schlüssel in die Hand, mit der Versicherung, er werde uns die Schrift in ihrer Einheit und Ganzheit aufschließen. Aber ein solcher Schlüssel wäre nutzlos, wenn er nicht zu dem gebraucht würde, wozu er da ist. Die norma normata des Bekenntnisses ist also immer wieder neu an der norma normans der Schrift zu erproben. Vorausgesetzt ist dabei die Übereinstimmung der beiden Normen, aber doch so, daß im Konfliktsfall die norma normata der norma normans selbstverständlich unterzuordnen ist. Eine theologische Berufung allein auf das Bekenntnis ist darum noch nicht schlüssig, wenn nicht zugleich gezeigt werden kann, wie durch das Bekenntnis hindurch sich in dieser Fragestellung die Schrift erschließt. Soviel hier. Wenn wir auf die einzelnen theologischen Disziplinen zu sprechen kommen, werden wir die genannten Sachverhalte noch einmal aufgreifen müssen.

2.2. Die historisch-kritische Reflexion

Sofern eine Reflexion theologisch sein will, muß sie als ein Moment das in sich schließen, was wir als die dogmatisch-normative Reflexion bezeichnet haben. Sonst handelt es sich nicht um theologische Reflexion. Das muß auch klargestellt bleiben, wenn wir uns nun anderen Reflexionsstufen zuwenden. Auch wo beispielsweise historisch-kritisch exegesiert wird, ist immer die Praxis im Blick und die normative Absicht dieser Praxis gegenüber. Schon die Tatsache, daß dabei biblische Texte exegesiert werden, zeigt ja zur Genüge, daß man sich im Raum eines kirchlichen Konsens bewegt, der gerade hier, von diesen Texten, Entscheidendes zu hören erwartet.
Grundsätzlich gilt also: Jede theologische Reflexion muß das dogmatisch-normative Moment in sich schließen. Sonst läßt sie sich nicht in den Bereich der Theologie einbeziehen. Nun ist aber umgekehrt zu fragen: Muß auch jede dogmatisch-normative Reflexion das Moment der historischen Kritik in sich schließen, wenn sie als theologisch, nun im Sinne dessen, was gegenwärtig als Theologie gilt, anerkannt werden soll? Selbstverständlich wird man von einer vorkritischen Theologie nicht historische Kritik erwarten. Aber mit dieser vorkritischen Theologie müßte es nun seit zweihundert Jahren eigentlich vorbei sein.
Nun, diese Frage ist nicht leicht zu beantworten. Sicher gibt es eine solche „vorkritische" Theologie, die sich wenig um die historische Kritik und die durch sie auferlegte Reflexion kümmert. Ich will hier nun nicht Beispiele anführen. Exegeten pflegen derlei Naivität den Dogmatikern pauschal zum Vorwurf zu machen. Die könnten freilich die-

sen Vorwurf mit gleichen Recht zurückgeben, sofern die Exegeten ihrerseits das dogmatisch-normative Moment ihrer eigenen Arbeit oft kaum bewußt wahrnehmen. Aber es hat wenig Sinn, diesen Ball hin- und herzuspielen. Damit ist niemand, am wenigsten ist der Klärung der Sache gedient.

Wir nannten eben das Stichwort der Naivität. Ich meine, ein Absehen von der historisch-kritischen Reflexion könne es nur noch naiv, nicht aber bewußt geben. Solche Naivität wird aber immer eine Ausnahme sein. Sie wird sich auf keinen Fall dort behaupten können, wo theologisch diskutiert und argumentiert wird. Denn dort wird auf jeden Fall auch das historisch-kritische Moment der theologischen Reflexion mit ins Spiel gebracht werden — und wer dann mitspielen will, der kann sich dem nicht entziehen. Faktisch kann es also nicht ohne die historisch-kritische Reflexion abgehen — was damit gemeint ist, werden wir gleich genauer zu bestimmen suchen. Zunächst genügt zur Verständigung ein allgemeiner Vorbegriff. Wo man sich bewußt gegen diese Reflexion abzuschirmen sucht, wird man sich aus der theologischen Diskussion je länger desto mehr ausschließen. Wir kennen diesen Versuch als Fundamentalismus. Solcher Fundamentalismus ist nicht einfach identisch mit der vorkritischen Theologie. Denn er hat die Naivität der biblischen Autorität gegenüber verloren, die jene Theologie bestimmte — was nicht heißen soll, daß man sich in der vorkritischen Theologie nicht sehr genau darüber Rechenschaft gab, was als Autorität in der Kirche gelten solle, und wie solche Autorität begründet und zu handhaben sei. Mit solcher Unmittelbarkeit ist es vorbei, seit die Möglichkeit historisch-kritischer Reflexion ausgearbeitet wurde und immer mehr Raum gewonnen hat — ein Sachverhalt, dem sich ja in den letzten Jahrzehnten auch die römisch-katholische Theologie öffnen mußte, trotz aller Hemmungen, die es dabei wegen der mit dieser historisch-kritischen Reflexion dort verbundenen Emanzipation von der lehramtlichen Verfügung über die Schriftauslegung gab. Das zeigt auf seine Weise die Unausweichlichkeit des Vorgangs, einmal ganz abgesehen von aller theologischen Begründbarkeit.

Warum gehört die historisch-kritische Reflexion zur theologischen Methode? Das läßt sich also vorlaufend einmal mit dem Hinweis auf die Faktizität beantworten: So ist es geworden. Und da nun einmal historisch-kritische Reflexion möglich geworden ist, kann sie nicht mehr künstlich unterdrückt werden. Sonst verurteilte sich Theologie selbst zur Isolierung gegenüber einem Denken, das sich unter anderem dieser Methode bedient. Fundamentalismus in allen seinen mehr oder weniger strengen Spielarten ist ein restauratives Verhalten, das sich seine Zukunft selbst verbaut hat. Das soll hier immerhin deutlich ausgesprochen werden. Denn die Tendenz zu solchem restaurativen Halb- oder Viertelsfundamentalismus ist weit verbreitet. Zudem: was der historischen Kritik recht ist, muß der empirischen Kritik billig sein. Darum mag man sich an der Unausweichlichkeit der historisch-kritischen Reflexion die Unausweichlichkeit der empirischen Kritik klarmachen.

2.2.1. Verfremdung des Historischen

Wir behandeln hier nicht die historische Kritik allgemein, sondern ihre Rolle innerhalb der theologischen Methodik. Darum sehen wir als Gegenstand der historischen Kritik in erster Linie die Bibel, in zweiter Linie dann die Geschichte der Kirche. Dabei steht wieder die Dogmengeschichte im Vordergrund — eben weil es sich auch hier um Autorität handelt, wie bei der Bibel, der man kritisch-historisch auf den Leib rückt. „Die wahre Kritik des Dogmas ist seine Geschichte" — das als Motto (D. F. Strauß).

Wir setzen jetzt nicht ein mit Überlegungen zu dem „geschichtlichen Denken" der Neuzeit. Das ist sowieso eine recht fragliche Sache. Haben die Alten weniger „geschichtlich" gedacht? Haben sie der Geschichte weniger recht gegeben, als unser mindestens in seinen geistigen Wurzeln noch historisch bestimmtes Zeitalter?

Ob die Hypertrophie der Historie, die unseren theologischen Wissenschaftsbetrieb noch bestimmt, und die die geistigen Wurzeln dieser Arbeit im 19. Jahrhundert signalisiert, noch einem echten Bedürfnis entspricht, kann man ja mindestens auch fragen. Sicher, der historische Forschungsbetrieb trägt sich selbst und kann sich selbst weiter beschäftigen. Das wird niemand bestreiten. Aber wem damit gedient ist, diese Frage sollte man dann lieber nicht stellen. An die Theologie muß diese Frage aber gestellt werden, solange gilt, daß sie ihr Recht und ihre Einheit aus dem Praxisbezug hernimmt!

Mindestens war man es einmal gewöhnt, die Vergangenheit unmittelbar in die eigene Gegenwart hineinzunehmen, als Recht, Sitte, Ordnung, die galt, weil sie so geworden war — als gutes altes Recht etc. Erst recht als das Wort Gottes, heilige Geschichte wie heilige Weisung für Glauben und Leben. Sicher ist solcher unmittelbarer Kontakt mit der Vergangenheit nicht historisch oder geschichtlich gedacht in unserem heutigen Sinne. Aber man lebte in unmittelbarer Nachbarschaft mit dem Vergangenen, zumal da nur eine überschaubare Zeit war, zusammen gehalten vom Anfang und vom Ende, der Schöpfung und dem jüngsten Tag.

Eben hier geht das moderne historische Denken auf Distanz. Einzelheiten brauchen wir nicht zu erörtern, haben zunächst einmal wahrzunehmen, wie hier das Vergangene in seinem Vergangensein festgestellt und eben damit in die Ferne gerückt wird. Das ist der erste, entscheidende Denkschritt der historisch-kritischen Reflexion. Nicht *ich* bin dabei, *ich* bin angeredet durch die biblische Geschichte und das Bibelwort. So hatte man das bis dahin gefaßt, und in der Inspirationslehre ja auch eine Theorie gebildet, mit der sich das begründen ließ. Denn kraft ihres göttlichen Ursprungs konnte die Schrift an der Zeitüberlegenheit Gottes Anteil haben. Jetzt ist das anders. Jesaja redet zu den Jerusalemern des achten Jahrhunderts vor Christus, und Paulus zu den korinthischen Christen zwischen 50 und 60. Also sind wir, die das beobachten, jedenfalls nicht unmittelbar dabei, nicht unmittelbar angeredet und gemeint.

Was also die dogmatisch-normative Reflexion als die gegenwärtige Vermittlung des Offenbarungsgeschehens nahm, das wird nun selbst Vergangenheit, und kann als solche mit distanziertem Interesse gemustert werden.

Damit ist die Möglichkeit von Bibelkritik nicht erst begründet. Darüber muß man sich klar sein. Auch für eine „vorkritische" Exegese war eine solche Kritik durchaus möglich, verlangte freilich einen sehr viel größeren existentiellen Einsatz. War das Bibelwort als unmittelbare Anrede je an die eigene Gegenwart verstanden, so mußte es dort als Zumutung erscheinen, wo es sich dem eigenen Gesamtverständnis der Schrift nicht einfügte. Diese Zumutung konnte kritisch zurückgewiesen werden — ich erinnere an die berühmten Äußerungen Luthers zu einzelnen biblischen Schriften. Aber Maßstab der Kritik war dabei die Schrift selber, in ihrer klaren Aussage. Nun dagegen ist man nicht unmittelbar betroffen — gesetzt einmal, man habe sich von der vorkritischen Autoritätsbindung prinzipiell frei gemacht. Ist das geschehen, dann ist man die gebietende, aber auch hilfreiche Nachbarschaft der Bibel, ihrer Worte, ihrer Geschichte los.

Zur Illustration mag man sich daran erinnern, wie bis in die beginnende Neuzeit hinein die biblische Geschichte in Kostüm und Szenerie je der eigenen Gegenwart dargeboten werden konnte. Wir goutieren diese Naivität bei einem gotischen Tafelbild ohne weiteres. Aber je näher es auf die eigene Gegenwart zugeht, desto peinlicher und gewollter erscheint uns eine derartige Darstellungsweise. Aber auch eine nazarenische Historienmalerei ist nichts für uns. Da zeigt sich die Schwierigkeit offensichtlich, in die wir mit der historischen Verfremdung hineingeraten sind.

Eine solche Distanzierung von der Autorität der Vergangenheit steckt in der historisch-kritischen Reflexion mit drin, damit ein gutes Stück Kirchen- und Theologiekritik. Das muß man sehen, auch dann, wenn andererseits die Unausweichlichkeit eines solchen Vorgehens sich nicht übersehen läßt. Dabei soll uns jetzt die Frage noch nicht bekümmern, ob die historisch-kritische Reflexion sich mit der traditionellen dogmatisch-normativen Reflexion bruchlos zusammenfügt. Zunächst muß erwähnt werden, daß die Theologie durch die historisch-kritische Reflexion nicht nur jene Unmittelbarkeit zur Bibel verloren hat. Sie hat auch gewonnen — ohne daß wir hier nun Verlust und Gewinn gegeneinander aufrechnen wollten.

Aus der Distanz sieht man schärfer. Das ist unzweifelhaft ein Gewinn, den wir der historisch-kritischen Reflexion verdanken. Weil man sich nun aus dem unmittelbaren Handgemenge mit den biblischen Texten und mit ihrem absoluten Anspruch gelöst hat, lassen sich diese Texte in ihrer Eigenart und Besonderheit sehr viel deutlicher wahrnehmen. Der Eindruck der Geschlossenheit schwindet, stattdessen zeigt sich ein reichgegliedertes Schriftenkorpus mit einer fast unendlichen Vielfalt, die zu immer neuen Differenzierungen auffordert. Nur in der Verfremdung, der distanzierten Objektivität der Betrachtungsweise, wie sie die historisch-kritische Reflexion fordert und ermöglicht, ist diese Fülle wahrnehmbar. Wir haben das gelernt, werden davon nicht loskommen und nicht loskommen wollen. Eine Bekehrung weg von der historisch-kritischen Methode kann immer nur in die Geistlosigkeit hineinführen — und daß in solcher Geistlosigkeit dann das Wehen des *Heiligen* Geistes besonders kräftig spürbar sei, das wird zwar hin und wieder behauptet; aber darauf verlasse ich mich lieber nicht.

2.2.2. Der Wahrheitsanspruch der historisch-kritischen Reflexion

Ich nannte eben die differenzierte Sicht der biblischen Überlieferung — Ähnliches ließe sich natürlich auch von der Geschichte der Kirche sagen — als den Gewinn, den uns die historisch-kritische Reflexion eingetragen hat. Vielleicht sollte man ein anderes noch vorher nennen: die befreiende Wirkung dieser Reflexion. Ich habe ja schon darauf hingewiesen, wie hier die fraglose und absolute Autorität hinfällt — man wird dazusetzen können: mit dieser einen Autorität andere Autoritäten. Das emanzipatorische Pathos, das die Reflexion hier trägt, wird ja nicht vor anderen Autoritäten dann Halt machen, wenn hier, der Bibel gegenüber, einmal die Freiheit erkämpft ist.

Nun wird man freilich fragen können, ob solche Befreiung von Autorität eindeutig als ein Gewinn zu buchen ist — ganz allgemein, und speziell natürlich für Kirche und Theologie. Sicher kann man versuchen, diese Emanzipation als eine Fortführung der Befreiung zu sehen, wie sie in der Reformation erkämpft worden ist. Aber gerade da muß dann die Frage einsetzen, ob es eine derartige Freiheit geben kann, ohne daß zugleich neue Bindungen wahrgenommen werden. Eine freischwebende, bindungslose Kritik wird ja nur so lange leben können, wie Bindungen da sind, gegen die sie sich kritisch richten kann. Fehlt ihr dieser Widerhalt, dann muß sie in sich selbst zusammenfallen. Darum wird Kritik, die sich nicht als Selbstzweck versteht — und das wird eine verantwortliche theologische Kritik nicht tun —, immer zugleich die Bindung suchen, die an die Stelle der kritisierten Instanzen treten kann. Darum kann die historisch-kritische Reflexion nicht einfach Werkzeug sein, der Sache gegenüber neutral, die mit diesem Werkzeug bearbeitet wird.

Das muß man sehen. Gerade darum wird die Theologie mit der historisch-kritischen Reflexion nicht so leicht fertig. Da sind Spannungen, die sich immer wieder manifestieren. Man soll diese Spannungen dann aber nicht kurzschlüssig nur der bösen Welt, der ungläubigen Wissenschaft und dann der Theologie, die mit dieser ungläubigen Wissenschaft paktiert, in die Schuhe schieben. Es könnte ja auch sein, daß diese Spannungen mit darauf hinweisen, wie die Kirche ein Stück notwendiger Anpassung versäumt hat. Und nun soll sie in Richtung auf eine solche Anpassung in Bewegung kommen — denn die Kirche Jesu Christi, die in ihr Gestalt gewinnen will, ist immer eine zeitgemäße Kirche, wobei wir uns dann freilich dagegen wehren, zeitgemäß mit konformistisch gleichzusetzen.

Sicher kann nun nicht der ganze Anspruch, der hinter der historisch-kritischen Reflexion steht, womöglich dann noch in allen möglichen Spielarten, entfaltet werden. Zunächst haben wir klar zu sehen, daß hier gegen die Besonderheit der biblischen Autorität und jenes besonderen Historischen, das die Bibel repräsentiert, das Menschlich-Allgemeine ins Feld geführt wird. Man darf sich hier nicht täuschen lassen. Gewiß geht die Historie gerade dem Individuellen, der geschichtlichen Besonderheit nach. Aber diese Besonderheit ist umfangen von dem Ganzen des geschichtlichen Prozesses. Wo dieses Ganze nicht als individuelle Ganzheit erfaßt werden kann, in einem spekulativen Durchdringen der Weltgeschichte, das sie als Einheit versteht, da wird dieses Ganze wenigstens repräsentiert durch die Gleichartigkeit alles geschichtlichen Geschehens. Entweder das eine oder das andere. Entweder die Ganzheit der Geschichte wird im universalgeschichtlichen Entwurf gefaßt, in welchem jedes Einzelgeschehen seinen Platz bekommt. Seine Besonderheit, Einmaligkeit ist dann bestimmt durch den Stellenwert, den es im Ganzen der Geschichte einnimmt. Oder man resigniert dieser Möglichkeit gegenüber. Dann wird das einzelne vom Typischen her erfaßt, im Vergleich mit analogen Erscheinungen, die innerhalb des prinzipiell gleichartigen, gesetzmäßig geordneten Gesamtverlaufes wahrnehmbar sind.

NB: Man muß hier sorgfältig unterscheiden. Wenn an dieser Stelle von Gesetzmäßigkeit die Rede ist, dann heißt das nicht, daß der geschichtliche Gesamtverlauf durch ein Geschichtsgesetz determiniert ist. Kontingenz des Einzelgeschehens wird mit dieser Gesetzmäßigkeit durchaus zu vereinen sein. Aber: natura non facit saltus — das ist hier dann strenge Voraussetzung der Kritik. Ein absolut Neues, Unvergleichliches kann es für die kritische Historie nicht geben — sie hätte ja nicht den Maßstab, um dieses absolut Neue *kritisch* zu erfassen. Mindestens soviel glaube ich aus der Methodendiskussion der Historiker um die Jahrhundertwende gelernt zu haben. Man kann das sicher als ein Vorurteil bezeichnen — vor allem dann, wenn solche Umklammerung des biblisch bezeugten Offenbarungsgeschehens durch eine vorausgesetzte Ganzheit des Geschichtsverlaufs nicht in den theologischen Kram paßt. Man sollte dann aber wissen, daß man sich mit der Polemik gegen ein derartiges Vorurteil zugleich gegen die traditionellen und in der Historie bis heute anerkannten Voraussetzungen der historischen Kritik wendet. Das hat W. Pannenberg nicht gemerkt, wenn er mir Befangenheit in diesem Vorurteil vorwirft (in: Heilsgeschehen und Geschichte, KuD 1959, 266 A 22). Unter der gutgemeinten Intention, die Spannung zwischen historisch-kritischer Reflexion und der Einzigartigkeit des Offenbarungsgeschehens auszugleichen, leidet da leider die Klarheit des Blickes. Darum nimmt Pannenberg „Gesetzmäßigkeit der Entwicklung" und ein geschichtliches Entwicklungsgesetz, das das Gesamtgeschehen bis ins einzelne determiniert, univok und will beides miteinander abservieren, während die Methodendiskussion der Historiker, die ich angeblich nicht zur Kenntnis genommen habe, hier sehr sorgfältig unterschieden hat. So leicht dürfen wir es uns als Theologen nicht machen, soll unsere Argumentation glaubwürdig bleiben. Wir müssen wissen, was wir sagen und tun, gerade auch dann, wenn wir uns mit den gängigen Voraussetzungen der historischen Kritik nicht einfach identifizieren wollen und können — worin Pannenberg selbstverständlich völlig recht zu geben ist.

Nun kann man sicher fragen, warum der historisch-kritischen Reflexion eigentlich an einer solchen Ganzheit des geschichtlichen Geschehens — wenn schon nicht Einheit, so wenigstens Gleichartigkeit — gelegen sei. Die Antwort ist zunächst nicht schwer zu geben. Man kann sie unter das wissenschaftstheoretische Stichwort der Allgemeinheit wissenschaftlicher Aussagen stellen. Weil es um solche Allgemeinheit geht, weil gerade auch das Besondere geschichtlichen Geschehens dem Kriterium solcher Allgemeinheit unterworfen werden muß, darum muß hier das Ganze wenigstens in der Gestalt prinzipieller Gleichartigkeit des historischen Geschehens in den Blick kommen. Man kann die Antwort auch mit dem Stichwort der Kommunikation geben: Weil es auch und gerade in der Historie um umfassende zwischenmenschliche Kommunikation in der Wirklichkeit geht, in der wir gemeinsam leben, darum kann umgekehrt als wirklich nur gelten, was hier kommunikabel ist. Unter diesem — sagen wir: ethischen — Gesichtspunkt wird in dieser Frage in der Regel theologisch argumentiert, falls man sich nicht — das hielte ich für das schwächere Argument — bloß auf seine „intellektuelle Redlichkeit" beruft.

Verfremdung des Bibelwortes, die Distanz gibt von der unmittelbaren, autoritativen Forderung, muß also in diesem Gesamtzusammenhang gesehen werden. Daher dann die Spannungen. Solche Verfremdung, so große Schwierigkeiten sie nicht nur der theologischen Reflexion, sondern erst recht dem Glauben macht, ist ja nicht grundlos, kann nicht einfach beiseite geschoben werden. Wie soll Glaube in einer Welt weitergesagt werden, mit der er die Kommunikation abgebrochen hat? Wie soll Kirche in einer Wirklichkeit Gestalt gewinnen, aus welcher sie sich, mindestens mit der Sprache ihres Glaubens, ihrer Verkündigung, zurückgezogen hat? Das sind Gründe, die wir nicht vom Tisch wischen können. Wer um des Glaubens willen hier Halt gebieten möchte, die historisch-kritische Reflexion und was damit zusammenhängt aus der Kirche ausscheiden möchte, der soll mindestens wissen, was er beabsichtigt.

2.2.3. Koexistenz im Kompromiß

Man kann für die historisch-kritische Reflexion argumentieren. Eine künstliche Naivität kann es nicht geben. Wenn diese Reflexion einmal da gewesen ist, läßt sie sich nicht mehr ungeschehen machen. Man kann hier eine Möglichkeit der Kommunikation sehen, auf die Theologie wie Kirche nicht mehr verzichten kann. Gerade wenn wir uns mit der Sache, die wir vertreten, nicht in ein Getto zurückziehen wollen, müssen wir der unbestreitbaren Spannung standhalten, die mit der historisch-kritischen Reflexion nun einmal verbunden ist. Es wäre vielleicht einfacher, sich auf ein unmittelbares Verhältnis zur Bibelautorität zurückzuziehen. Aber das geht nicht, wenn wir Kirche und ihren Auftrag ernst nehmen. Dann kann uns die Wahrheit, die Wirklichkeit der Welt, in der wir leben, nicht egal sein.

Warum dann aber doch die Rede von Spannungen? Warum immer wieder die Frage, ob es nicht doch auch ohne die historisch-kritische Reflexion ginge? Ich habe diese Fragen ja nicht erfunden. Sie begleiten die Theologie seit zweihundert Jahren, und sie bieten erst recht immer wieder den Anlaß zur Auseinandersetzung zwischen den Praktikern der Theologie, deren Amtsautorität sie verständlicherweise gegen jede Kritik empfindlich macht, und den Akademikern, die um der Wissenschaftlichkeit willen auf ihre historisch-kritische Reflexion eifersüchtig bedacht sind. Sicher kann man den Konflikt auch anders, objektiver motivieren, auch wenn diese persönlichen Dinge — häufig unbewußt — eine nicht geringe Rolle spielen. Auf jeden Fall — die Spannungen sind da. Sollten sie sich nicht in einem mutigen Schritt beheben lassen? Da es nun einmal unumgänglich ist, daß wir uns auf die historisch-kritische Reflexion einlassen — warum dann doch immer noch jene Reserve, die Spannungen schafft und erhält?

Nun, ich denke, das liege in der Sache. Nur dann wären wir die Spannungen los, wenn wir die Sache der Kirche und damit auch der Theologie zugleich damit los werden wollten. Denn hier steht nun einmal jenes Besondere, Jesus Christus als Offenbarung Gottes, gegen die Ganzheit und Allgemeinheit, wie sie die historisch-kritische Reflexion voraussetzt. Beides läßt sich nicht zugleich festhalten, trotz aller gutgemeinten, vielleicht auch mehr oder weniger gelungenen Versuche der Theologie, das zu tun.

Man wende hier nun nicht ein, wir könnten doch nicht von ungeklärten Voraussetzungen aus — was heißt denn „Jesus Christus als Offenbarung Gottes"? — uns gegen das „moderne geschichtliche Denken" abgrenzen. Warum nicht? Zunächst ist ja jenes Ganze, das da vorausgesetzt wird als der Rahmen, in den sich jedes geschichtliche Einzelgeschehen einfügen muß, keineswegs eine stabile Sache, jeder Diskussion entnommen. Erst recht aber: Kann denn vorausgesetzt werden, daß Wirklichkeit hier zureichend erfaßt ist? Daß sie überhaupt in jener Ganzheit, wie das die historische Kritik voraussetzt, erfaßbar ist? Gesamtverlauf der geschichtlichen Entwicklung, Universalgeschichte hin — Gleichartigkeit alles historischen Geschehens, historisches Analogieprinzip her: ist das nicht zu hoch gegriffen? Wir wollen hier nun nicht einfach theologisch argumentieren, halten aber gerade hier die Akten noch keineswegs für geschlossen. Die Versuche, Geschichte stärker von der Wirkungsgeschichte her, erst recht von der Offenheit für die Zukunft, für das Neue her, zu denken, können vielleicht alte, versteifte Fronten der Kritik wenigstens ein Stück weit wieder in Bewegung bringen. Daß damit freilich die Spannungen, von denen wir reden, ausgeräumt würden, ist nicht zu erwarten — aber das ist nun nur theologisch zu begründen, in einer Erörterung von Geschöpflichkeit, Sünde und eschatologischer Vollendung der Wirklichkeit und also auch ihrer Erkennbarkeit durch den Menschen. Und dazu ist hier nicht der Ort. Darum der Hinweis auf die Spannung — die sich hier als die Spannung der für die Geschichte Jesu Christi behaupteten Besonderheit mit dem Allgemeinen, wie es die historisch-kritische Reflexion voraussetzt, darstellt.

Die erste Folgerung, die wir zu ziehen haben: da ein glatter Ausgleich nicht möglich ist, haben wir den faktischen Kompromiß bewußt zu akzeptieren, in dem auf der einen Seite historisch-kritisch gearbeitet wird, in dem auf der anderen Seite doch auch die unaufgebbare Besonderheit des Christusgeschehens festgehalten wird. Es ist gewiß nicht schwer, dagegen Front zu machen. Ein Kompromiß ist immer inkonsequent, und darum wird Konsequenzmacherei der Theologie hier immer am Zeug flicken können. Aber das sollte uns nicht zu sehr bekümmern — glücklicherweise leben wir nicht nur hier, sondern allüberall von Kompromissen und lassen uns nirgends so ohne weiteres durch Konsequenz umbringen. Wir sollten aber, das möchte ich doch noch einmal betonen, wissen, daß wir hier von Kompromissen leben, sollten also nicht Konsequenz vorgeben, die nun einmal schlechterdings nicht aufzubringen ist. Das zunächst.

Eine zweite Folgerung ist zu nennen: Wir sollten zugeben, daß die Urteile — exegetische vor allem — die in diesem Methodenkompromiß erarbeitet werden, nicht einfach historische Urteile sind und sein können. Der Exeget, der mit dem Pathos des Historikers auftritt und so allgemeine Wahrheiten von sich gibt, mit denen sich die Theologie nun einmal arrangieren müsse, wird als theologischer Diskussionspartner nicht ernst genommen werden können. Gerade die einigermaßen prekäre Situation in der Methodenfrage verlangt hier äußerste Bewußtheit, Disziplin des Denkens, oder mindestens Fingerspitzengefühl. Wir müssen wissen, daß immer dogmatisch-normative Momente auch in der scheinbar nur historisch-kritischen Reflexion stecken, wie umgekehrt keine dogmatisch-normative Reflexion ohne historisch-kritische Momente auskommt.

2.3. Die empirisch-kritische Reflexion

Historische Kritik ist eine seit zweihundert Jahren in der Theologie gängige Sache. Zwar ist man noch lange nicht mit ihr fertig. Weder ist die methodische Problematik, auf die es uns hier vor allem ankommt, geklärt, noch haben die inhaltlichen Fragen, die durch die historisch-kritische Reflexion aufgeworfen sind, eindeutige, allgemein anerkannte Antworten gefunden. Das ist kein Wunder. Bei aller Arbeit bleiben ja die Spannungen, von denen wir zuletzt sprachen. Immerhin: Hier weiß man so ungefähr, wie man dran ist.

Nun zeichnet sich aber in den letzten Jahren immer deutlicher eine neuartige Reflexion ab, die der Theologie zugemutet werden muß. Wir bezeichnen sie mit dem nicht ganz glücklichen Stichwort der empirisch-kritischen Reflexion, das in Antithese zu der hypertrophen historisch-kritischen Reflexion gebildet worden ist, damit aber zugleich in Analogie zu ihr (vgl. W. Herrmann, G. Lautner, Theologiestudium. 1965, S. 80 ff., wo dieser Begriff eingeführt wird. Er mag einmal solange gelten, bis wir die Sache klar im Blick haben). Wir wissen noch nicht genau, wie wir mit dieser Reflexionsstufe als Theologen dran sein werden. Darum behelfen wir uns zunächst einmal mit einer allgemeinen Orientierung an der analogen historisch-kritischen Reflexion und ihren Problemen.

Was ist gemeint? Vielleicht läßt sich der Sachverhalt am ehesten zunächst von außen her beschreiben. Über Jahrhunderte, fast schon Jahrtausende hinweg war der Gesprächspartner der Theologie die Philosophie. Hier artikulierte sich das Verständnis von Mensch und Welt, an das Theologie anknüpfen oder mit dem sie sich auseinandersetzen konnte. Die Folge liegt auf der Hand: Theologische Auseinandersetzung befaßte sich mit solchem Verstehen, auch mit seiner Vermittlung. Selbstverständlich war dabei der Bereich des Handelns, der Ethik, nicht ausgenommen, spielte vielmehr eine sehr wichtige Rolle. Insgesamt aber ging es in der Theologie vorwiegend um gedankliche, ideelle Sachverhalte. Darum bezog sich ihre kritische Reflexion der kirchlichen Praxis auch vorwiegend auf derartige Zusammenhänge — die Lehre der Kirche, als Glaubenslehre wie als Sittenlehre. Das ist so bis heute. Wir kennen die Klagen über die Intellektualisierung von Theologie und Kirche gut genug — müßten dann freilich auch im Einzelfall sehr sorgfältig untersuchen, aus welchen Motivationen solche Klagen gespeist werden. Mit Irrationalismus, mit Emotionen als Gegenschlag gegen solchen Intellektualismus ist uns nicht gedient.

Wir bemerken nun in den letzten Jahren — natürlich ist das eine lange Entwicklung, die sich langsam anbahnte, die nun aber schlechterdings nicht mehr übersehen werden kann — immer deutlicher nicht nur, daß die Philosophie als dieser Gesprächspartner der Theologie zurücktritt. Ein Gesamtverständnis von Mensch und Welt — so etwas läßt sich in unserer pluralistischen Gesellschaft sicher noch formulieren. Aber dann eben nicht mehr mit der Verbindlichkeit früherer Epochen, als *das* Verständnis von Welt und Mensch überhaupt. Auch wo das intendiert wird, findet es nicht die Zustimmung, die nötig ist, um einen solchen Anspruch wenigstens partiell zu decken. Vielmehr handelt es sich dabei um eine Gesamtschau, die das Zeichen der Subjektivität trägt, darum nicht als Wissenschaft anerkannt wird. Da ist Philosophie nicht besser dran als Theologie — kein Wunder, daß sie dann leicht zusammenfinden. Ich denke hier etwa an das Echo, das das Werk von E. Bloch gerade in Theologenkreisen gefunden hat. Es ist darum nur konsequent, wenn Philosophie heute weithin auf Metaphysik, Ontologie verzichtet — erst recht natürlich auf eine philosophische Theologie —, sich mit der Bearbeitung begrenzter Gegenstandsbereiche, Logik, Sprachanalyse befaßt, so eine neue Basis des Allgemeinen erarbeitet, von der aus dann vielleicht einmal wieder weiter ausgegriffen werden kann, hin zur Ethik, Metaphysik.

Hier ist deutlich eine Lücke wahrzunehmen, die gerade der traditionellen theologischen Reflexion zu schaffen macht. Sicher ist der Existenzialismus noch nicht ganz vorbei. Und mit Hegel wie mit dem Marxismus läßt sich die Lücke noch teilweise verdecken. Aber auch hier bestimmen ja neue Fragestellungen aus Soziologie, Tiefenpsychologie mit die Gesprächslage.

Man wird also zu bemerken haben, daß für die traditionelle theologische Reflexion ein Gesprächspartner fehlt. Auf der anderen Seite aber wird dieser Ausfall kompensiert durch neue anthropologische Fragestellungen der sogenannten Humanwissenschaften, die im einzelnen kaum klar zu nennen sind. Sie können eigentlich nur nach ihrem Gegenstandsbereich bestimmt werden — eben als die Wissenschaften, die sich in irgendeiner Weise mit dem Menschen befassen.

Gewiß fällt es schwer, nun eine klare Bestimmung dessen zu geben, worin sich diese Humanwissenschaften neuen Stils — Psychologie samt Psychoanalyse, Soziologie, Ethologie, um nur einige zu nennen — treffen im Gegensatz zu traditionellen Gesamtanschauungen des Menschen, wie wir sie von Philosophie und dann auch Theologie her kennen. Man mag dies nennen, daß hier der Mensch sehr viel stärker determiniert gesehen wird, als das in der Regel in der traditionellen Sicht der Fall gewesen ist. Dabei darf man solche Determination selbstverständlich nicht mit einer deterministischen Metaphysik verwechseln. Vielmehr werden hier empirisch Bestimmtheiten des Menschen aufgesucht und nachgewiesen, stammesgeschichtliche, soziale, aus der individuellen Lebensgeschichte stammende. Zugleich damit soll gerade in der Bewußtwerdung solcher Determiniertheit die Befreiung von ihr angebahnt werden. Der emanzipatorische Impuls gehört hier zu den bestimmenden Motiven, mit denen wir zu rechnen haben.

Mit dieser Verschiebung in der wissenschaftlicher Fragestellung nach dem Menschen ist ein neues Moment in die Diskussion gekommen, die von der Theologie traditionell mit anderen Wissenschaften geführt wird. Diesem neuen Moment werden die alten Gesprächsformen nicht gerecht — schon deshalb nicht, weil hier nun neue Gesprächspartner da sind. Auch mit der traditionellen Weise theologisch-kritischer Reflexion, mit der historisch-kritischen Methode, ist hier ja nichts zu machen. Vielmehr sehen wir uns von dieser Lage her zu neuen Überlegungen genötigt. Ich will betonen, daß ich gerade hier nun keineswegs auf Originalität meiner Überlegungen und Vorschläge Wert lege. Die Dinge sind schon lange im Fluß, die Probleme verschleppt, und es wird große Mühe kosten, wenn wir dem noch halbwegs rechtzeitig begegnen wollen, was da auf uns zukommt. Immerhin ergeben sich gerade von hier aus Konsequenzen für die Gestaltung der Theologie als Wissenschaft, für das Studium der Theologie, von da aus dann auch für die Gestaltung von Examensordnungen und Berufsbildern, die in ihrer Tragweite noch nicht bemerkt, geschweige denn praktisch aufgegriffen und institutionalisiert worden sind. Man hat hier, so habe ich den Eindruck, die Zusammenhänge noch nicht klar begriffen. Darum wird hier und dort herumreformiert und herumexperimentiert, ohne daß doch diese Zusammenhänge beachtet würden. Darauf aber wird es ankommen, daß die notwendigen Reformen von einer theologischen Theoriebildung begleitet werden. Sonst wird nichts draus!

2.3.1. Der Gegenstand der empirisch-kritischen Reflexion

Historisch-kritische Reflexion befaßt sich mit den Autoritäten, die von der dogmatisch-normativen Reflexion als Kriterien herangezogen werden, Kriterien für die menschliche Veranstaltung Kirche, die beansprucht, daß sich in ihr und durch sie Gottes Handeln vollziehe. Die Differenz zwischen dieser menschlichen Veranstaltung und ihrer Wahrheit, der sie dienen soll, verlangt ja solche Kriterien. Und indem die historisch-kritische Reflexion die Autorität von Schrift und Bekenntnis kritisch befragt, ob sie solche Kriterien hergibt, ist sie doch zugleich an der traditionellen theologischen Aufgabe, wie wir sie als dogmatisch-normative Reflexion beschrieben haben, mitbeteiligt.

Dabei bleibt aber ein vergleichsweise naives Verhältnis zu dem *Gegenstand* der dogmatisch-normativen Reflexion. Wir nannten als diesen Gegenstand das Geschehen, in welchem aus Kirche Kirche wird, all die Vollzüge und Institutionen, in welchen sich kirchliches Leben darstellt und durch die Zeiten hindurch fortpflanzt.

Das soll selbstverständlich nicht heißen, daß das emanzipatorische Pathos, welches mit der historisch-kritischen Reflexion verbunden ist und verbunden bleibt, nur die theologisch-kirchlichen Autoritäten betroffen hätte, nicht aber die durch jene traditionell regulierten Lebensformen. Emanzipation bedeutete ja gerade auch Befreiung von der Macht dieser Lebensformen, von der Bevormundung durch Institutionen, die nun als die Aufklärung hemmend durchschaut waren. Das bedeutete zugleich, daß eben damit der Mensch in die Mündigkeit entlassen war. Doch hier liegen dann die Schwierigkeiten — mit der Semler'schen Forderung einer Privatreligion der Mündigen neben der öffentlichen Religion für die Unmündigen kann es ja nur solange gut gehen — ganz abgesehen einmal von der Fraglichkeit eines solchen Konzeptes auch in religiöser Hinsicht —, als die öffentliche Religion, als Kirche da ist und damit der Privatreligion doch auch institutionellen Halt gibt (sonst wäre diese wieder genötigt, sich zu institutionalisieren, und die ganze Problematik müßte von neuem aufgerollt werden).

Man nimmt hier mehr oder weniger wohlwollende Distanz, solange sich historisch-kritische Theologie mehr der Wissenschaft als der Kirche verpflichtet fühlt. Diese Distanz wird dort dem kirchlichen Engagement weichen, wo die kirchliche Bindung auch einer historisch-kritischen Theologie durchschaut ist, so beispielsweise in der durch die dialektische Theologie mitgeprägten Schule Bultmanns. Doch dabei wird nun das, was wir einmal sehr pauschal als das kirchliche Leben bezeichnen können, naiv hingenommen. Es muß sich selbstverständlich der kritischen Normierung durch die Theologie fügen. Das ist klar. Aber damit ist diese Naivität dem kirchlichen Leben gegenüber noch nicht überwunden. Man ist beispielsweise an dem Weg vom Text zur Predigt brennend interessiert, übergreift die historische Fragestellung gerade darin, daß auf die Anwendbarkeit der biblischen Inhalte reflektiert wird. Ja, man kann das Eigentümliche dieser Inhalte dann geradezu als diese ihre Anwendbarkeit bestimmen. Aber Anwendung — die geschieht dann wieder in der altgewohnten, fraglos hingenommenen Institution der Predigt. Man fragt nach der Ordnung der Kirche, sieht etwa die charismatische Verfaßtheit der paulinischen Gemeinden — und fordert von daher eine kirchliche Struktur, die nicht durch das Gegenüber von Amt und Gemeinde geprägt ist, sondern die bestimmt ist durch die Gemeinschaft der Glaubenden, die als solche alle Charismatiker sind. Ob sich in jenem Gegenüber auch anderes zeigt als ein Abfall von der Glaubenswahrheit der Geistgemeinde, darauf reflektiert man hier nicht.

Freilich, diesen Sachverhalten gegenüber kann dann die praktische Erfahrung ins Feld geführt werden — mündige Gemeinde gibt es leider nicht, und die Sache läuft allemal noch besser, wenn es eben der Pfarrer ist, der den Karren zieht. Es geht nun einmal nicht mit einer Gemeindestruktur, die ideal nach theologischen Grundsätzen gestaltet wird. Das mußte ja schon Luther resignierend feststellen. Man kann weitergehen, hier einen prinzipiellen Gegensatz zwischen der Kirche, die ihrem Wesen nach Geistgemeinschaft ist, und der Notwendigkeit einer institutionell-rechtlichen Verfassung dieser Kirche konstruieren, die dieser dann wesensfremd sein wird (R. Sohm, vgl. auch E. Brunner, Das Mißverständnis der Kirche)[1]. Aber solche Entgegensetzung hilft nun doch nicht recht weiter, wo wir einmal wissen wollen, warum eigentlich Kirche in derartigen institutionellen Formen lebt und leben muß, und wo wir zum anderen erst recht wissen wollen, wie diese Institutionen denn nun gestaltet sein müssen, sollen sie dem kirchlichen Auftrag entsprechen.

Nun kann man freilich sagen, es habe da doch schon immer — mindestens seit der institutionellen Aufgliederung der theologischen Wissenschaft in einzelne Disziplinen —, auch den Bereich der Praktischen Theologie gegeben, der sich mit dem Leben der Kirche befaßt habe. Das ist schon richtig. Aber was hier reflektiert und vermittelt wurde, war doch mehr oder weniger eine Technik — vielleicht oft sogar eine sehr unpraktische, theoretisierende —, aber doch geleitet von der Fragestellung: Wie macht man dies oder das, Predigt, Unterricht, Seelsorge, Gemeindeverwaltung? Wollte man sich auf die Technik nicht beschränken, dann kam man auch hier eben auf die Methoden und Fragestellungen zurück, die wir als dogmatisch-normative Reflexion, selbstverständlich dann auch historisch-kritisch bestimmt, bezeichnet haben. Das alles ist möglich, ohne daß damit das naive Verhältnis zum kirchlichen Leben in seinen vielfältigen Ausformungen verloren würde (vgl. 3.4).
Genau diese Naivität werden wir uns aber nicht bewahren können. Anzeichen dafür sind genug vorhanden. Sie zu einem Gesamtbild zusammenzufügen, ist hier nicht meine Aufgabe. Mindestens teilweise kann das Buch von W. D. Marsch, Institution im Übergang, 1970, dieser Aufgabe genügen. Auf jeden Fall werden hier eine Fülle von Gesichtspunkten beigebracht, unter denen sich kirchliches Leben reflektieren läßt, und unter denen es deshalb auch reflektiert werden muß. Daran kommen wir nicht vorbei, haben dann diese Möglichkeit selbst freilich auch methodisch zu reflektieren. Es ist nicht ganz einfach, mit einem kurzen Satz diese neue Reflexion zu beschreiben, zu der wir hier nun genötigt sind. Man kann einmal sagen, daß dabei nun konsequent allgemeine Fragestellungen und Begriffe auf dieses

kirchliche Leben angewandt werden müssen, auch wenn diese zu dem traditionellen Verständnis dieses kirchlichen Lebens und seiner einzelnen Vollzüge quer liegen. Das ist hinderlich, tut vielleicht sogar weh. Darum wird es hier gewiß nicht ohne Widerstand abgehen. Aber wir können, z. B., nun einmal nicht mehr die theologische Beschreibung, daß durch Wort und Sakrament die Gemeinde Jesu Christi gebaut werde, zugleich als eine zureichende Theorie der gottesdienstlichen Versammlung am Sonntagmorgen ansehen, wobei dann nur die Frage zu stellen wäre, wie die praktische Technik so gehandhabt werden kann — einschließlich dessen natürlich, daß man da auch ganz neue Techniken ausprobieren könnte —, daß der durch die Theorie bestimmte Zweck nun auch am besten erreicht wird. Wir werden diese Veranstaltung vielmehr, gerade wenn uns an einer fundierten Theorie des kirchlichen Lebens gelegen ist, nun unter soziologischen, sozialpsychologischen, kommunikationstheoretischen Gesichtspunkten betrachten müssen. Und so, wo immer wir zugreifen.

Was dabei herauskommen wird, wissen wir noch nicht. Es läßt sich aber vermuten, daß hier einiges ins Fließen geraten wird. Es läßt sich auch mit ziemlicher Sicherheit sagen — Anzeichen dafür gibt es —, daß diese neuentdeckten Möglichkeiten der Reflexion zunächst einen sehr weitreichenden Anspruch stellen werden, einen Totalanspruch, wie ihn ja auch die Historie hin und wieder gestellt hat und noch stellt. Solche Gefahren dürfen uns nicht hindern, die Nötigung aufzunehmen, die auf uns zukommt. Wenn wir nicht auf dem Gebiet der empirischen Erforschung des kirchlichen Lebens und einer daran sich ausrichtenden Theoriebildung in das Getto einer neuen Art von Fundamentalismus kommen wollen, wird uns nichts anderes übrig bleiben, als die Herausforderung bewußt aufzunehmen.

Auch hier gilt also, was wir zur historisch-kritischen Reflexion zu sagen hatten: Naivität den neuen Fragestellungen und Reflexionsmöglichkeiten gegenüber wird es über kurz oder lang nicht mehr geben, sondern nur noch eine verkrampfte Abwehrhaltung, die sich selbst in den Winkel manövriert. Das aber kann nicht Sache von Kirche und Theologie sein. Sie würde sich damit dem geistigen Anspruch ihrer Tradition wie erst recht ihrem Auftrag versagen. Eine Entscheidung für die empirische Reflexion des kirchlichen Lebens im umfassenden Sinne wird uns freilich vor neue Probleme stellen.

2.3.2. Kriterien der empirisch-kritischen Reflexion

Wir haben schon bemerkt, daß in der uns abgeforderten Reflexion allgemeine Fragestellungen und Kategorien auf das kirchliche Leben angewandt werden müssen. Dabei fragt sich nun gleich, inwieweit damit dieses kirchliche Leben mit normativen Setzungen konfrontiert wird, die ihm fremd sind. Wir können diese Problematik nicht mit dem Hinweis auf die Wertfreiheit der empirischen Wissenschaft abweisen. Gerade hier sind ja weitreichende und noch lange nicht entschiedene Debatten im Gang. Befaßt sich die Theologie mit den Fragestellungen der Humanwissenschaften, so wird sie zwangsläufig in diese Debatten mit hineingezogen.

Es kann nun nicht unsere Aufgabe sein, hier womöglich ein theologisches Votum zum Streit der verschiedenen tiefenpsychologischen Schulen oder zum Positivismusstreit in der deutschen Soziologie vorzubringen[2]. Dazu bin ich gewiß nicht kompetent. Was wir aber als Theologen auf jeden Fall zur Kenntnis zu nehmen haben, ist der Sachverhalt, daß wir in und mit den Humanwissenschaften, ihrer Fragestellung und Methodik zugleich einem starken emanzipatorischen Interesse konfrontiert sind. Man redet darum ja auch gerne von einer zweiten Welle der Aufklärung, die unsere gegenwärtige geistige Situation bestimme. Die Frage, die sich daraus zwingend ergibt, ist die, ob und wie weit wir uns als Theologie und Kirche dieses emanzipatorische Interesse zu eigen machen können.

Diese Frage kann hier selbstverständlich nicht mit einem prinzipiellen Dekret ein für allemal beantwortet werden. Sie wird vielmehr in konkreten Einzelentscheidungen immer wieder neu gestellt werden müssen. Was wir hier zu erörtern haben, ist nur die Möglichkeit einer kirchlichen Aneignung dieses Interesses in solchen Einzelfällen.

Ich bemerke ausdrücklich: Indem wir hier auf Einzelfälle, Einzelentscheidungen, einzelne Sachkomplexe verweisen, ist eine prinzipielle Entscheidung allerdings schon gefallen, die wir als Theologen vorwegnehmen müssen. Wir können uns auf gar keinen Fall eine kritische Theorie oder ähnliches im ganzen zu eigen machen. Ohne das jetzt im einzelnen nachzuweisen, mache ich darauf aufmerksam, daß jene wissenschaftlichen Bemühungen um den Menschen, mit denen wir es hier zu tun bekommen, die Tendenz zur Ausbildung einer Totalschau haben. Das ist verständlich, wenn wir auf die normativen Momente achten, die sich gerade in dem äußern, was ich zunächst als das emanzipatorische Interesse dieser Wissenschaften bezeichnet habe. Aber es ist ebenso deutlich, daß Theologie und Kirche, sofern sie sich in dem Auftrag gegründet wissen, Gottes Heil in Jesus Christus vor der Welt zu vertreten, gerade hier eine Gesamtschau eigenen Rechtes entwickeln muß und sich nicht an andere Theorien anhängen kann. Das schließt nicht aus, wie ich zunächst noch einmal ausdrücklich bemerken will, daß gerade in Einzelbereichen normative Aussagen sich decken können, auch wenn sie hier und dort in einer verschiedenen Gesamtschau vom Menschen begründet sind.

Fragt sich nun freilich, inwiefern es hier eine Kommunikation braucht, inwiefern Theologie und Kirche nicht nur bestimmte humanwissenschaftliche Techniken sich aneignen sollten, um mit ihrer Hilfe die kirchliche Praxis effizienter zu gestalten, auch Einwände gegen diese Praxis, wie sie von seiten der Humanwissenschaften erhoben werden könnten, in einigermaßen fundierter Argumentation zurückzuweisen. Doch das wäre zu wenig. Wir brauchen hier als Theologie und dann als Kirche in der Tat ein gutes Stück Aufklärung, und werden uns darum nicht darauf zurückziehen, daß wir im Grunde ja schon alles wüßten, beispielsweise ein dauernd praktikables Normensystem hätten, das höchstens in seiner Anwendung etwas modifiziert werden könnte, sonst aber auf die Dauer feststehe.

Als auf ein Beispiel mag hier auf den Bereich der Sexualethik hingewiesen werden, wo sich in der Auseinandersetzung mit humanwissenschaftlichen Anstößen eine sehr deutliche Revision der traditionellen Normierung vollzogen hat — freilich braucht es lange, bis sich derlei in die Praxis hinein fortsetzt. Und man steckt hier theologischerseits in einem Stadium, das möglichst rasch überwunden werden sollte. Im Gegenzug gegen eine traditionelle christliche Sexualfeindlichkeit hat man in den großen ethischen Entwürfen, H. Thielicke, K. Barth beispielsweise, für eine Integration der Sexualität in den ganzheitlichen personalen Bezug der Partnerschaft von Mann und Frau plädiert und damit in dem guten Willen, der in der ganzen christlichen Tradition — von wenigen Ausnahmen abgesehen — nicht genügend respektierten Sexualität des Menschen Gerechtigkeit widerfahren zu lassen, nun doch gewaltig übers Ziel hinausgeschossen. Faktisch kommt es dabei zu einer Bewertung der sexuellen Praktiken, die ihnen viel zu viel Gewicht beimißt. Denn hier wird ja postuliert, sexuelle Beziehung müsse in eine ganzheitliche personale Partnerschaft einbezogen sein, wenn sie nicht inhuman, und damit ethisch unerlaubt sein soll. Und daraus wird dann gefolgert, daß solche personale Partnerschaft vorausgesetzt werden muß, ehe sexuelle Beziehungen aufgenommen werden. Praktisch ist dann sexuelle Betätigung Krönung der personal-ganzheitlichen Gemeinschaft, deren innerster und innigster Ausdruck. Dabei kann dann Thielicke auch noch von einer „Geschlechtsnatur" der Frau aus die Einmaligkeit und Dauer dieser Beziehung als das dem menschlichen Wesen entsprechende Verhalten postulieren. Dabei wird vorausgesetzt, „daß die Frau ganz anders mit ihrer Geschlechtlichkeit identisch ist als der Mann" (Theologische Ethik III, 2026), was wieder mit der besonderen Integration des physischen und des personhaften Bereichs bei der Frau zusammenhängen soll. „Die Frau strebt aus dem Zentrum ihrer Natur heraus dahin, daß der Totalität ihres Erlebens auch eine Totalität der männlichen Zugehörigkeit entspricht" (2044). Dem hat sich dann der Mann zu fügen. „Da die Frau ohne Schädigung ihrer Wesenssubstanz nicht polygam zu leben vermag, kann es auch nicht der Mann" (2053), da ja Männlichkeit bestimmt ist durch die Bezogenheit auf die Frau. Hier hat man noch nicht begriffen, was die Stunde geschlagen hat. Man läßt sich auf Empirie ein, sicher dann auf solche Gegebenheiten, die scheinbar die eigenen mitgebrachten Normvorstellungen zu stützen geeignet sind. Dann aber werden diese empirischen Sachverhalte gleich wieder ontologisiert, zu einem Wesen, zur „Geschlechtsnatur" der Frau stabilisiert, die dann zur Normbegründung herhalten muß. Eben eine solche Ontologisierung aber verbietet sich dort, wo wir uns ernsthaft auf die kritische Fragestellung einlassen — mag es dann mit den Ergebnissen stehen, wie es will. Ähnliches wie zu Thielicke ließe sich übrigens an diesem Punkt auch zu dem Entwurf K. Barths sagen. Hier ist man noch nicht genügend eingestellt auf das, was eine ernsthafte Aufnahme empirischer Kritik in der Theologie fordert (NB gerade auch in der Ethik. Kirchliches Leben, das ist ja nicht nur religiöse, gar kultische Praxis, es ist auch Leben des Christen in der Welt, wie es kenntlich wird an den ethischen Weisungen, die die Kirche hier gibt.)

Wir haben also zu erwarten, daß nicht nur die Frage bestimmter Methoden zur Diskussion steht, sondern daß Kirche von normativen Vorstellungen dessen her, was Menschlichkeit ist, auf die Menschlichkeit ihrer Praxis hin befragt wird. Und dabei ist gewiß noch nicht heraus, ob kirchliche Praxis überall vor diesen Normen bestehen kann. Das ist der Kern der Frage, mit der wir uns hier zu befassen haben. Kann sich Kirche eine derartige Befragung gefallen lassen? Sie kann es sicher dann nicht, wenn sie sich, mindestens in Sachen des Glaubens und der Sitte, für unfehlbar hält — wobei dann leicht unangenehme Sachverhalte zu solchen Fragen des Glaubens und der Sitte erklärt werden können. Solche Unfehlbarkeit braucht nicht die eines unfehlbaren Lehramtes oder auch einer unfehlbaren Tradition zu sein, die ein für allemal das fixiert hat, was dem gottgewollten Wesen des Menschen angemessen ist. Es kann auch die Unfehlbarkeit der Schrift sein, auf die man sich in dieser Weise zurückzieht. Damit wäre auch das gespannte Ineinander von historisch-kritischer und dogmatisch-normativer Fragestellung aufgelöst — was zugleich andeuten mag, daß historisch-kritische und empirisch-kritische Reflexion von ihrem Ansatz her sich ergänzen und sich in ihrer Kritik gegen hergebrachte kirchliche Denk- und Verhaltensweisen zusammenfinden können.

Wollen wir solche Unfehlbarkeit als Theologie, auch als Kirche nicht in Anspruch nehmen, werden wir mindestens keine grundsätzlichen Abgrenzungen gegen Kriterien der Menschlichkeit treffen können, die von den Humanwissenschaften vorgebracht und angewandt werden. Wir werden vielmehr diese Kriterien dort positiv aufzunehmen haben, wo sie zu einer besseren kirchlichen Praxis verhelfen. Menschlichkeit ist nicht Besitz, sondern Auftrag der Kirche. Darum hat sie schon immer die Kommunikation mit dem gesucht, was als Verwirklichung des Menschseins galt (vgl. Phil 4,8 f).

2.3.3 Dogmatische Abgrenzung

Wir werden freilich auch hier wieder an die Grenze erinnern müssen, die wir in der Diskussion über die Wissenschaftlichkeit der Theologie anzeigten, und die sich nun auch hier in der methodischen Überlegung geltend machen muß. Ich nannte dort die unaufgebbare Voraussetzung, daß in der kirchlichen Vermittlung Gott handelt. Daran ist Theologie gebunden, wird sich hier nicht emanzipieren wollen, auch angesichts der Tatsache nicht, daß natürlich in einer geschlossenen wissenschaftlichen Methodik, sei sie nun historisch oder empirisch, ein solches Handeln Gottes nicht vorkommen kann.

Nun mag man sagen, daß es sich hier doch eben um eine bestimmte theologische, dogmatische Betrachtungsweise handle, neben der andere, historische oder empirische Betrachtungsweisen durchaus ihren Platz haben. Zugegeben! Für den Einzelfall mag das durchaus so gesagt werden — und wo der Verweis auf Gottes Handeln dazu dienen soll, bestimmte Institutionen und Verhaltensweisen zu konservieren, aus der kritischen Befragung auszunehmen, da mag der Verweis auf die dogmatische Grenze sogar zu Recht zurückgewiesen werden. Doch genügt eine solche Unterscheidung der Betrachtungsweisen allein nicht. Denn der Verweis auf Gottes Handeln in der kirchlichen Vermittlung ist wieder rückgebunden an die Voraussetzung des Handelns Gottes in Jesus Christus. Menschlichkeit, die der Kirche aufgetragen ist, ist darum nicht Menschlichkeit überhaupt, sondern die Menschlichkeit Jesu.

Dieser Satz bräuchte nun eigentlich eine sehr ausführliche Explikation, sollte er in unserem Zusammenhang nicht mißverstanden werden. Doch müssen dazu einige Erläuterungen genügen, die an in der Theologie ja genugsam diskutierte Sachverhalte erinnern.

Einmal heißt das, daß die der Kirche aufgetragene Menschlichkeit nicht Norm ist, die hier nun erst verwirklicht werden muß, sondern Faktizität, die bekanntgemacht werden soll. Nicht Gesetz, das erfüllt werden muß, sondern Evangelium, das zueignet, was in Jesus und durch Jesus geschehen ist.

Das schließt weiter ein Urteil über den Menschen ein, dem dieses Evangelium gilt: Er ist Sünder. Er bringt nicht auf, was sein Menschsein als Verwirklichung der Menschlichkeit von ihm fordert. Er wird sich darum überheben und scheitern, wo er sich vornimmt, sein Menschsein selbst und auf eigene Faust wirklich zu machen.

Es gibt schließlich dem, was als Menschlichkeit vielleicht doch auch in der Kirche gelebt und gelehrt wird, seinen Stellenwert. Solche Menschlichkeit kann immer nur Zeichen sein, Hinweis auf die Wirklichkeit jenes Menschseins, wie es in Jesus erschienen ist und als Gottes vollendetes Werk erscheinen wird. Das kann dann zugleich vor Gewaltsamkeiten bewahren, kann helfen, in der Vorläufigkeit dessen, was eben zu erreichen ist, auszuharren, kann zu Kompromissen bereit machen, wo es um diese oder jene Fragestellung geht.

Soviel hier zur Erläuterung dessen, was als dogmatische Grenze markiert werden muß. Sicher mag das nun wieder als Vorurteil angesehen werden, als Inkonsequenz, als ideologische Befangenheit, aus der sich die Theologie endlich freimachen müsse, um ihrer religions- und kirchenkritischen Aufgabe gerecht zu werden. Zugegeben, mit den Mitteln einer konsequenten historischen und empirischen Kritik wäre es möglich, die genannte dogmatische Voraussetzung auszufiltern. Ob freilich die Humanität, die dann allenfalls noch übrigbleiben könnte, genießbar wäre, das wage ich zu bezweifeln. Auf jeden Fall: hier machen wir nicht mit. Die Entscheidung für die genannte Voraussetzung ist gefallen und bleibt bestehen. Diese Entscheidung samt den oben genannten Folgerungen vorausgesetzt, werden wir uns auf die empirisch-kritische Reflexion einlassen können und auch einlassen müssen. Das bedeutet aber auch hier, daß sich theologische Reflexion als eine Kombination von dogmatisch-normativen und empirisch-kritischen Momenten darstellen wird, in einem Kompromißcharakter, dem Inkonsequenz vorzuwerfen ist. Aber auch hier kann es nicht um Konsequenzmacherei gehen, sondern nur um jene Kompromisse, in denen allein unser Leben möglich ist.

3. Die theologischen Einzeldisziplinen

Wir können nicht aus einem vorausgesetzten Begriff von Theologie die faktische Gliederung der theologischen Arbeit mit zwingender Notwendigkeit ableiten oder aus diesen und jenen Gründen eine Neugliederung fordern. Den dazu notwendigen Begriff der Theologie haben wir nicht, können stattdessen nur die Spannung beschreiben, in der sich der Theologe vorfindet und in der er seine Theologie zu treiben hat — Spannung zwischen den kirchlichen und den wissenschaftlichen Ansprüchen beispielsweise, denen er sich zu stellen hat. Das spiegelt sich selbstverständlich dann auch in der Methode, die Theologie gebraucht. Da kann es nicht die Konsequenz einer einheitlichen Methodik geben. Vielmehr wird sich Theologie immer in verschiedenen Reflexionsstufen bewegen müssen, dabei um ständige Kompromisse hier und dort nicht herumkommen. Das ist kein Schade, mindestens solange nicht, als man weiß, was man tut. Und wenn man das nicht mehr weiß, wird sich solche Naivität über kurz oder lang rächen. Naivität sehen wir dort, wo eine der beiden übereinandergelagerten theologischen Reflexionsstufen — historisch-kritische und empirisch-kritische Reflexion können wir hier zusammennehmen — ausfällt, oder mindestens nicht mehr bewußt wahrgenommen wird. Es gibt also nicht bloß naive Dogmatiker, die von der historisch-kritischen Reflexion keine Kenntnis nehmen und darum mit Bibel oder Bekenntnis fundamentalistisch argumentieren. Es gibt auch naive Exegeten, die mindestens in der Theorie einem, dann selbstverständlich historisch-kritischen, Methodenmonismus huldigen und sich beispielsweise zu angeblich historisch-kritisch erarbeiteten normativen Setzungen versteigen. Doch solche Randerscheinungen brauchen uns hier nicht weiter zu beschäftigen.

Wenn wir nun weiterfragen nach den einzelnen theologischen Disziplinen, so ist uns durch das, was bisher erarbeitet worden ist, der Weg schon vorgezeichnet. Wir greifen auf, was als faktische theologische Arbeit da ist, und folgen dabei nun nicht irgendwelchen sachimmanenten Ordnungen, sondern der üblichen Reihenfolge der Disziplinen. Dabei geht es freilich nicht darum, einfach einmal mehr zu nennen, was es da gibt. Vielmehr fragen wir nun danach, wie die in den vorangehenden Abschnitten aufgezeigten Spannungen sich in den einzelnen Disziplinen spiegeln. Darin kann dann zugleich so etwas wie eine

Probe aufs Exempel liegen. Wenn wir uns mit unseren bisherigen Reflexionen nicht in den Bereich wirklichkeitsfremder Postulate — so schön und einleuchtend die auch sein mögen — verirrt haben, sondern bei der Realität dessen geblieben sind, was Theologie heute ist und sein kann, dann werden sich die Spannungen, von denen wir zu reden hatten, in den einzelnen Disziplinen bemerkbar machen — desto mehr, je deutlicher man bei der Sache der Theologie ist.

3.1. Die Bibelwissenschaft

Wir treffen eine dogmatische Vorentscheidung, wenn wir hier nun doch nicht einfach bei der Faktizität des theologischen Lehr- und Forschungsbetriebes bleiben, der ja den Bereich des Alten und des Neuen Testamentes unterscheidet. Gewiß lassen sich für eine solche Unterscheidung eine Reihe von Gründen anführen, und solange diese Gründe pragmatischer Natur sind, wird man dagegen auch nichts einwenden wollen. Die sprachlichen Voraussetzungen hier und dort sind nun einmal verschieden, und schon von daher ist eine Spezialisierung unvermeidlich, erst recht, wo man auf die Fülle der Einzelforschungen sieht, die ja schon der einzelne Fachexeget, Alt- oder Neutestamentler, für sein Gebiet kaum mehr zureichend überblicken kann.

Doch wir betonen, daß eine solche Trennung der bibelwissenschaftlichen Disziplinen nur pragmatischer Natur sein kann. Es geht hier nicht nur um eine historische Abgrenzung, die zweckmäßigerweise den Spezialisten hier und dort fordert, sondern es geht zugleich um eine theologische Überwindung dieser Abgrenzung. Denn nur dann wird sich Bibelwissenschaft als theologische Disziplin legitimerweise halten können, wenn sie sich ihre Beziehung auf die Kirche und deren Schriftgebrauch vor Augen hält. Und kirchlich gebraucht wird nun einmal nicht das Alte Testament für sich und das Neue Testament für sich, sondern die eine Bibel. Wo man dagegen prinzipiell angeht, nicht mindestens die Intention auf die Einheit der Schrift auch in der Exegese festhält, da kann es zu keinem zureichenden Verständnis der Bibel kommen — behauptet der Dogmatiker! Und hat mindestens in diesem Fall recht. Wo man das Alte Testament ohne seine Verbindung zum Neuen zu verstehen sucht, da wird man in Judaismus verfallen, in ein gesetzliches Verständnis, das an menschliche Möglichkeiten der Heilsverwirklichung appelliert, und Gottes Handeln nicht mehr gegenwärtig anzusagen vermag. Wo man das Neue Testament ohne das Alte begreifen will, da gerät man in die unlösbare Entgegensetzung von historischem Jesus und Kerygma, die beide nicht mehr versteht, auf keinen Fall mehr zu Lösungen gelangt, die mehr sind als Entscheidungen für oder gegen. Das ist jetzt noch keine Begründung der eben aufgestellten Behauptung — sondern das sind weitere Behauptungen. Aber wem diese Behauptungen nicht passen, der soll Beispiele nennen, die sie falsifizieren — ein treffendes genügt.

Wir nehmen also, unbeschadet der Spezialisierung, die Bibelwissenschaft als eine einheitliche Größe, und sehen sie in ihrer einheitlichen Problematik.

3.1.1. Die Gegenläufigkeit von Intention und Methode der Bibelwissenschaft

Wir versuchen zunächst die spezifische Weise zu verstehen, wie sich die für die ganze theologische Arbeit kennzeichnende Spannung in der Bibelwissenschaft äußert. Ich bezeichne diese Spannung als die Gegenläufigkeit von Intention und Methode der Bibelwissenschaft. Um diese Gegenläufigkeit zu erläutern, empfiehlt sich ein knapper historischer Rückblick.

3.1.1.1. Anwendbarkeit als Kriterium des Verstehens der Bibel

Schriftauslegung hat es in der christlichen Kirche immer schon gegeben — das ist eine Selbstverständlichkeit, die nicht lange belegt werden muß. Christentum, Kirche ohne Schrift hat es nie gegeben — zunächst war das natürlich die Schriftensammlung, die wir heute als Altes Testament bezeichnen. Die neutestamentlichen Schriften sind dann nach und nach dazugekommen — doch Kanonsgeschichte interessiert uns hier nicht. Diese Schriftauslegung, kirchlicher Schriftgebrauch, setzt voraus, daß die Schrift auf die jeweilige kirchliche Gegenwart anwendbar ist. Nur darum gebraucht man Schrift, weil sie für die jeweilige Gegenwart etwas hergibt, Lehre, Aufdeckung der Schuld, Besserung, Erziehung in der Gerechtigkeit, um den zweiten Timotheusbrief anzuführen (3,16).

Verstanden ist die Schrift dann, wenn diese Anwendung entdeckt ist. Man kann dann formulieren: je mehr Anwendbarkeit, desto besser das Verstehen. Diese Intention wird deutlich in der Theorie vom vierfachen Schriftsinn: littera gesta docet, quid credas allegoria, moralis quid agas, quo tendas anagogia. Natürlich ist das für unser Empfinden ein gewaltsames Vorgehen, das mit Schriftauslegung, wie wir sie treiben, nur mehr wenig zu tun hat. Doch zeigt gerade diese hermeneutische Theorie vom vierfachen Schriftsinn, wie sich hier Auslegung ganz der Intention auf Anwendung unterordnet, damit Anwendbarkeit zum alleinigen Kriterium des Verstehens gemacht wird. So ist das die längste Zeit im kirchlichen Schriftgebrauch der Fall gewesen.

Daß dabei dann die Intention auf Anwendung die Schrift im Grunde der Auslegung ausgeliefert hat, liegt auf der Hand. Das soll freilich nicht heißen, daß sich bei einem solchen Schriftgebrauch die Bibel grundsätzlich nicht hätte zur Geltung bringen können. Neue Betroffenheit, neues Verstehen, das aus dem Gewohnten herausrief, hat es immer wieder gegeben. Beispiele brauchen jetzt nicht genannt zu werden. Ich verweise auf diesen Sachverhalt nur, um nicht ein zu einseitiges Bild zu zeichnen.

3.1.1.2. Das buchstäbliche Verstehen als Interpretationsgrundsatz — die Schrift legt sich selber aus

Anwendbarkeit als Kriterium des Verstehens kann so lange unbefangen gelten, als nicht der Verdacht benannt wird, daß sich dabei gar nicht die Schrift zur Geltung bringe, sondern die Kirche, die die Schrift auslegt. Nun hat man sich immer schon gegen allzu willkürliche Anwendung der Schrift gewandt, Regeln gesucht, um auch den mehrfachen Schriftsinn an den Text zu binden. Entscheidend ist dabei immer dies, daß sich die Auslegung bzw. Anwendung der Schrift einfügt in den gesamten Glaubenssinn der Kirche. Eben hier mußte nun die reformatorische Kritik einsetzen — die die Schrift mindestens an einem entscheidenden Punkt gegen die herrschende kirchliche Praxis und dann auch Lehre für sich in Anspruch nahm. Auch hier soll wieder vermerkt werden, daß selbstverständlich die Reformation nicht die einzige kirchenkritische Bewegung gewesen ist, die sich gegen die Kirche auf die Bibel berief. Aber hier kommt es uns nicht auf historische Vollständigkeit an, sondern darauf, die Genesis unserer heutigen Problematik in einigen Strichen zu zeichnen.

Eine solche Inanspruchnahme der Schrift gegen die Kirche schließt den Vorwurf in sich, daß die Kirche die Schrift nicht Meisterin sein läßt, sondern sie durch ihre Auslegung manipuliert. Dagegen muß sich nun Schriftlehre, Hermeneutik abgrenzen. Die verwickelten historischen Vorgänge brauchen wir nicht nachzuzeichnen, begnügen uns mit dem Ergebnis.

Entscheidend ist dabei einmal die Festlegung auf das buchstäbliche Verstehen. Die Lehre von der Verbalinspiration, die im Gefolge der reformatorischen Auseinandersetzung mit dem tridentinischen Katholizismus in bisher nicht gekannter Strenge festgelegt wurde, kann man mit unter dem Gesichtspunkt sehen, daß hier die Festlegung auf das buchstäbliche Verstehen darin begründet ist, daß der inspririerende Geist selbst sich in diesem Buchstaben ausgesprochen hat.

Proprie dictus sensus literalis est is, quem spiritus sanctus ipse verbis... proxime intendit exprimere. J. F. König, bei C. H. Ratschow, Lutherische Dogmatik zwischen Reformation und Aufklärung I, 1964, S. 78.

Freilich muß dann gleich die andere Frage gestellt werden: Inwiefern ist denn eine so buchstäblich verstandene Schrift auch anwendbar? Das hat ja mit zu der Ausbildung jener Theorie vom mehrfachen Schriftsinn geführt, daß es mit der Anwendbarkeit der buchstäblich verstandenen Schrift doch hier oder dort nicht so recht klappen wollte. Nun legt man sich auf das buchstäbliche Verständnis fest, um einer Willkür der Auslegung zu entgehen. Die Schrift soll nicht mehr kirchlich manipuliert werden. Aber kann sie dann auch noch angewandt werden? Auf diese Anwendung und also auch die generelle Anwendbarkeit der Schrift will man hier ja keinesfalls verzichten, legt vielmehr durchaus Wert darauf, sie festzuhalten.

Hier setzt nun das hermeneutische Grundprinzip ein: sacra scriptura sui ipsius interpres — die Schrift legt sich selber aus. Das darf nicht einfach formal genommen werden. Vielmehr ist auch hier Auslegung und Anwendung nicht unterschieden. Das heißt dann aber, daß die Schrift selbst angibt, wie sie angewandt werden möchte — nicht zu diesem oder jenem, sondern allein zur Predigt der justificatio impii propter Christum per fidem. Gewiß gibt es da dunkle Stellen, die eine solche Anwendung nicht so recht hergeben wollen. Aber diese dunklen Stellen sind nach den hellen Stellen auszulegen — und das sind die, die die Glaubensgerechtigkeit bezeugen.

Man muß sich diese Konzeption einmal klarmachen, imponierend in ihrer Geschlossenheit, in der da eins ins andere greift: Die buchstäblich verstandene Schrift, und zwar die ganze Schrift, gibt die eine Anwendung her, daß sie „Christum treibt", oder, was dasselbe heißt, die justificatio impii propter Christum per fidem. Das ist vorausgesetzt, und wird dann auch in der Auslegung bewährt — wozu vor allem der Auslegungsgrundsatz dienen muß, daß Gesetz und Evangelium richtig zu unterscheiden sind. Die Schrift gibt das her — und wo sie es nicht hergibt, da ist man sogar, je nach Temperament, zu mehr oder weniger vorsichtiger Sachkritik bereit. In der Regel allerdings weniger. Das Bedürfnis, die Einheit der Schrift in dieser einzig legitimen Anwendung zu erweisen, setzt sich durch, und dabei läßt man dann lieber unbeachtet, was sich dem nicht fügt, statt dagegen ausdrücklich anzugehen — eine Praxis im Schriftgebrauch, wie wir sie alle üben, weshalb wir gerade hier nicht mit Steinen werfen sollten. Immerhin wäre es einmal einer Untersuchung wert, die Streuung der dicta probantia in den orthodoxen Dogmatiken festzustellen. Denn da wird ja nun diese Einheit der Schrift in ihrer Anwendung auf die reine Lehre durchexerziert! Also: hier laufen buchstäbliches Verstehen und Anwendung in einer Richtung. Die buchstäblich verstandene Schrift ist anwendbar auf die Predigt, dann auf die Lehre von der Rechtfertigung des Gottlosen.

3.1.1.3. Gegenläufigkeit von buchstäblichem Verstehen und Anwendbarkeit

Schrift ist in ihrem sensus literalis anwendbar für die Predigt der justificatio impii — dieser die reformatorische Auslegungstradition bestimmende Grundsatz gerät nun hinein in die Verfremdung der Schriftautorität durch die historische Kritik. Dabei bleibt selbstverständlich der Grundsatz eines buchstäblichen Verstehens in Geltung — auch wenn dann eine Anwendung unter Umständen auch gegen den buchstäblichen Sinn gefordert werden konnte und kann, Auslegung bzw. Anwendung nach den übergeordneten Gesichtspunkten der Moral beispielsweise.

So I. Kant, Der Streit der Fakultäten, 1798. WW ed. W. Weischedel VI, 300 ff. Sobald die Frage der Anwendung wieder im Spiel ist, sei es in einer solchen rationalistischen, sei es einer existentialen, sei es einer politischen Hermeneutik der Bibel, wird ja zwangsläufig das buchstäbliche Verstehen durch die Grundsätze der Anwendung fortgeführt werden müssen. Solche „Entfremdung" des zuvor historisch verfremdeten Wortes wird immer zu Verbiegungen der Textaussagen führen, wobei man selbstverständlich guten Glaubens ist, dabei nur die Aussageintention der gesamten Schrift durchzuführen. „Auf solche Weise müssen alle Schriftauslegungen, sofern sie die Religion betreffen, nach dem Prinzip der in der Offenbarung abgezweckten Sittlichkeit gemacht werden . . ." (I. Kant, a.a.O. 314). Das geschieht dann aber bewußt, nachdem zunächst ein buchstäbliches Verständnis des Textes erarbeitet worden ist. Buchstäblich heißt hier dann eben historisch, in der durch die historische Distanz ermöglichten Differenzierung, die den ganzen historischen Kontext als Verstehenshilfe mit in den Blick nimmt.

Über die Arbeitsweisen des historisch-kritischen Verstehens im einzelnen brauchen wir uns jetzt nicht auszulassen. Wichtig ist zunächst nur, daß wir bemerken, wie hier auf eine immer weitere Differenzierung hingearbeitet wird, die ein Verstehen der Schrift als Einheit, wie es doch durch die Nötigung zu einer einheitlichen Anwendung gefordert wird, nicht mehr zuläßt. Eine grundlegende Differenz ist hier beispielsweise die zwischen Altem und Neuem Testament, oder zwischen den Synoptikern und Johannes, erst recht dann die zwischen dem historischen Jesus und Paulus — wobei solche Differenzierungen selbstverständlich zu immer weiteren, genaueren Differenzierungen auffordern.

Ich habe schon darauf hingewiesen, daß in solchem schärferen Zusehen, wie es die historische Verfremdung ermöglicht, ein Gewinn liegt, den wir nicht aufgeben können und wollen. Hier liegt nun aber auch das entscheidende Problem der gegenwärtigen theologischen Bibelwissenschaft. Denn diese Bibelwissenschaft ist ja nicht aus der Tradition entlassen, die Anwendbarkeit als Kriterium des Verstehens fordert. Dafür sorgt schon die kirchliche Praxis, durch die die Bemühung der Wissenschaft um ein Verstehen der biblischen Texte immer flankiert ist, eine Praxis, die doch wie eh und je auf eine Anwendung der Bibel aus ist, und nur dann das Recht einer wissenschaftlichen Exegese anerkennen will, wenn sie zu solcher Anwendung anleitet und befähigt.

Vgl. dazu die temperamentvollen Äußerungen von R. Bohren, Die Krise der Predigt als Frage an die Exegese, EvTh 1962, 66 ff., wo freilich der Zwiespalt zwischen Intention und Methode heutiger Bibelwissenschaft nicht so klar gesehen ist, um die Exegeten wieder zu entlasten, die ja nicht allein für die historische Kritik verantwortlich gemacht und zur Überwindung der damit gegebenen Probleme angehalten werden dürfen.

Auf der einen Seite steht also eine Methode, die gerade in ihrer ständigen Differenzierung immer weiter abführt von Anwendbarkeit, die eine einheitliche Aussage fordert. Auf der anderen Seite bleibt die Nötigung, gerade auch in der Exegese bis hin zur Anwendbarkeit fortzuschreiten.

Man kann hier die Konsequenz ziehen, auf eine Anwendbarkeit zu verzichten, da sich nun einmal in der historischen Exegese die Unanwendbarkeit herausgestellt habe. Dazu zwei bekannte Aussagen vom Anfang unseres Jahrhunderts. A. Harnack bescheinigt dem Alten Testament, daß es christlich unanwendbar geworden ist. „Aus geschichtskritischen und religiösen Gründen folgte von hier aus (sc. von der Erkenntnis der Eigenart der christlichen Religion und ihres Gottesbegriffs aus) mit zwingender Notwendigkeit und Evidenz, zumal da der Begriff der Inspiration im alten Sinn aufgelöst war, daß jede Art Gleichstellung des AT mit dem NT und jede Autorität desselben im Christentum unstatthaft ist" (Marcion, [2.]1924,

222). Differenzierung zwingt zur Entscheidung, entweder dieses oder jenes anzuwenden — hier also allein das Neue und nicht auch das Alte Testament. Aber auch das Neue Testament ist ja keine Einheit. Lange hat man sich auf den historischen Jesus als das Stück Geschichte stützen wollen, das anwendbar und verbindlich ist. Dazu das berühmte Fazit der Leben-Jesu-Forschung von A. Schweitzer. „Es ist der Leben-Jesu-Forschung merkwürdig ergangen. Sie zog aus, um den historischen Jesus zu finden, und meinte, sie könnte ihn dann, wie er ist, als Lehrer und Heiland in unsere Zeit hineinstellen. Sie löste die Bande, mit denen er seit Jahrhunderten an den Felsen der Kirchenlehre gefesselt war, und freute sich, als wieder Leben und Bewegung in die Gestalt kam, und sie den historischen Jesus auf sich zukommen sah. Aber er blieb nicht stehen, sondern ging an unserer Zeit vorüber und kehrte in die seine zurück. Das eben befremdete und erschreckte die Theologie der letzten Jahrzehnte, daß sie ihn mit allem Deuteln und aller Gewalttat in unserer Zeit nicht festhalten konnte, sondern ihn ziehen lassen mußte. Er kehrte in die seine zurück mit derselben Notwendigkeit, mit der das befreite Pendel sich in seine ursprüngliche Lage zurückbewegt" (Geschichte der Leben-Jesu-Forschung, 6·1951, 631 f.). Hier ist die Misere deutlich. Buchstäbliches, historisch-kritisches Verstehen macht die Bibel unanwendbar — mindestens scheint es so. Und dabei kann es nicht bleiben, selbst bei Harnack, der ja noch sein Neues Testament behält und bei A. Schweitzer nicht, der nun doch noch eine mystische Willenseinheit mit dem so fremden historischen Jesus sucht. Ohne Anwendung wäre nun einmal theologische Auslegung der Bibel sinnlos.

3.1.2. Hermeneutische Modelle zur Überwindung der Spannung von Intention und Methode der Bibelwissenschaft

Gerade weil man auf den traditionellen Grundsatz der Anwendbarkeit als Kriterium des Verstehens nicht verzichten kann, reicht die historisch-kritische Methode allein nicht zu, um das Vorgehen der Bibelwissenschaft zureichend zu beschreiben und dann auch zu regulieren. Es braucht dazu vielmehr eine zusätzliche hermeneutische Bemühung, die den historisch verfremdeten biblischen Texten wieder ihre Aktualität, Anwendung, abgewinnt.

Ich betone, daß es sich hier um hermeneutische Besinnungen handelt, die zusätzlich zur historisch-kritischen Methode hinzutreten. Gewiß besteht die naheliegende Versuchung zum Methodenmonismus. Man will dann je die eigene Hermeneutik als eine konsequente Fortbildung der historisch-kritischen Fragestellung ansehen, um eben damit einerseits für sich methodische Konsequenz zu beanspruchen, andererseits das allgemeine Ansehen der historisch-kritischen Fragestellung auch für die weitergehenden hermeneutischen Bemühungen in Anspruch nehmen zu können. Das gilt etwa für die Verbindung von historisch-kritischer Auslegung und existentialer Hermeneutik, auch für das offenbarungsgeschichtliche Programm W. Pannenbergs.

Ich lege hier aber auf Differenzierung Wert. Einmal wird solcher Methodenmonismus leicht zu ungedeckten Ansprüchen führen, also die Diskussion erschweren. Zum anderen haben wir in der Theologie, gerade auch in der Bibelwissenschaft, nicht so viel an gemeinsam anerkannten Grundlagen, daß wir den Konsens in der Anwendung der historisch-kritischen Methode leichtfertig aufs Spiel setzen könnten! Das ist aber die Folge einer solchen Identifizierung der historischen Kritik mit bestimmten hermeneutischen Modellen. Wer sich mit diesen hermeneutischen Modellen nicht identifizieren will, der wird aus dem Methodenkonsens geschoben und umgekehrt. Man sollte darum der historisch-kritischen Methode ihre Eigenart lassen und sie nicht auch noch mit der Problematik der Anwendung belasten — mit der sich NB ja nicht nur theologische, sondern auch allgemeine Hermeneutik herumzuschlagen hat (vgl. H. G. Gadamer, Wahrheit und Methode, 2.1965).

3.1.2.1. Zeitlos-allgemeine Wahrheit

Zuerst soll das rationalistische Modell genannt werden, das in mannigfachen Abwandlungen im Spiel ist. Ziel ist hier, hinter der historischen Fremdheit die eine, für jede Zeit gültige und anwendbare Wahrheit zu entdecken. Der Eindruck der Fremdheit entsteht dadurch, daß sich diese Wahrheit in den biblischen Texten in einer an die fremde Zeit akkommodierten Form darbietet. Historisch geschultem Verstehen ist es möglich, diese Fremdheit zu durchschauen und die Wahrheit, religiöse, sittliche Wahrheit in eine der eigenen Zeit gemäße Gestalt zu übertragen.

Wahrheit ist dabei dann das, was Jesus gelehrt, auch in seinem Verhalten vorgelebt hat, Liebe als die eigentliche Verwirklichung der Menschlichkeit beispielsweise. Diese Wahrheit leuchtet ein. Darin zeigt es sich, daß die Fremdheit des Historischen nur Schein ist, daß hinter dieser Fremdheit die allgemein-menschliche Wahrheit steht, die jedem gilt und die jeden beansprucht, dem diese Wahrheit zu Gesicht kommt. Mag es auch einen langen Prozeß gebraucht haben, um Menschsein für diese Wahrheit bereit und fähig zu machen — mit Jesus ist dieser Prozeß zum Ziel gekommen, ist die Wahrheit entdeckt, in der sich Menschsein verwirklichen kann.

Einzelausführungen, die, wie gesagt, in mannigfachen Modifikationen des Grundschemas solcher Hermeneutik vorliegen, brauchen uns hier nicht weiter zu beschäftigen. Wichtig ist, daß wir uns das Modell des Verstehens klar machen, das hier bestimmend ist: Verstehen ist ermöglicht in einem Allgemeinen, das grundsätzlich jedem Menschen eignet — platonische Anamnesislehre hat das spekulativ-mythologisch vorgezeichnet. Dieses Allgemeine wird durch äußere Anstöße — Geschichte, Tradition — entbunden. Es leuchtet als Wahrheit eben deshalb ein, weil es als das Eigene erfaßt und darum in seiner fraglosen Gültigkeit angenommen wird. Der Lehrer solcher Wahrheit — das hat Kierkegaard in seiner Beschreibung des Sokrates als Lehrer unübertroffen klargemacht[1] — ist hier bloßer verschwindender Anlaß. Ist die Wahrheit entdeckt, dann ist sie entdeckt als das, was dem Menschen nicht von außen, zu einem bestimmbaren Zeitpunkt, zukommt, sondern was ihm wesenhaft, von Ewigkeit her und für die Ewigkeit zu eigen ist.

Damit ist die Kritik an diesem Verstehensmodell schon angedeutet. Bleibende Beziehung zu Jesus, Angewiesenheit auf Jesus, wie sie im kirchlichen Bekenntnis zu ihm als dem Herrn ausgesagt wird, kann in diesem Verstehensmodell nicht mehr ausgewiesen werden. Anders: Gott als Handelnder ist hier nicht mehr aussagbar. Was bleibt, wenn man nicht auf ein Reden von Gott überhaupt verzichtet, ist eine vorlaufende Bezogenheit des Menschen auf das Göttliche, als das bleibend Wertvolle, an dem menschlicher Geist Anteil gewinnt, weil er kraft seiner Gottähnlichkeit oder Göttlichkeit daran Anteil hat. Verwirklichung aber ist Sache des Menschen — darum dominiert hier der Imperativ.

Weiter: die Texte haben hier nurmehr ein sehr geringes Recht. Denn der Invention des Interpreten ist vom Ansatz her ein weiter Spielraum gegeben. Was Akkommodation ist, was bleibende Wahrheit, das kann hier ja nicht der Text sagen. Das bleibt Sache der kritischen Unterscheidung des Interpreten, der dann eben das als die bleibende Wahrheit in den Texten finden wird, was er von vornherein als diese Wahrheit im Blick hat. Hermeneutik meistert dann die Texte, weil sie von vornherein weiß, was nicht gemeint sein darf, was darum als bloß zeitbedingt der Kritik verfallen muß.

Daß es hier für eine Theologie, die sich der kirchlichen Tradition verpflichtet weiß, nicht weiter geht, braucht darum kaum noch eigens erwähnt zu werden.

3.1.2.2. Wiederholbare Existenzmöglichkeit

Man kann die Kritik an dem zunächst genannten Modell positiv weiterführen. In der Bibel geht es nicht um allgemeine Wahrheit, sondern um Geschichte. Und zwar um eine Geschichte, die nicht in die Vergangenheit zurücksinken kann, sondern die uns alle, die jeden Menschen angeht. Nicht Wahrheiten, nicht Wahrheit als etwas, das man lernen und wissen kann, wird hier vermittelt, sondern lebendige Vollzüge menschlicher Existenz, ein Leben im Glauben, in der Liebe, in der Hoffnung. Dabei soll nun nicht einfach imperativisch appliziert werden: Du sollst glauben, lieben, hoffen — wobei dann ja wieder vorausgesetzt wäre, daß einer weiß, was das ist. Hier *ist* vielmehr Leben, lebendige Existenz in der Unmittelbarkeit ihrer Vollzüge. Das mag einleuchten, wenn man die biblischen Texte im Ohr hat. Gerade dann wird aber auch die Frage kommen: Wie läßt sich denn so etwas vermitteln, tradieren, lehren?

Da sucht die Fragestellung der existentialen Interpretation anzusetzen. Die Prämisse ist klar: Die Anwendung der Bibel zielt auf den Glauben. Wie aber läßt sich dieser Glaube, den die neutestamentlichen Texte vermitteln wollen, so verständlich machen, daß er im existentiellen Lebensvollzug angeeignet werden kann? Zwei Modelle existentialer Interpretation als Antwort auf diese Frage haben wir zu nennen, das eine vornehmlich von R. Bultmann[2], das andere dann in selbständiger Weiterentwicklung des Bultmann'schen Ansatzes von E. Fuchs und G. Ebeling[3] angeboten.

Glaube läßt sich verstehen als die Verwirklichung einer Möglichkeit menschlicher Existenz, die sich in allgemeine Strukturen dieser Existenz einzeichnen läßt. Der Mensch ist darauf angelegt, er selbst zu sein — sich nicht in dem zu verstecken, was *man* sagt, tut, denkt. Er weiß das, auch wenn er sich in der Regel diesen Sachverhalt verdeckt, nicht zu der „Eigentlichkeit" seiner Existenz finden kann. Er ist umgetrieben von der Frage nach solcher Verwirklichung seines Menschseins, die ihn er selbst sein läßt. Begegnet ihm Glaube — in Gestalt des biblischen Glaubenszeugnisses —, dann begreift er: Hier ist das Menschsein, nach dem ich immer schon gefragt habe. Hier wird mir die Möglichkeit menschlicher Existenz eröffnet, nach der mich schon immer verlangt hat. Das kann ich, nun es mir im biblischen Zeugnis — und in der kirchlichen Verkündigung, die dieses Zeugnis weitergibt — angeboten wird, als meine eigenste Möglichkeit mir wiederholend aneignen.

Man kann hier dann noch einmal differenzieren. Bultmann selbst beharrt darauf, daß der Glaube an den gekreuzigten Jesus diese im Evangelium angebotene und nun wiederholbare Möglichkeit von Existenz ist, während andere, J. M. Robinson, H. Braun[4] den „historischen Jesus" als diese wiederholbare Möglichkeit ansetzen. Gerade von hier aus kann es dann leicht zu einer Verschmelzung mit dem zunächst genannten hermeneutischen Typ kommen, der die Anwendbarkeit der Bibel in der Allgemeinheit der biblischen Wahrheit gegeben sieht. Doch sollen uns solche Mischformen bei unserer knappen hermeneutischen Typenlehre nicht weiter beschäftigen.

Hier ist die Möglichkeit des Verstehens in den allgemeinen Strukturen menschlicher Existenz gesehen, in die sich der Glaube einzeichnen läßt. Dabei ist die Frage noch nicht entschieden, ob sich nicht an diesen Strukturen gar so etwas wie eine Prädisposition des Menschen für den Glauben ablesen läßt. Auf jeden Fall gibt es die Möglichkeit des Verstehens, die in der Gemeinsamkeit des Menschseins liegt und von hier aus aufgewiesen werden kann. Negativ heißt das — bekannt unter dem unglücklichen Schlagwort der „Entmythologisierung" —, daß alles der kritischen Interpretation verfällt, was sich nicht in solchen Strukturen der von der Frage nach ihrer Eigentlichkeit bewegten Existenz aussagen läßt.

Nun kann aber die Allgemeinheit der Existenzstrukturen, wie sie das Bultmann'sche hermeneutische Modell voraussetzt, auch in Frage gestellt werden. Hat man hier die Geschichtlichkeit des Menschseins konsequent zu Ende gedacht? Bedeutet die Einsicht in die Geschichtlichkeit des Menschseins nicht auch die Erkenntnis, daß sich die Strukturen menschlicher Existenz wandeln können? Wirklichkeit muß doch erschlossen sein, ehe sie als seine Möglichkeit von dem existierenden Menschen angeeignet werden kann. Und solche Erschließung geschieht in dem geschichtlichen Prozeß der Sprache, als dem Existenz ermöglichenden und bestimmenden „Wortgeschehen" (G. Ebeling). Dabei gibt es Neues, neue Erschließung von Existenzmöglichkeit als Neuentdeckung von Wirklichkeit, die zur Sprache gebracht wird — das ist dann ein „Sprachereignis" (E. Fuchs). Jesus ist das geschichtliche Sprachereignis, in welchem der Glaube zur Sprache gekommen ist. Davon gibt die Bibel Zeugnis, und daraufhin ist sie zu interpretieren. Denn hier ist die Möglichkeit von Menschsein, die das eigentliche Wesen der Menschen verwirklicht. Damit, daß solches Menschsein in Jesus zur Sprache gekommen ist, kann es nun ja weitergehen, wird es tradierbar und wiederholbar — ist Glaube zu der Möglichkeit einer heilvollen Existenz des Menschen geworden.

Hier sind es nicht einfach bleibende Strukturen menschlicher Existenz, die ein Verstehen, eine verstehende Aneignung und damit die erfragte Anwendung der Bibel ermöglichen. Von diesem im Grunde noch ungeschichtlich gedachten Allgemeinen, das existentiale Analyse des Menschseins erfaßt, will man hier weg, will hinein in die Geschichte, die nicht einfach mit der geschichtlichen Bewegtheit der einzelnen Existenz gleichgesetzt werden darf. Diese geschichtliche Bewegtheit der einzelnen Existenz ist vielmehr wieder schon in ihren Möglichkeiten bestimmt durch die ihr als Sprache vorgegebene Überlieferung. In dieser Überlieferung steht beherrschend Jesus und das von ihm ausgehende Wortgeschehen, in welchem der von Jesus zur Sprache gebrachte Glaube tradiert wird.

Fast noch deutlicher als bei Bultmann selbst nehmen wir in dieser Variante des hermeneutischen Modells der existentialen Interpretation das Bemühen wahr, bei dem geschichtlichen Grund der Kirche zu bleiben. Gewiß soll dieser Grund dann wieder in allgemeine Kategorien verständlich gemacht werden — Sprachereignis, Wortgeschehen. Und diese ontologischen Bestimmungen verweisen wiederum in das Allgemeine des geschichtlichen Zusammenhangs, in welchem Verstehen — das ist hier immer eine verstehende Anwendung — der Bibel möglich wird.

Hier müßte nun freilich auch eine kritische Auseinandersetzung ansetzen. Ist es einer theologischen Hermeneutik möglich, sich so völlig auf allgemeine Aussagen, auf eine für alle zugängliche Basis des Verstehens abzustützen? Gerade im Zusammenhang der existentialen Interpretation begegnen wir ja immer wieder der Versicherung, eine Hermeneutik der Bibel könne keine anderen Bedingungen und Grundsätze gelten lassen, als jede andere Hermeneutik auch. Gewiß fordert die Sache, die hier zu verstehen ist, den existentiellen Einsatz. Aber gerade so droht dann ein Verstehen des Glaubens als glaubendes Verstehen der richtigen Methode verfügbar zu werden. Anwendung der Schrift als Aneignung ihrer Sache wird für den möglich, der sich für den existentiellen Einsatz entscheidet. Darum wird der Imperativ, diesen Einsatz zu leisten, schließlich ins Zentrum rücken.

3.1.2.3. Geschichtliche Wirkung als Gegenwart des Bewirkenden

Wird das von Jesus ausgehende Wortgeschehen als Ermöglichung des Verstehens mitbedacht, wie wir eben sahen, so kommt damit schon das Ganze des Geschichtsverlaufs in den Blick, das die historische Verfremdung der Bibel wieder überwinden und eine Anwendung ermöglichen soll. Unbestreitbar ist, daß Bibel, daß das in der Bibel bezeugte Christusgeschehen nicht zureichend erfaßt werden kann, wenn seine geschichtliche Wirkung nicht mitbedacht wird. Denn in dem, was sich aus diesem Ursprung dann entfaltete, zeigen sich ja Möglichkeiten, die mit in diesem Ursprung lagen. Darum ist der Versuch, unter Absehung von der Wirkungsgeschichte eine Unmittelbarkeit zur Bibel — erst recht zum „historischen Jesus" — zu gewinnen, nicht nur faktisch undurchführbar, sondern auch methodisch falsch angesetzt.

Ist darum nicht die ganze Fragestellung, mit der wir uns bisher herumgeschlagen haben, verkehrt? Was soll es heißen, daß die Bibel auf die jeweilige Gegenwart anwendbar sein soll — gar dann in ihrem Literalsinn? Ist die Anwendung nicht schon damit gegeben, daß diese Gegenwart als Wirkung des Ursprungsgeschehens — damit nehmen wir Jesus und Bibel zusammen — begriffen wird? Das hieße dann, daß die Wirkungsmächtigkeit jenes Ursprungsgeschehens in dieser Gegenwart da ist, sie bestimmend, und daß sie damit zugleich ihre weiterführende Zukunftsmächtigkeit zeigt.

Dann ist je die Gegenwart wirksame, angewandte Schrift, was hieße, daß die Schrift im Sinne dessen, was sie bewirkt hat, verstanden und ausgelegt werden muß. „Wir setzen fest, daß in Sachen des Glaubens und der Sitte, die zum Bestand der christlichen Lehre gehören, der Sinn der Heiligen Schrift als der richtige gelten soll, den die Heilige Mutter Kirche für diesen hielt und hält, deren Sache es ist, über den wahren Sinn und die Auslegung der heiligen Schriften zu urteilen"[5] (so im 1. Vatikanum, Denz 1788). Das ist konsequent wirkungsgeschichtlich gedacht. Der Ursprung kann hier nur noch die Wirkung, die aus ihm hervorging, verdeutlichen, vielleicht auch legitimieren. Aber seine Macht hat er an das Bewirkte abgegeben. NB: Gerade in Verbindung mit einem solchen wirkungsgeschichtlichen Konzept kann sich die römisch-katholische Exegese die historisch-kritische Methode ohne allzuviele Schwierigkeiten zu eigen machen. Passieren kann da solange nicht viel, als nicht der Ursprung kritisch gegen das Bewirkte gewandt, also ein im Grunde protestantisches Verständnis der Schrift und ihrer Anwendung propagiert wird.

Gewiß halten wir diese Form von Wirkungsgeschichte als Hermeneutik für indiskutabel. Das liegt an dem normativen Moment, das hier schon im Ansatz mit drin steckt. Hier wird aus der Wirkungsgeschichte willkürlich ausgewählt — nur die eigene, die katholische Tradition ist im Recht, während anderes sich getrennt hat von dem Ursprung, sich daraus nicht legitimieren darf. Doch diese Schwäche ist ja leicht zu überwinden. Man braucht hier nur weit genug auszugrei-

fen, nicht eine dann auch noch konfessionell verengte Kirchengeschichte mit der Wirkungsgeschichte des biblischen Ursprungs gleichzusetzen, sondern dessen Wirkung in die Christentumsgeschichte hinein
zu verfolgen, schließlich auch noch den universalgeschichtlichen Horizont dieser Wirkung wahrzunehmen. Dann ist die Einseitigkeit der
Betrachtungsweise überwunden, die durch den normativen Anspruch
des römisch-katholischen Kirchentums in dieses hermeneutische Modell
einfließt. Faktische historische Kontinuität verbindet mit dem Fernen
der Vergangenheit, das sich in seiner Überlieferung als dauernd wirksam erweist.

Das leuchtet zunächst einmal ein. Unbestreitbar ist hier ein Moment
des Umgangs mit dem Historischen genannt, das wir ins Auge fassen,
wenn wir heute nach der Anwendbarkeit der Bibel fragen. Sie hat
gewirkt, und diese Wirkung gehört mit zu den Voraussetzungen ihres
Verstehens. Doch zugleich damit stellt sich die Frage: Kann hier nun
noch so etwas wie eine Gegenstellung der Bibel auch zu solcher Wirkung gewonnen werden? Darum fragt Hermeneutik ja nach der
Anwendbarkeit der Bibel, weil sie diese — wir nehmen da, wie ich
vorsichtshalber noch einmal bemerken will, die Bibel und die in ihr
bezeugte Sache zusammen — gerade herausgehoben sieht aus dem
Strom der Geschichte, weil sie eine Mächtigkeit der Bibel erwartet
und darum erfragt, die sich unvermittelt zeigt.

Wirkungsgeschichtliche Betrachtungsweise kann leicht dazu verführen,
diese Problematik zuzudecken. Man meint, die erfragte Mächtigkeit
sei doch schon mitbedacht, weil nicht nur der Anfang selbst, sondern
die geschichtliche Auswirkung dieses Anfangs mit im Blick ist. Aber
die Freiheit der Bibel — als der vermittelten Gegenwart des Herrn
selbst (2.1.2.) — auch ihren Wirkungen gegenüber bleibt hier nicht
gewahrt. Berufung auf den Ursprung kann hier nur noch der die
eigene Gegenwart legitimierenden Selbstverständigung dienen, kann
nicht kritisch in Frage stellen, was ja als Auswirkung dieses
Ursprungs unbestreitbar ist. Doch da ist immer nicht nur Auswirkung
dieses Ursprungs, sondern andere Einflüsse bestimmen mit. Darum
ist doch Kritik unumgänglich!

Das zeigt: Wir sind auch hier noch nicht aus der hermeneutischen Problematik heraus, die nach einem Allgemeinen als der Basis verstehen-
der Anwendung der Bibel fragen muß — gerade damit aber in der
Gefahr steht, die Besonderheit der Bibel, die allein nach solcher
Anwendbarkeit fragen läßt, in dieses Allgemeine hinein aufzuheben.
Das Allgemeine ist hier der Geschichtsverlauf in seiner Ganzheit, der
um seiner Geschlossenheit willen die Besonderheit des Christusgesche-

hens nur in seiner aufweisbaren Auswirkung gelten lassen will. Daß man damit sehr viel weiter kommen wird als dort, wo man nach der allgemeinen Wahrheit sucht, oder die Möglichkeit des Verstehens in allgemeinen Strukturen menschlicher Existenz vorgegeben sieht, scheint mir nicht sehr wahrscheinlich.

3.1.3. Geistliches Verstehen

Daß in dieser ungelösten, häufig kaum mehr richtig wahrgenommenen und in ihren Spannungsmomenten durchschauten Problematik ausgerechnet der Rat des Dogmatikers willkommen sein wird, nehme ich nicht an. Doch das soll mich nicht hindern, auf eine Dimension des hermeneutischen Problems hinzuweisen, die man sich in der Regel kaum mehr eingesteht. Kein Wunder, daß in diese Leerstelle dann allerlei unartikulierte Emotion, auch unverantwortliche Schwärmerei einströmt. Man wehrt sich dagegen, daß die Wahrheit des Wortes Gottes an die Vernunft verraten werde, daß die Auslegung der Bibel einer rationalistischen Kritik überantwortet werde — und hat angesichts der hermeneutischen Reflexionen wie einer ganzen Reihe von Interpretationsergebnissen damit gar nicht so unrecht.
Darum halte ich es für notwendig, hier nun doch einige Reflexionen über „geistliches Verstehen" anzuhängen, bemerke gleich dazu, daß solches geistliche Verstehen viel mehr praktisch geübt wird — auch von Exegeten, die sich durch und durch als historisch-kritische Ausleger verstehen —, als daß man es methodisch reflektiert. Aber auch hier gilt es, ein Stück Naivität abzustreifen.

3.1.3.1. Verstehen der Schrift als Wirkung Gottes

Wir greifen hier Überlegungen auf, die unter dem Stichwort der dogmatisch-normativen Reflexion schon einmal zur Sprache gekommen sind. Dabei wird nun das Recht des Bekenntnisses vorausgesetzt, das Glauben — und das muß immer zugleich auch Verstehen heißen — als Wirkung des Geistes Gottes nennt. „Ich glaube, daß ich nicht aus eigener Vernunft noch Kraft an Jesus Christus, meinen Herrn, glauben oder zu ihm kommen kann, sondern der Heilige Geist hat mich durchs Evangelium berufen, mit seinen Gaben erleuchtet, im rechten Glauben geheiligt und erhalten, gleichwie er die ganze Christenheit auf Erden beruft, sammelt, erleuchtet, heiligt und bei Jesus Christus erhält im rechten einigen Glauben" — das haben wir alle gelernt, vielleicht auch angenommen. Hat ein solches Bekenntnis nicht auch hermeneutische Konsequenzen? Ich glaube schon.

Freilich kommen wir da nicht recht weiter, wenn wir allein auf die subjektive Erleuchtung verweisen, die Voraussetzung eines richtigen, eben geistlichen Verstehens der Schrift sei. Damit läßt sich höchstens eine Antithese gegen vernünftige Allgemeinheit begründen, wie sie in den verschiedenen hermeneutischen Modellen als Voraussetzung für das Verstehen der Bibel postuliert wird. Allenfalls lassen sich dann auch noch aszetische Anweisungen geben, der Art, daß ein Verstehen der Bibel Gebet brauche, die Bereitschaft, auf die eigene, selbstgewisse Vernünftigkeit zu verzichten, nur zu hören. So richtig das auch sein mag — damit ist uns hier nicht gedient.

Wir haben vielmehr danach zu fragen, wie eine solche Voraussetzung nun auch in Verstehensanweisung umzusetzen ist. Dazu verweisen wir einmal darauf, daß glaubendes Verstehen nie einfach in der Subjektivität lebt und in ihr bleiben kann, daß es sich vielmehr in gemeinsamer Aussage, den Glaubensgegenstand betreffend, äußert. Wir verweisen weiter darauf, daß eine Reihe solcher Äußerungen in der Geschichte der Kirche als Dogma und Bekenntnis besondere Dignität gewonnen haben. Wir sagen nun: hier äußert sich geistgewirktes Verstehen der Schrift.

Sicher kann man jetzt gleich einwenden, wir seien damit auf den römisch-katholischen Weg des Verstehens eingeschwenkt, hätten uns der kritischen Distanz begeben, wie sie einem modernen Menschen gegenüber religiöser Tradition nun einmal ziemt. Das ist kein Einwand, der uns beirren könnte. Wichtiger ist jetzt ja die andere Frage: Welches Dogma und Bekenntnis ist es denn, das wir als solche geistgewirkte Äußerung des Glaubens bezeichnen wollen? Es kann doch auf keinen Fall all das gemeint sein, was irgendwann und irgendwo einmal im Verlauf der Kirchengeschichte mit dem Anspruch aufgetreten ist, geistgewirkte Glaubenswahrheit zu sein. Soll darum gelten, was sich in möglichst weitem Umfang durchgesetzt hat, was im Verlauf der Kirchengeschichte den weitesten Konsens gefunden hat? Das hieße, daß wir uns hier auf den berühmt-berüchtigten Consensus quinquesaecularis einließen, der doch faktisch ein Auseinanderbrechen der kirchlichen Einheit nicht zu verhindern vermochte. Oder daß wir doch faktisch einen bestimmten Bekenntnisstand, dem wir unserer Herkunft nach verpflichtet sind, absolut setzten. Das kann nicht der Sinn eines solchen Hinweises sein.

Wir werden vielmehr darauf zu verweisen haben, daß es die *schriftgemäßen* Formulierungen der Glaubenswahrheit sind, die solche Geltung als geistgewirktes Verstehen der Schrift beanspruchen können. Damit haben wir freilich einen Zirkel des Verstehens postuliert. Ich meine allerdings, daß wir uns dadurch nicht irritieren lassen sollten. Es geht hier ja nicht einfach um das Postulat, daß dieses oder jenes Dogma oder Bekenntnis schriftgemäß sei — etwa das reformatorische Bekenntnis der justificatio impii propter Christum per fidem — und anderes nicht. Vielmehr muß nun im Vollzug der Auslegung diese Behauptung erwiesen werden. Erschließt sich von einer solchen Formulierung aus die Schrift, dann besteht der Anspruch der Schriftgemäßheit zu Recht. Erschließt sie sich nicht, dann muß der Anspruch einer solchen dogmatischen Formulierung kritisch zurückgewiesen werden.

Ein solches Vertrauen in die Bekenntnistradition, das ihr eine Schlüsselrolle beim Verstehen der Schrift einräumt, mag dem ungewohnt sein, der historische Kritik, und sie allein, für eine mögliche Methode des Verstehens hält. Daß diese Methode allein nicht zur Anwendung verhelfen kann, haben wir aber schon aufgewiesen. Ohne solche Anwendung ist jedoch theologische Schriftauslegung ein hölzernes Eisen. Warum also nicht diesen Weg versuchen — der unreflektiert weithin schon gegangen wird? Unsere Sache hier ist es, diese Möglichkeit einmal klar bewußt zu machen.

3.1.3.2. Geistliches Verstehen als buchstäbliches Verstehen

Wir müssen umlernen, Vorurteile bewußt machen und überprüfen. Das gilt gerade hier, wo es um das Verstehen der Schrift geht. Wir hängen fest am Grundsatz, daß diese Schrift nur einen, den Literalsinn haben kann. Das ist recht und gut so. Wir wollen ja nicht mit hermeneutischen Theorien die Bibel manipulieren. Eben daher scheint dann aber ein Bemühen um geistliches Verstehen illegitim. Denn das ist dann eo ipso das Hineintragen eines tieferen, höheren oder volleren Sinnes in die Schrift. Daß der buchstäbliche Sinn mit dem geistlichen Sinn identisch sein könnte — noch einmal: wenn da von Sinn und Verstehen der Schrift die Rede ist, meinen wir immer Anwendbarkeit und Anwendung, um deretwillen Schriftauslegung getrieben wird —, das scheint mit der Theorie der Verbalinspiration, die diese Identität einmal begründen sollte, abgetan. Eben auf diese Möglichkeit aber wollen wir mit unseren Reflexionen aufmerksam machen.

Wir setzen hier voraus, daß im Verstehen der Schrift Gott selbst wirksam ist. Diese besondere Wirksamkeit wird freilich nicht als isolierte Annahme stehen bleiben können. Sie korrespondiert der besonderen Wirksamkeit Gottes in jener Geschichte, wie sie die Bibel bezeugt. Ich halte das für eine Annahme, deren sich ein christlicher Theologe nicht zu schämen braucht, auch dann nicht, wenn heute eine Rede von Gott überhaupt, und dann erst recht von einem in der Besonderheit seiner Offenbarung wirksamen Gott nicht allzu hoch im Kurs steht. Da bleiben wir lieber bei unserer Tradition, auch wenn das unzeitgemäß zu sein scheint.

Halten wir beides zusammen — Wirksamkeit Gottes in der biblisch bezeugten Geschichte, und Wirksamkeit Gottes im Verstehen der Schrift, dann ist die Folgerung nicht schwer, daß das, was die biblischen Texte meinen, sich solchem Verstehen erschließt — und nur solchem Verstehen! —, das sich durch das Zeugnis derer anleiten läßt, die vor uns auf die Schrift gehört haben. Freilich, das läßt sich hier nicht vorgängig nachweisen. Es kommt darauf an, ob einer bereit ist, hier dann die Probe aufs Exempel zu machen. Vielleicht kommt dabei sogar eine Exegese heraus, die den Texten nicht mit den üblichen hermeneutischen Gewaltakten auf den Leib rückt, sondern sie endlich ihre Sache sagen läßt.

3.1.3.3. *Geistliches Verstehen und Wirkungsgeschichte der Bibel*

Wir können sicher nicht mit einem solchen geistlichen Verstehen nun doch aus der Spannung ausbrechen, in welcher Theologie heute steht, und die sie im faktischen Vollzug auszuhalten hat. Das will ich hier gleich dazusetzen. Es liegt ja auf der Hand, daß nun wieder der sattsam bekannte Einwand kommen muß, Theologie würde sich mit einem solchen Hinweis auf besondere Voraussetzungen ihrer Auslegung der Bibel doch in ein Getto einschließen, erst recht, wenn dann noch als Gegenstand, um den sich solche Interpretation bemüht, ein besonderes geschichtliches Handeln Gottes angezeigt wird.

Wir müssen uns diesem Einwand stellen. Das heißt nicht, daß wir ihm ohne jeden Widerspruch stattgeben. Es heißt aber, daß wir die hier postulierte Besonderheit zu dem Allgemeinen, das ein generelles hermeneutisches Bemühen erfragt, in Beziehung setzen. Ohne mich hier auf weitere Begründung einzulassen, scheint mir dabei das wirkungsgeschichtliche Modell am besten geeignet. Was hier als Voraussetzung eines geistlichen Verstehens genannt wurde, ist ja selbst so etwas wie Wirkungsgeschichte. Nur daß dabei die Kontinuität der

Wirkung nicht in einem historischen Zusammenhang aufgewiesen werden kann, sondern als die besondere Wirksamkeit Gottes vorausgesetzt wird.

Diese hier vorausgesetzte Besonderheit nun kann nicht beziehungslos neben der allgemeinen Geschichte herlaufen, bleibt vielmehr auf sie ständig bezogen, wirkt in sie hinein, ohne doch einfach in ihr aufzugehen. Darum steht allgemeine Geschichte dieser „Glaubensgeschichte" — um der Einfachheit halber einmal diesen Terminus zu gebrauchen — nicht einfach fremd gegenüber, ist vielmehr von Elementen dieser Glaubensgeschichte durchwirkt, auch dann, wenn da nicht bewußte Entlehnung statthat. Ich brauche dazu nur die Stichworte Säkularisierung und Säkularisate zu nennen, ohne mich jetzt auf die komplexe Debatte über den damit bezeichneten Sachverhalt näher einzulassen.

Ich meine nun, wir sollten gerade dieses Kommerzium zwischen der allgemeinen geistigen Herkunft, die uns bestimmt, und jener besonderen Glaubensgeschichte bewußt ins Auge fassen. Da bietet sich ein Kompromiß an, mit dem sich hermeneutisch leben läßt — so, daß wir nicht um der Besonderheit unseres „geistlichen" Verstehens willen den Kontakt mit einem allgemeinen Verstehen verlieren, aber auch nicht um eines allgemeinen Ausweises dieses Verstehens willen die uns als Theologen aufgetragene Besonderheit versäumen. So kann Verstehen dann vermitteln — und vielleicht erklärt sich dadurch noch am ehesten, daß die Bibel anwendbar ist, wirkt und etwas zu sagen hat, was wir durch geschehene Vermittlungen gerade noch nicht als allgemeine Wahrheit im Kopf haben. Davon lebt Kirche, und weiß, daß solches Leben aus dem Wort nicht ihr Werk ist, sondern Geschenk der göttlichen Gnade. Und eine Bibelwissenschaft, die sich ihrer kirchlichen Bindung bewußt ist, sollte nicht zuletzt diesen Sachverhalt beachten, wenn sie über die Bedingtheit ihres Verstehens der Bibel reflektiert.

3.2. Die Kirchengeschichte

Mit der Bibelwissenschaft steht sowohl die Praxis des kirchlichen Schriftgebrauchs zur Debatte, wie die Norm, an der diese Praxis ausgerichtet werden soll. Kein Wunder, daß sich gerade hier in einer immer neu aufflammenden hermeneutischen Debatte die Spannungen manifestieren, die für die Theologie heute kennzeichnend sind. Wenden wir uns der Kirchengeschichte zu, so betreten wir eine ruhigere Zone. Spektakuläre Auseinandersetzungen sind hier kaum zu erwarten, falls man nicht die Kirchengeschichte als Skandalchronik ausbeutet, um damit Kirche und Christentum überhaupt zu treffen. Aber das ist nicht lange aufregend, hat auch mit seriöser theologischer Arbeit nicht mehr viel zu tun.

So kann Kirchengeschichte scheinbar unbehelligt von theologischen Tagesfragen, wie sie Bibelwissenschaft und Systematik in Atem halten, ihre Arbeit treiben. Doch das ist nur ein oberflächlicher Eindruck. Sicher kann man sich in kirchen- und theologiegeschichtliche Einzelforschung vergraben — und der Stoff wird da nicht so bald ausgehen. Aber das geht ja nur solange gut, als das Existenzrecht der Kirchengeschichte nicht bestritten ist, als es selbstverständlich ist, daß Kirchengeschichte in Forschung und Lehre der Theologie den traditionellen Raum einnehmen kann und darf. Solche Bestreitung liegt aber nahe. Haben wir nicht ein viel zu sehr historisch bestimmtes Verständnis von Theologie, gerade von theologischer Wissenschaft, schleppen noch die Eierschalen eines Historismus mit, dessen Zeit im Grunde längst vorbei ist? Was soll die Fülle historischen Stoffs, die aktuelle Fragestellungen erst gar nicht aufkommen läßt? Was brauchen wir überhaupt diese Last von Gewesenem — lästiger Ballast nicht nur für den Examenskandidaten, der seine gute Zeit damit verbringt, einzupauken, was er bequem in seinem Heussi nachschlagen könnte? Die Bibel muß einer kennen — das ist einzusehen. Mit der Gegenwart hat er sich auseinanderzusetzen, und sollte den normativen Ursprung, wie ihn die Bibel bezeugt, mit der gegenwärtigen Praxis in Zusammenhang setzen können. Von daher ist Bibelwissenschaft als theologische Disziplin begründbar, genauso wie die praktische und die systematische Theologie. Aber Kirchengeschichte fällt da aus, kann höchstens, wie K. Barth meinte, als unentbehrliche — vielleicht doch unter veränderten Umständen fast schon entbehrliche? — Hilfswissenschaft der anderen Disziplinen gelten[1].

Nun, möglicherweise spiegelt sich in dieser an sich recht naheliegenden und einleuchtenden Sicht der Dreiteilung theologischer Arbeit ein typisch protestantischer Kurzschluß wieder. Ursprung und Gegenwart werden unmittelbar aufeinander bezogen — indem die systematische Theologie zwischen Exegese und praktischer Theologie vermitteln soll. Dabei übersieht man, daß zwischen Ursprung und Gegenwart immer schon die faktische Vermittlung der Geschichte steht, von der wir uns nicht lösen können. Hilfswissenschaft hin oder her — unser theologisches Denken würde unerträglich verkümmern, wenn wir diese faktische Vermittlung nicht mehr bedächten. Es ist vielleicht deshalb schon so sehr zu Kurzschlüssen geneigt, weil es sich weigert, diese Vermittlung in ihrer Bedeutsamkeit zur Kenntnis zu nehmen. In unseren Überlegungen zur hermeneutischen Problematik der Bibelwissenschaft ist dieser Sachverhalt ja schon angeklungen. Der Versuch, eine Unmittelbarkeit zu den biblischen Texten zu gewinnen, verkauft das Verstehen an Allgemeinheiten, die der geschichtlichen Wahrheit nicht angemessen sind, mit der wir es zu tun haben.

Darum kann man zwar sicher darüber diskutieren, ob jeder theologische Kandidat die gesamte Kirchen- und Theologiegeschichte beherrschen muß, wenn er ins Examen steigt. Aber diese Frage ist nicht die zentrale Frage der Kirchengeschichte als theologischer Disziplin. Deren zentrale Frage ist vielmehr die, wie der bloß antiquarische Aspekt historischer Arbeit überwunden werden kann, der der Kirchengeschichte gar zu leicht anhängt. Stattdessen sollte kenntlich werden, wie gerade hier nicht einfach die historisch-kritische Erhellung vergangener Faktizität das Feld beherrscht, sondern wie die Kirchengeschichte unmittelbar auch von der dogmatisch-normativen Reflexion als dem Spezifikum theologischen Denkens bestimmt ist.

3.2.1. Die Frage nach der geschichtlichen Kontinuität als Legitimation der eigenen Gegenwart

Wir lassen hier einmal die grundsätzliche Erörterung anstehen, was eigentlich „Kirche" als Gegenstand der Kirchengeschichte bedeutet. Dazu brauche ich nur an das zu erinnern, was wir in den Eingangsabschnitten unserer Überlegungen als die Differenz zwischen Kirche und Kirche bezeichneten, um auf die Schwierigkeit aufmerksam zu machen. Man kann dem ausweichen, indem man sich in der historischen Fragestellung nicht einfach auf Kirche bezieht, sondern eine allgemeine Christentumsgeschichte zu rekonstruieren sucht. Aber auch das geht ja nicht ohne eine Vorentscheidung ab — nun eben Entscheidung gegen Kirche als den ausschließlichen Ort der Wirksamkeit des christlichen Ursprungs. Sicher, das müßte nun dogmatisch sehr sorgfältig abgegrenzt werden, sollte es gegen alle Mißverständnisse gesichert werden. Das geht jetzt nicht. Stattdessen verweise ich hier auf das unter 3.1.3.3. Ausgeführte.

Wir setzen voraus, daß Kirchengeschichte aus kirchlichem Engagement heraus getrieben wird. Das heißt dann aber zugleich, daß hier eine Bindung an ein konkretes Kirchentum vorliegt, das neben anderen Kirchentümern steht, in der Regel sich im Gegensatz zu anderen Kirchentümern befindet. Damit ist automatisch die Frage im Spiel: Wo ist nun die eine, wahre Kirche — wo ist sie nicht? Wo ist der wahre

Glaube — wo ist Häresie? Gerade weil die Kirche des Glaubens nicht civitas platonica ist, in einer geschichtsfremden Idealität, sondern weil sie in der Geschichte Gestalt gewinnt und gewinnen will, kann diese Frage nicht unterdrückt werden.

Es ist nur zu verständlich, daß diese Frage dann zu einer Legitimation der je eigenen Gegenwart führt. Da ja die eine Kirche immer bleibt (CA VII), kraft ihrer göttlichen Stiftung und des ihr verheißenen Beistandes nicht untergehen kann, wird sich historische Nachfrage nach dieser Kirche zu einer Legitimation dessen gestalten, was sich im geschichtlichen Prozeß durchgesetzt hat. Geschichtliche Kontinuität dient der Legitimation. Die Toten reden nicht, und die in den Auseinandersetzungen um den geschichtlichen Weg der Kirche Unterlegenen schreiben keine Geschichte. Wir wollen diese Überlegung nun nicht in eine Geschichtsmetaphysik überführen, so nahe das hier läge. Wir belassen es bei der einfachen Feststellung, so hart sie auch zunächst klingen mag.

Man kann diese Überlegung nun freilich weiterführen. Die Auseinandersetzung um den geschichtlichen Weg der Kirche, um die rechte Ordnung, Bischofsamt und Primat, um die rechte Lehre, Orthodoxie und Häresie, um Leben und Gestalt der Kirche ist nicht zu Ende. Und sie wird ja nicht einfach je in der Gegenwart neu ausgetragen. Nicht nur die Toten reden nun doch mit, insofern wir von ihnen Kunde haben. Die Bibel redet mit — sagen wir: der Ursprung, aus dem Kirche lebt, leben sollte, an dem sie darum auch die Norm dieses Lebens hat. Und wo sich Kritik an der herrschenden Kirche auf die Bibel beruft, da wird sich auch geschichtlicher Sinn auf die Kontinuität solchen kritischen Protestes richten. Die Unterlegenen bekommen ihre lebendigen Anwälte. Steht die Wahrheit gegen die herrschende Kirche, gegen die, die sich durchgesetzt haben — dann muß es eine Kontinuität dieser Wahrheit auch gegen die siegreiche Entwicklung geben. Darum dann auch eine Geschichtsschreibung, die sich gerade dieser Kontinuität annimmt, die Magdeburger Centurien, die unparteiische Kirchen- und Ketzerhistorie G. Arnolds, die heute so beliebte Berufung auf den „Linken Flügel der Reformation", der die Moderne gerade da legitimieren soll, wo sie sich von Entscheidungen der Reformation absetzt. Das liegt nahe, muß so sein, wenn die Wahrheit geschichtlich geworden ist. Dann wird sich die eigene Entscheidung für solche Wahrheit eben auch an der geschichtlichen Kontinuität ausweisen wollen.

Selbstverständlich braucht das nicht so zu geschehen, daß die Frontstellungen der Gegenwart das geschichtliche Bild verzerren. Die Frage nach der geschichtlichen Kontinuität kann auch gestellt werden als die Frage, wie es denn nun weitergehen soll. Wir werden darauf noch zu sprechen kommen. Zunächst muß aber nach der Wissenschaftlichkeit solcher Nachfrage gefragt werden.

3.2.2. Wissenschaftliche Kriterien der Kirchengeschichte

Wir sahen eben die Notwendigkeit der Kirchengeschichte begründet in der geschichtlichen Wahrheit, mit der die Kirche zu tun hat. Darum braucht es die geschichtliche Nachfrage, die eigene Wahrheitsfindung legitimiert, indem sie auf die geschichtliche Kontinuität dieser Wahrheit verweist. Wie verträgt sich solches Interesse an Legitimation eigentlich mit der Objektivität wissenschaftlicher Arbeit? Objektivität verstanden in dem Sinne, daß wissenschaftliche Aussagen allgemein verständlich und daß wissenschaftliche Denkprozesse für jeden vernünftigen Menschen nachvollziehbar sein sollen.

Wir wollen hier nun nicht allgemeine Wissenschaftstheorie treiben. Dazu verweise ich auf die unter 1.3. erörterten Fragen. Hier nenne ich nur dies, daß wir jetzt Probleme für die Kirchengeschichte diskutieren, die sie — mutatis mutandis selbstverständlich — mit der Historie überhaupt teilt.

Daß Kirchengeschichte eine legitimierende Funktion hat, auch dort, wo sie kritisch gegen etablierte Kirche eingesetzt wird, mag zugegeben werden. Aber diese Funktion darf nicht auf Kosten der wissenschaftlichen Zuverlässigkeit gehen. Die Vergangenheit soll nicht von bestimmten Gegenwartsinteressen her verfälscht werden. Das ist eine einsichtige Forderung, gegen die es kaum Einwendungen geben wird. Aber kann eine solche Forderung mehr leisten, als daß sie zu einer exakten Quelleninterpretation und Tatsachenfeststellung anleitet, wie sie für jeden Historiker selbstverständlich sein sollte? Es liegt ja auf der Hand, daß mit einer solchen handwerklichen Exaktheit noch nicht viel gewonnen ist, mindestens nicht für die Frage, mit der wir uns jetzt beschäftigen. Hier muß ja gefragt werden nach der Auswahl und Verknüpfung dessen, was historisch bearbeitet wird.

Gibt es *dafür* objektive Kriterien? Oder ist für solche Auswahl und Verknüpfung der im voraus gewählte Standort maßgebend — also jenes Interesse, auf das wir zunächst hingewiesen haben? Fragen wir hier nach objektiven Kriterien, dann fragen wir eben damit nach einer wirklich „unparteiischen" Kirchengeschichte, die sich allein von der Frage leiten läßt, wie es wirklich gewesen sei. Freilich, diese Frage läßt sich nicht zufriedenstellend beantworten. Der Grund liegt darin, daß Geschichte nicht einfach tot und vorbei ist, sondern bestimmend in unsere Gegenwart hineinwirkt. Kann es hier trotzdem so etwas wie eine wissenschaftliche Objektivität geben? Wir erörtern zwei Möglichkeiten, die sich hier anbieten.

3.2.2.1. Wirksamkeit als quantitatives Kriterium

Ohne jetzt in allzu grundsätzliche Erörterungen einzusteigen, nenne ich zunächst eine Banalität: Der Historiker muß auf jeden Fall auswählen, kann in dem Geschichtsbild, das er erstellt, nicht alles und jedes, was vielleicht in Erfahrung zu bringen wäre, berücksichtigen. Das gilt mindestens dort, wo die Quellen reichlich fließen — und sie fließen ja im großen und ganzen desto reichlicher, je näher wir an die unmittelbare Gegenwart kommen. Doch auch für die weitere Vergangenheit, wo wir für jede an sich noch so unbedeutende Nachricht dankbar sind, muß ja die Frage gestellt werden: „Wie wird aus den Geschäften Geschichte"[2] (G. Droysen)? Das heißt, was macht den geschichtlichen Rang von Ereignissen aus, die sich doch, in der Regel mindestens, aus den kleinen Unmittelbarkeiten menschlicher Geschäftigkeit zusammensetzen?
Eine banale Antwort ist auf diese Frage rasch gegeben: Der Historiker hat sich nicht mit allem und jedem zu beschäftigen, mit vergangener menschlicher Geschäftigkeit, sondern allein mit dem, was wichtig ist. Aber das ist ja zunächst einmal noch keine Antwort, sondern nur eine Paraphrase unserer Frage. Wir können hier dann freilich gleich weiter gehen, sagen dazu: „Historisch ist, was wirksam ist oder gewesen ist"[3] (E. Meyer). Es kommt darauf an, daß ein Geschehen erkennbare Wirkungen hatte. Daran läßt sich seine Bedeutsamkeit für die Historie ablesen — Entsprechendes gilt dann selbstverständlich bei der spezielleren Fragestellung der Kirchengeschichte, wo es eben auf die kirchliche Auswirkung und Bedeutsamkeit bestimmter Ereignisse ankäme.
Unbestreitbar geht die Reflexion auf unsere Frage weithin höchstens bis zu diesem Punkt. Vielleicht hält man sich auch ganz unreflektiert an einen zweifellos bestehenden Konsens über das, was in der Kirchengeschichte wichtig und weniger wichtig ist, was etwa allgemein bekannt sein müßte, und was höchstens den Spezialisten interessiert. Aber dieser Konsens ist eine recht fragwürdige Sache. Er ist nicht nur, was an sich ganz naheliegend ist, nun doch auch durch konfessio-

nelle wie lokale Bedingtheiten mit geprägt. Er ist auch von aktuellen Fragestellungen abhängig. Treten beispielsweise, wie das gegenwärtig der Fall ist, soziale Fragestellungen in den Vordergrund des theologischen Interesses, dann wird sich entsprechend auch das Gewicht geschichtlicher Ereignisse verschieben, je nachdem, ob sie für solche Fragen etwas austragen oder hier unergiebig sind.

Doch dieser Hinweis auf die Variabilität dessen, was als wichtig gilt — das Kriterium der Wirksamkeit einmal vorausgesetzt —, genügt noch nicht, um die Problematik des quantitativen Kriteriums zureichend zu verdeutlichen. Hier könnte man sich ja allenfalls mit dem Hinweis auf die Aspektgebundenheit jeder historischen Fragestellung helfen. Was in einer Hinsicht wirksam war, braucht es in anderer nicht zu sein. Doch erst recht wird unsere Auskunft dann schwierig, wenn wir bedenken, daß Geschichte, die so nach dem befragt wird, was in ihr wirksam war, ja noch nicht abgeschlossen ist. Fragen wir darum nach der Wirksamkeit geschichtlicher Ereignisse, dann müssen wir bedenken, daß auch diese Wirksamkeit noch nicht am Ende ist. Was hat Zukunft? Das ist dann die aktuelle Modifikation jener Frage nach der Wirksamkeit geschichtlicher Ereignisse, die den Maßstab abgeben soll für das, was wichtig ist und also das Interesse des Historikers verdient.

Hier kommen wir selbstverständlich mit quantitativen Kriterien allein nicht mehr durch. Was von dem Geschehenen, das uns geschichtlich begegnet, hat jene Zukunft für sich, die uns zwingt, auf es einzugehen? Gewiß, auch Ereignisse, denen wir Zukunft abzusprechen geneigt sind, können Gewicht haben. Aber hier ist das historische Interesse dann anders motiviert. Hier geht historisches Fragen auf das Geschehene nicht deshalb ein, weil es Zukunft hat, an der wir teilhaben wollen. Hier soll vielmehr das Gewicht der Vergangenheit abgestreift werden, um für eine neue Zukunft Freiheit zu gewinnen. Wie stellen wir uns etwa, um Beispiele zu nennen, zu der konstantinischen Verbindung von Staat und Kirche — zweifellos einem der folgenreichsten und wirksamsten Ereignisse der Kirchengeschichte? Geben wir dieser Verbindung in irgendeiner Form noch Zukunft, oder ist unser Interesse an diesem Ereignis nur kritisch-abstoßend, so daß dieses Geschehen desto mehr an Gewicht, an Wichtigkeit auch im historischen Sinn verlieren wird, je mehr wir seinen unmittelbaren Wirkungen entzogen sind? Oder, wie beurteilen wir die konfessionelle Trennung der Reformation in Lutheraner und Reformierte? Sind wir daran interessiert, weil wir hier ein bleibendes Recht der eigenen Konfession gewahrt wissen wollen — lieber papistisch als calvinistisch! —? Oder wollen wir dieser Trennung ihr Gewicht nehmen, das sie gegenwärtig in ihren Auswirkungen noch hat?

Solche Fragen zeigen sehr deutlich, daß Wirksamkeit als Kriterium der Wichtigkeit nicht eine objektiv feststellbare Größe ist. In unseren eigenen Entscheidungen, die die Geschichte in die Zukunft weitertragen müssen, verteilen wir ja selbst mit die Gewichte, suchen das, was wirksam bleiben soll oder erst recht wirksam werden muß, stoßen das zurück, was weiter wirken will, dem wir aber keine Zukunft mehr gönnen. Gewiß sind wir nicht die Herren der Geschichte, die mit der Vergangenheit souverän schalten und walten können, wie es ihnen beliebt. Aber wir sind auch nicht einfach ihre Gefangenen, die der Notwendigkeit geschichtlicher Entwicklungen verhaftet wären. Eben darum kann es bei dem quantitativen Kriterium nicht bleiben. Wenn wir nur nach dem feststellbaren Gewicht geschichtlicher Auswirkungen fragten, machten wir uns zu bloßen Antiquaren, während wir doch Akteure der Geschichte sind und sein müssen.

3.2.2.2. Zukunftsmächtigkeit als qualitatives Kriterium

Wir befragen Vergangenheit nach dem, was Zukunft hat. Aber woher wissen wir das? Mit einem Quantitieren, das nach dem feststellbaren Maß an Auswirkung die Wichtigkeit geschichtlicher Ereignisse bemißt, kommen wir nicht weiter. Aber können wir denn nun umgekehrt alles auf die subjektive Entscheidung stellen, die ihre Zukunft wählt und danach die Gewichte verteilt? Wir fragen doch gerade danach, ob es nicht objektive Maßstäbe für solche Gewichtsverteilung gibt, oder doch mindestens Maßstäbe, die eine möglichst weite Anerkennung finden können.

Kann Geschichte selbst den Maßstab abgeben für das, was Zukunft hat, was geschichtlich weiterwirken soll, was darum unsere Entscheidung, unseren Einsatz fordert? Oder gibt es da nun doch geschichtsüberlegene Wahrheit, die das Kriterium abgibt, nach dem sich unsere Entscheidung bestimmen kann? Zum Beispiel ein allgemeinmenschliches Wertgefühl, das anzeigt, was als das Gute, das Wahre, das Schöne verwirklicht werden soll, was darum auch die in der Geschichte unumgänglichen Wertungen bestimmen kann? Oder, um es etwas moderner, freilich auch ungenauer zu sagen: Ist die Menschlichkeit, die es zu verwirklichen gilt, innergeschichtlich wahrnehmbar, so, daß wir da an bestimmte Entwicklungslinien anknüpfen können, die es wert sind, weiter entwickelt zu werden? Oder ist diese Menschlichkeit ein transzendenter Anspruch, an dem wir uns orientieren — der zukünftige Mensch, erträumt, erhofft, in utopischer Phantasie vorweggenommen?

Nun, die Alternative ist sicher nicht zwingend. Das haben beispielsweise die bohrenden Überlegungen von E. Troeltsch zu dieser Frage ergeben [4]. Doch wir können uns als Theologen ja nicht dieser allgemeinen Fragestellung einfach überlassen. Wir haben die Besonderheit unseres theologischen Gegenstandes gerade auch hier mit in Rechnung zu stellen. Es legt sich dann nahe, die gesuchten objektiven Kriterien von vornherein eben als dogmatische Kriterien anzusetzen. Denn wenn es um das geht, was gelten soll, was die gegenwärtigen Entscheidungen in der Kirche bestimmen soll, weil es Zukunft hat, dann ist da nicht der Historiker gefragt, sondern in erster Linie der Dogmatiker. Das ist zweifellos richtig. Nur muß man dann zugleich mit bedenken, daß Kriterium dogmatischer Normfindung gerade nicht die allgemeine Wahrheit ist, Werte, die erfühlt und verwirklicht werden — oder wie immer man diesen Sachverhalt näher bestimmen mag. Kriterium dogmatischer Normfindung ist ja wieder letzten Endes jenes Historische, das wir nicht einfach begrifflich bestimmen können, sondern mit dem Namen Jesus Christus bezeichnen.

Dazu zunächst wieder eine Banalität, die aber doch bewußt gemacht werden sollte, um dann zu weiteren Überlegungen hinzuführen. Wir fragen nach einem möglichst objektiven Maßstab für das, was zukunftsmächtig ist, was also auch unsere geschichtliche Fragestellung bestimmen muß. Die Antwort, auf die wir uns mindestens als christliche Theologen hier einigen sollten, ist der Verweis auf Jesus Christus. Hier ist *das* zukunftsmächtige Ereignis der Geschichte, das schlechthin bestimmend ist — die Zeitwende, nach der bis heute unsere Welt die Jahre zählt. Das läßt sich nun freilich nicht historisch erweisen. Es ist ein Satz, der Grund-Satz unseres christlichen Bekenntnisses: Jesus ist der Herr.

Genau da wird nun freilich wieder unsere konfessionell bestimmte Eingrenzung zum Zuge kommen. Wie vermittelt sich diese Herrschaft Christi? Wie wird sie geschichtlich wirksam? Wir haben dabei die Möglichkeit schon abgewiesen, hier nun einfach alle faßbaren Auswirkungen Jesu Christi zu nennen, also eine Christentumsgeschichte im umfassenden Sinn zu erfragen. Das ist nichts für den Dogmatiker. Und hier stehen wir ja an dem Punkt unserer Reflexion, wo auch der Kirchengeschichtler zum Dogmatiker wird — nolens volens —, da er sich der dogmatisch-normativen Reflexion stellen muß, sobald er wissen will, was er tut.

Ich habe schon allerhand zu der Frage der geschichtlichen Vermittlung Jesu Christi gesagt (1.2.3.; 2.1.2.). Wie diese geschichtliche Vermittlung Jesu Christi gedacht wird, danach bestimmen sich ja die Kriterien zur dogmatischen Beurteilung des kirchlichen Lebens — selbstverständlich dann nicht nur seiner Gegenwart, sondern auch der Vergangenheit. Stellen wir uns auf den protestantischen Standpunkt, dann kann als solches Kriterium nur die Schrift gelten, denn durch die Schrift vermittelt sich gegenwärtig die Herrschaft Christi. Schriftgemäßheit ist darum der Maßstab für das, was als zukunftsträchtig und zukunftsmächtig gelten muß, wofür wir uns gegenwärtig entscheiden, was darum auch unsere Auffassung der Kirchengeschichte zu bestimmen hat. Diese ist dann, mit K. Barth und G. Ebeling, die Geschichte der Auslegung der Heiligen Schrift [5]. Denn in dieser Auslegung der Heiligen Schrift erweist sich Jesus als der gegenwärtig wirkende Herr.

Teilt ein Theologe die Voraussetzung dieses sola scriptura als Vergegenwärtigung des solus Christus, dann müßte sich von hier aus eigentlich Übereinstimmung im Bild der Kirchengeschichte wenigstens in groben Zügen gewinnen lassen. Übereinstimmende Beurteilung des Geschehenen nicht nur, je nachdem ob da nun die Schrift zum Zuge kam oder schriftfremde Einflüsse die Kirche von ihrer Wahrheit abdrängten, sondern erst recht übereinstimmende Beurteilung des Wichtigen und Zukunftsmächtigen und dessen, was kritisch abgestoßen werden muß. Ob das faktisch durchführbar ist, oder ob sich nicht gerade hier in der Richtungslosigkeit der Kirchengeschichte ein Mangel an dogmatischer Reflexion zeigt, darüber wollen wir jetzt nichts weiter sagen.

Uns interessiert hier ein ganz anderer Sachverhalt. Jenes sola scriptura, das die Auffassung der Kirchengeschichte als Geschichte der Auslegung der Heiligen Schrift bestimmt, ist doch selbst eine geschichtliche Entscheidung innerhalb des kirchengeschichtlichen Prozesses, Entscheidung der Reformation — verbunden selbstverständlich, wie schon angedeutet wurde, mit den anderen Wendungen dieser particula exclusiva, dem solus Christus, sola gratia und sola fide. Aber es handelt sich bei dieser Normsetzung auf jeden Fall um eine geschichtliche Entscheidung, eine geschichtliche Entscheidung freilich, die sich selbst so versteht, daß hier nicht menschlicher Wille entschieden hat, sondern daß in dieser Entscheidung der göttlichen Wahrheit Raum gegeben wurde. Doch das gilt in genau der gleichen Weise für andere Entscheidungen, die die Normgebung und damit auch die geschichtlichen Maßstäbe anderer Konfessionen prägten — bis hin zum ersten vatikanischen Konzil, das die Unfehlbarkeit des Papstes definierte.

Sind wir damit nun nicht doch wieder da angekommen, wo wir mit unserer Reflexion einsetzten: bei der legitimierenden Funktion der Kirchengeschichte? Es geht nicht ohne dogmatische Normen, die das Geschichtsbild bestimmen. Gerade weil Geschichte nicht abgeschlossen ist, sondern in die Zukunft weitergetragen wird, ist es nichts mit einer nur das Gewesene beschreibenden Objektivität der Betrachtung. Weil der Weg in die Zukunft strittig ist — in der Kirche, zwischen den Kirchen —, kann es anscheinend jene Objektivität geschichtlicher Kriterien nicht geben, die es erlaubte, zu einer Gemeinsamkeit in der Auffassung und Beurteilung der Kirchengeschichte zu kommen. Vielleicht ist das wieder unwissenschaftlich. Aber wir wollen in unserer Theologie auch nicht das Steckenpferd einer angeblich voraussetzungslosen Wissenschaft reiten. Es geht uns nicht darum, um jeden Preis einem allgemeinen Anspruch von Wissenschaftlichkeit gerecht zu werden. Es geht uns um die Zukunft der Kirche, geht uns darum, daß sie zu ihrer Wahrheit findet. Hier müssen wir noch einen Schritt weiter gehen.

3.2.3. Horizonterweiterung — hin auf die Einheit der Kirche

Halten wir die konfessionellen dogmatischen Kriterien fest, dann kann es sicher zu einer innerhalb der Konfessionen relativ geschlossenen Anschauung von der Kirchengeschichte kommen. Es kann auch zu einer Bewertung geschichtlicher Ereignisse kommen, die das auswählt, was Zukunft hat — wobei wir dann freilich die Strittigkeit der Zukunft mit in Rechnung stellen müssen.

Doch Geschichte nötigt uns ja dazu, hier nun gerade nicht in naiver Selbstverständlichkeit bei den eigenen normativen Setzungen zu bleiben. Sie zwingt zur Objektivierung dieser normativen Setzungen, sofern diese in der Auffassung und Beurteilung der Kirchengeschichte bestimmend wirksam sind. Sicher, was wir hier beschreiben, wird in dieser Weise kaum bewußt vollzogen. In der Regel begnügt man sich mit einem vagen konfessionellen Vorverständnis, dessen Wirksamkeit noch nicht einmal klar reflektiert wird. Da kann der Zwang zu methodologischer Besinnung schon etwas leisten. Denn gerade dann, wenn wir wissen, was wir tun, zeigt sich dieser Zwang zur Objektivierung der eigenen dogmatischen Setzungen in den Geschichtsverlauf hinein. Und wir werden dann diesen normativen Setzungen in dieser objektivierten Gestalt distanziert gegenübertreten können. Das heißt nicht, daß diese normativen Setzungen damit automatisch relativiert, daß ihre Geltung reduziert werden muß. Doch nötigt eine solche Objektivation zum Vergleich.

Sicher kann man sagen: Warum solch ein Umweg, der doch komplizierte Verstehensvorgänge voraussetzt, der fordert, daß wir unsere eigene, durch unsere konfessionellen Normen bestimmte Geschichtsauffassung noch einmal zum Gegenstand theologischen Nachdenkens machen, indem wir sie mit anderen, durch andere Normen bestimmten Geschichtsauffassungen vergleichen? Wäre es da nicht einfacher, gleich die Dogmatiken zu vergleichen — etwa im Sinne der alten Symbolik bzw. Konfessionskunde? Nun geschieht das ja auch, und an Kontroverstheologie besteht kein Mangel. Aber was wir hier im Auge haben, besitzt nun doch sein Spezifikum. Hier werden nicht einfach Normen gegeneinander gehalten. Vielmehr besteht die Gemeinsamkeit des faktischen Geschichtsverlaufs, an die sich jede Geschichtsauffassung zu halten hat.

Sicher, diese Einheit des faktischen Geschichtsverlaufs gibt noch lange nicht die einheitliche Geschichtsauffassung her. Sonst brauchten wir uns ja hier weiter keine Gedanken zu machen. Aber sie zeigt doch mindestens so viel, daß auch die Normen, nach denen wir diesen Geschichtsverlauf auffassen und beurteilen, ihren Ort in dieser Geschichte haben, und darum aufeinander bezogen sind — vielleicht polemisch, aber doch eben nicht ohne Verbindung. Vielleicht kann daraus dann ein besseres Verstehen der Kirchen resultieren — das konfessionelle Normen nicht nur faktisch aufeinander bezogen sieht, sondern vielleicht dazu anleitet, sie dann doch auch in der richtigen Weise zu relativieren. Das kann freilich nicht anders geschehen als so, daß ihre Beziehung auf Jesus Christus und sein gegenwärtiges Herrsein kenntlich wird. Gerade so wird die Kirchengeschichte dann aber nicht in antiquarischer Beschäftigung aufgehen, sondern in ihrer Frage nach dem, was gewesen ist, dem dienen, was kommen soll.

3.3. Systematische Theologie

Bibelwissenschaft wie Kirchengeschichte haben ihre Bezeichnung von dem Gegenstand, den sie bearbeiten. Hier weiß jeder so ungefähr, um was es geht. Das ist bei der Disziplin der systematischen Theologie anders. Die Bezeichnung erweckt den Anschein, als habe diese theologische Disziplin ihren Gegenstand nicht als vorgegebenes Arbeitsfeld, sondern müsse ihn als theologisches System erst erstellen, wobei man sich freilich wieder nicht recht denken kann, wie das geschehen soll. Diese Auffassung von der Aufgabe der systematischen Theologie ist möglich, freilich nur als Randerscheinung, wenn wir auf die breite Arbeit der systematischen Theologen in Vergangenheit und Gegenwart sehen.

Wir können zur Erklärung der systematischen Theologie nur so vorgehen, daß wir zunächst auf ihre Unterteilung in Dogmatik und Ethik verweisen, obwohl die selbst wieder nicht ohne Probleme ist. Dann ist jenes Mißverständnis nicht ganz so leicht möglich, daß es systematische Theologie immer und auf jeden Fall mit so etwas wie einem System zu tun habe. Doch auch hier sind die Fragen damit noch lange nicht erledigt, kommen vielmehr erst recht: was soll das nun sein, Dogmatik? Unter Ethik kann man sich eher noch etwas vorstellen. Aber Dogmatik ist, mindestens in der gegenwärtigen Situation, eine Art Fossil aus alten Zeiten, zwar noch da in Büchern, Lehrplänen, Prüfungsordnungen. Aber was das mit unserem Leben heute, auch mit unserem Leben als Christen, zu tun haben könnte, ist zunächst völlig unklar.

Gewiß haben wir uns schon über die dogmatisch-normative Reflexion Gedanken gemacht, die Bestandteil jedes theologischen Denkvollzugs sein sollte. Aber diese Reflexion ist ja weder mit der Methode noch erst recht natürlich mit dem Gegenstand der systematischen Theologie zu identifizieren. Wir werden zunächst diese beiden Fragenkomplexe, Methode und Gegenstand der systematischen Theologie, angehen, um dann in der Frage nach den Kriterien der systematischen Theologie auf die Aufgabe zu verweisen, vor der systematische Theologie heute steht.

3.3.1. Analytische oder synthetische Methode

Ist der Gegenstand der systematischen Theologie ein System, das sie zu erstellen hat? So haben wir eben schon gefragt. Um diese Frage dreht sich die traditionelle Methodendebatte der systematischen Theologie bzw. der Dogmatik, die durch die Stichworte einer „analytischen" oder „synthetischen" Methode bezeichnet wird. Auf die in diesem Begriff angedeutete Wissenschaftstheorie gehe ich nicht ein, denn diese Theorie ist lange vorbei[1]. Der Sachverhalt, der hier angezeigt ist, wirkt freilich noch weiter, gerade auch in Assoziationen zu der Bezeichnung „Systematik". Darum sind ein paar Überlegungen doch angebracht, die sich mit der althergebrachten methodischen Diskussion befassen.

Analytische Methode hat es mit Deduktion zu tun — soviel mag als allgemeiner Begriffsgehalt, abgesehen von den speziellen Bestimmungen scholastischer Wissenschaftstheorie, gelten. Hier geht es um ein Ganzes, das dann in seinen einzelnen Momenten systematisch entfaltet werden soll. Vollständigkeit und strenger Zusammenhang kennzeichnen solche Systematik, mindestens ihrem Anspruch nach.

Wir brauchen uns freilich mit dieser Möglichkeit nicht lange zu beschäftigen. Sobald erfaßt ist, daß der Gegenstand solcher Systematik jedenfalls von Geschichte nicht abgelöst werden kann, wird die Frage nach dem System zurücktreten, erst recht dann, wenn eine spekulative Entfaltung des Geschichtsprozesses nicht mehr als ein mögliches Ziel gelten kann. Dann wird vielmehr die sog. synthetische Methode ihr Recht bekommen, die theologisch relevante Sachverhalte nebeneinander stellt und durchreflektiert. Hier geht es nicht um ein System, das Vollständigkeit und Geschlossenheit dadurch erreichen will, daß das Ganze aus Prinzipien deduziert wird. Hier werden vielmehr die theologischen loci communes, „Gemeinplätze", aneinandergereiht. Gewiß ist auch hier das Ziel, möglichste Vollständigkeit und Geschlossenheit in der Beschreibung des theologischen Gegenstandes zu erreichen. Aber dabei geht es um ein Aufsammeln und Aneinanderreihen traditioneller, vielleicht dann auch neuer Fragestellungen und Antworten, das nie eine letzte Geschlossenheit und Vollständigkeit beanspruchen wird. Kriterium für das, was hier zur systematischen Theologie gehört, kann dann nur die theologische Tradition sein.

Gewiß ist mit diesen kurzen Andeutungen zu einer traditionellen Fragestellung noch nicht das Methodenproblem der systematischen Theologie gelöst oder auch nur erörtert. Doch mußte zunächst das Mißverständnis abgewiesen werden, als handle es sich immer und in jedem Fall um die Frage nach dem System, wo von Systematik die Rede ist.

3.3.2. Der Gegenstand der systematischen Theologie

Man kann zu dieser Frage nach dem Gegenstand der systematischen Theologie nun wieder all das anführen, was zum Gegenstand der Theologie überhaupt oder dann der dogmatisch-normativen Reflexion schon gesagt worden ist. Gewiß ist es richtig, daß die systematische Theologie eben diese Gegenstände hat, oder m. a. W., daß sie sich all das zu ihrem Gegenstand macht, womit sich Theologie überhaupt beschäftigt. Doch so prinzipiell wollen wir hier zunächst gar nicht fragen, nehmen vielmehr die schon erwähnte faktische Aufteilung der systematischen Theologie in Dogmatik und Ethik zum Ausgangspunkt weiterer Überlegungen.

Handelte es sich hier um eine rein pragmatische Arbeitsteilung, dann lohnte es sich nicht, darüber lange Überlegungen anzustellen. Doch mit solchen eingeführten Unterscheidungen geht es eigentümlich zu. Es kommt leicht zu einer Verselbständigung, gar zu einem gewissen Gegensatz dessen, was einmal ganz selbstverständlich zusammengehörte. Bei der für die Bibelwissenschaft kennzeichnenden Trennung in die Disziplinen des Alten und des Neuen Testamentes liegt das ja am Tage. Und wenn wir die Entwicklung in der systematischen Theologie ansehen, dann wird da die Verselbständigung mindestens der Sozialethik — aber gibt es denn daneben überhaupt so etwas wie Individualethik? — Tendenzen befördern, die in der Unterscheidung von Dogmatik und Ethik doch schon angelegt sind. Man will dann häufig der Ethik eine größere Allgemeinheit zuerkennen als der Dogmatik. Denn Handeln ist doch unmittelbarer Sache jedes Menschen als Glauben. Reflexion auf den Glauben — wie man Dogmatik vorläufig einmal bestimmen mag — geht nur den Christen an. Handeln aber müssen wir alle, ob Christ oder Nichtchrist, und sind darum auch alle, Christen wie Nichtchristen, in gleicher Weise von der Frage nach dem richtigen Handeln berührt — so mag man Ethik bestimmen.

Hier sind selbstverständlich Momente der Tradition mit im Spiel, die von Anfang an in der christlichen Theologie bedacht worden sind: Betroffenheit durch Gottes Willen — das ins Herz geschriebene Gesetz (Röm 2, 15) — gehört zur allgemeinen Verfaßtheit des Menschseins, zu dem, was die christliche Verkündigung immer schon voraussetzt. Ethik kann dann verstanden werden als eine Explikation dieser allgemein menschlichen Verfaßtheit.

Auf jeden Fall, so wird in dieser Sache dann argumentiert, geht es hier, wo auf das Handeln reflektiert wird, um die Frage, die der Christ mit jedem Menschen gemein hat. „Es ist eine allgemeine, alle Menschen angehende Frage, nämlich die Frage des Humanum, die wir in der christlichen Ethik jedenfalls als Christen angreifen und bewältigen wollen und sollen. Sehe ich das Problem so, dann ist die Fragestellung mit unserer Menschlichkeit vorweg gegeben. Das Christentum, das was wir als Christen wissen, haben und sind, kommt gleichsam erst hinzu" (W. Trillhaas, Ethik[3.] S. 16).

Das leuchtet nicht ein. Ist es nicht genauso eine allgemein menschliche Frage, die mit dem Sterben gegeben ist — damit, daß wir unseren Tod bewußt vor uns haben? Oder dies, daß wir fragen, woher denn die Welt und wir in dieser Welt kommen und wohin wir gehen? Auch diese Fragen sind doch mit dem Menschsein gegeben — und werden durch das Christentum in seiner Weise beantwortet. Das hieße dann, daß nicht nur Ethik sozusagen in den Bereich der praeambula fidei hineingehörte, mindestens was die Frage betrifft, die da beantwortet werden soll. Genau so könnte man dann auch in der Dogmatik argumentieren.

Mit solcher Argumentation sind wir schon mitten drin in den inhaltlichen Auseinandersetzungen, die heute die Theologie in Atem halten und gerade die umtreiben, die gar nicht recht begriffen haben, was gespielt wird. Diesen Eindruck hat man allerdings immer wieder, daß viel aufgeregtes Hin und Her nur darin seinen Grund hat, daß man da und dort gar nicht begreift, um was es geht, und dann bloß der Spur nach mitläuft, um dort dabei zu sein, wo gerade das Neueste und Allerneueste in der Theologie passiert. Wer Angst hat, er könne hier etwas versäumen, den kann ich freilich beruhigen. Da, wo immer nur das Allerneueste in der Theologie verhandelt wird, da passiert bestimmt nichts, was theologisch von Belang wäre.

Von Belang ist allerdings die Frage, die mit dieser Argumentation für eine inhaltliche und methodische Selbständigkeit der Ethik gegenüber der Dogmatik anklingt. Hier kommen wir nicht ohne normative Vorentscheidungen aus, die an dieser Stelle freilich nur aus ihrer Übereinstimmung mit dem Gesamtduktus unserer bisherigen Überlegungen begründet werden können. Fassen wir die Fragestellung in eine Alternative. Entweder hat es die Theologie mit dem Menschen zu tun, wie er sich selbst versteht, sittlich, religiös — vielleicht auch religionslos. Dann ist entscheidend die Frage nach menschlicher Verwirklichung, nach dem Humanum. Ein besonderes Christianum kann es dann nicht geben. Oder die Theologie hat es mit Gottes Handeln in Jesus Christus zu tun, wie es sich selbst in der Kirche vermittelt. Das haben wir bisher als Grundsatz unserer theologischen Reflexion vorausgesetzt, und sehen keinen Grund, davon nun plötzlich ganz oder wenigstens teilweise abzugehen. Dann wird die Frage nach dem Humanum, nach dem Menschen überhaupt, auf keinen Fall und in keinem Moment des Fragens absehen können von diesem Handeln Gottes. Die Frage nach dem Handeln des Menschen, der durch diesen handelnden Gott betroffen ist, wird keinen anderen Stellenwert haben können als die Frage nach seinem Glauben — Ethik hat grundsätzlich den gleichen theologischen Ort wie Dogmatik.

Man will nicht gerne wahrhaben, daß wir tatsächlich vor dieser Alternative stehen. Man möchte gerne bei der hergebrachten distinkten Denkweise bleiben, die ein Menschlich-Allgemeines, das sich durch Gottes Schöpferhandeln und durch seinen Willen als allgemeines Gesetz betroffen weiß, in Beziehung setzt zu Gottes Heilshandeln in Jesus Christus. Das ist vorbei. Zwei Gründe nenne ich hier einmal mehr[2]. Zunächst ist nicht mehr ungeschehen zu machen, daß sich in der Aufklärung die religiös-sittlich bestimmte allgemeine Menschlichkeit emanzipiert hat von der Hinordnung auf Gottes Heilshandeln in Jesus Christus. Dieses ist umfunktioniert zu einer Zubringerfunktion für solche Menschlichkeit, die aus ihrer vernünftigen Gottunmittelbarkeit lebt. Damit ist die alte Zuordnung von natürlicher und offenbarter Gotteserkennntnis erledigt. Soll Gottes Offenbarung in ihrer Besonderheit aussagbar bleiben, dann kann das nur so geschehen, daß der Rahmen einer allgemeinen Gottbezogenheit des Menschseins als Verstehensvorgabe bestritten wird. Sonst macht sich diese Vorgabe zum Herrn der besonderen Offenbarung Gottes. Darum hatte K. Barth mit seinen Angriffen gegen die natürliche Theologie recht, obwohl er sich hier zu der Denktradition christlicher Theologie in Widerspruch setzte. Aber da wurde die notwendige Anpassung vollzogen, die allein die Identität bewahren kann — gerade weil und indem sie sich zu traditionellen Formeln und Denkschemata in Widerspruch setzt. Weiter — das soll nur kurz erwähnt werden — ist das Allgemeine selbst in der Entwicklung der Moderne immer fragwürdiger geworden. Indem die Konvention abbröckelte, auch bewußt abgebaut wurde, die in der Tradition abendländischer Metaphysik als Vernunftallgemeines gegolten hatte, zeigte sich Menschsein gerade nicht nun in einer reinen Natürlichkeit und Allgemeinheit, sondern in der Differenz der geschichtlichen Herkunft. Gewiß kann man irgendwo dahinter eine Gemeinsamkeit der physischen Herkunft vermuten und erschließen, die sich als genetische Einheit der Menschheit zeigt. Aber mit dem Verweis auf eine solche Gemeinsamkeit ist das Problem des Menschlich-Allgemeinen gerade nicht gelöst, sondern allererst gestellt. Damit aber verschiebt sich die Frage nach dem Allgemeinen, das Menschsein verbindet, aus der Herkunft, die nicht mehr eine geistige, sondern nur noch eine physische Einheit bieten kann, in die Zukunft, in welcher diese Menschlichkeit verwirklicht wird. Das paßt aber nicht in das überlieferte Denkschema. Darum muß die traditionelle theologische Fragestellung m. E. auf jeden Fall zunächst einmal sich durch das Nadelöhr des Offenbarungspositivismus zwängen, ehe sie überhaupt wieder — nun unter den veränderten Vorzeichen der Moderne — kommunikationsfähig wird. (Vgl. dazu 3.3.3.3.).

Die Folgerung liegt auf der Hand. Wenn es darum geht, den Gegenstand der systematischen Theologie zu bestimmen, dann kann hier nicht von vornherein zwischen Dogmatik und Ethik unterschieden werden. Ethik wie Dogmatik stehen vor den gleichen Problemen, die freilich dann hier und dort unter verschiedenen Aspekten behandelt werden. Ob man dann Dogmatik und Ethik in einem Zuge abhandelt, wie das K. Barth in seiner kirchlichen Dogmatik tat, oder ob man doch aus praktischen Gründen bei einer getrennten Behandlung bleibt, das spielt keine entscheidende Rolle mehr, ist einmal in diesem Grundsätzlichen Übereinkunft gefunden.

Hier fehlt es allerdings. Man schwimmt in den verschiedensten Strömungen mit, ohne so recht zu wissen, warum gerade hier und nicht anderswo. Erst recht läßt man sich ein auf Spezialisierung, die einerseits sicher unumgänglich ist, die aber andererseits der systematischen Theologie am wenigsten bekommen kann. Wer soll denn noch — allenfalls dann eben hier und dort dilettierend — das Ganze der Theologie zusammenhalten, wenn nicht die Systematik (K. H. Miskotte)[3]? Wir können an dieser faktischen Lage nicht vorbei, auch wenn sie nicht gerade begrüßenswert ist. Darum muß auch hier nun doch von der faktischen Trennung der Disziplinen Dogmatik und Ethik ausgegangen werden. Daß sie zusammengehören, haben wir vorlaufend begründet, werden darauf zurückkkommen. Zunächst aber lassen wir die Ethik beiseite, fragen nach dem besonderen Gegenstandsbereich der Dogmatik.

3.3.2.1. Dogmatik als Frage nach dem Glauben

Dogmatik hat es mit dem Glauben zu tun. Das setzen wir als erste, freilich äußerst vage Formulierung eines Konsens an den Anfang. Man kann dagegen sicher auch gleich Sturm laufen. Entweder, indem man grundsätzlich bestreitet, daß Christsein etwas mit Dogmatik zu tun habe — was unsere Zeit braucht, ist ein auch in dieser Beziehung total emanzipiertes, dogmenfreies Christentum. Oder indem man hier Subjektivismus wittert, darum von vornherein die objektive Größe des Wortes Gottes als Gegenstandsbereich der Dogmatik ansetzt. Auf den ersten Einwand werde ich gleich zu sprechen kommen. Der zweite scheint mir nicht allzu gravierend. Man kann hier ja nicht einfach Objektivität des Wortes Gottes gegen Subjektivität des Glaubens ausspielen. Beides steht in unlöslicher Korrelation — der Glaube kommt aus der Predigt, das Predigen aber durch das Wort Christi (Röm 10, 17). Wird diese Korrelation beachtet, dann brauchen wir nicht darum besorgt zu sein, daß der Verweis auf den Glauben Verlust der Objektivität bedeuten könnte.

3.3.2.1.1. Glaubensakt — Glaubensgegenstand

Kann darüber noch ein vager Konsens vorausgesetzt werden, daß es Dogmatik mit dem Glauben zu tun habe, so zerfällt dieser Konsens sofort, wenn wir genauer nachfragen, wie dieser Glaube verstanden werden soll. Wir nehmen, um dieser Frage näher zu kommen, die Unterscheidung zwischen Glaubensakt und Glaubensgegenstand auf, zwischen der fides qua creditur und der fides quae creditur. Hängen Glaubensakt und Glaubensgegenstand so zusammen, daß sich am Glaubensgegenstand ausweist, ob der Glaube wahrer Glaube ist? Oder muß von der Reflexion auf den Glaubensakt her die Frage nach dem Glaubensgegenstand relativiert werden?

Gewiß sind hier endlose Debatten möglich. Man sagt: Der Glaube hat keinen Gegenstand, sondern ein persönliches Gegenüber, das gerade nicht in gegenständlichen Sätzen aussagbar ist. Oder: Der Glaube hat seinen geschichtlichen Grund, darum steht er nicht auf sich selbst. Aber dieser geschichtliche Grund, Jesus Christus, kann nicht eigentlich vergegenständlicht werden. Er wird überliefert, indem wir in das Wort des Glaubens einstimmen, das uns von Jesus Christus her zukommt. Mit solchen Einwänden soll die Frage nach dem Glaubensgegenstand abgewiesen werden. Denn wäre der Glaube ein Führwahrhalten seines Gegenstandes, so wäre er zum bloßen Lehrglauben verfälscht. Er wäre nicht jenes völlige Vertrauen, das Glauben kennzeichnet. Er wäre zugleich Autoritätsglaube, damit Vergewaltigung des modernen Menschen, der zu seiner Autonomie gefunden hat. Das sind gängige Argumente, die begründen sollen, warum es einen Glaubensgegenstand im strengen Sinn nicht geben kann, sondern nur „Glaubensgedanken" (W. Herrmann), die als Ausdruck der glaubenden Subjektivität nicht allgemeine Verbindlichkeit beanspruchen können. Allgemeine Verbindlichkeit kommt nur der Tatsächlichkeit zu, auf die sich der Glaube gründet — sei das nun Jesu „inneres Leben" wie bei W. Herrmann, sei es, um das andere Extrem zu nennen, der universalgeschichtliche Zusammenhang, der als solcher Gott offenbart und damit den Glauben als Vertrauenshaltung ermöglicht (W. Pannenberg) [4].

Bleiben wir noch etwas bei diesen Einwänden, die sich abgrenzen gegen die Behauptung eines Glaubensgegenstandes, der als solcher die Wahrheit des Glaubens entscheidend mit bestimmt. Solche Orthodoxie, solches Insistieren auf der richtigen Meinung, erscheint für die Moderne unzumutbar. Damit wird es aber auch fast unmöglich, zwischen wahrem und falschem Glauben zu unterscheiden. An die Stelle dieser Unterscheidung tritt einmal die Frage nach der Tiefe der Überzeugtheit, Gewißheit, in der einer glaubt. Und zum anderen die Antithese gegen den, der die Frage nach dem Glaubensgegenstand noch nicht ad acta gelegt hat, der sich darum noch in jenem längst prinzipiell überwundenen Stadium des Geschichts- und Dogmenglaubens befindet und nicht nur sich selbst und seinen Glauben mißversteht und verfehlt, sondern womöglich etwas der Art auch anderen zumuten will. Dagegen muß dann im Namen der „intellektuellen Redlichkeit", die anscheinend das Werk ist, das man als Vorleistung für solche moderne Gläubigkeit zu erbringen hat, strengstens protestiert werden. Intransigenz und Selbstherrlichkeit sind nicht mit der Orthodoxie ausgestorben!

Uns interessiert hier freilich nicht so sehr diese betrübliche Feststellung, daß sich der Gegensatz von wahrem und falschem Glauben doch nicht so leicht ausrotten läßt — samt seinen unguten Folgeerscheinungen, auch wenn man meint, man sei davon abgekommen, indem man die Festlegung eines verbindlichen Glaubensgegenstandes oder Inhaltes nicht nur unterläßt, sondern als illegitim bestreitet. Wichtiger ist, daß hier Dogmatik als Entfaltung des Glaubensgegenstandes im Grunde ausfallen muß. An ihre Stelle tritt die Reflexion auf den Glaubensakt. Damit ist man allerdings nicht heraus aus den Schwierigkeiten, die Dogmatik heute hat. Man gerät da rasch ins Handgemenge mit der Religionskritik, die nicht dabei stehen bleiben kann, mythologische Vorstellungen als unwahr abzuweisen oder auf ihre psychischen Voraussetzungen zurückzuführen. Der Glaubensakt selbst kann ja genauso kritisch erklärt werden, als Projektion, als Illusion, ein Wunschdenken, das auf die Realität zurückgewendet werden muß. Dagegen hat sich dann eine Glaubenslehre zu wehren, die im Glauben einen wahren Transzendenzbezug gegeben sieht, mag auch diese Transzendenz als nicht näher bestimmbar, weil nicht gegenständlich, gedacht werden. Hier muß dann der Glaube als allgemeine Bestimmung des Menschseins erwiesen werden — als Möglichkeit, auf die hin der Mensch angelegt ist. Ist man einmal in diese Arena gestiegen, die den Kampf um den Glauben nicht in der Frage nach seinem Gegenstand — seinem geschichtlichen Gegenstand NB! — austrägt, sondern sich auf die subjektive Erfahrung des Glaubens beruft, wird es kaum anders gehen. Denn über Erfahrungen und Erlebnisse läßt sich nicht streiten. Die hat man, oder man hat sie nicht. Streiten läßt sich nur darüber, ob solche Erfahrungen und Erlebnisse etwas Menschenmögliches sind oder nicht. Da ist man im Allgemeinen drin, ob man will oder nicht. Religion oder Religionskritik — wer hat recht? Das ist dann die entscheidende Frage. Christlicher Glaube ist zwar nicht Nebensache — so vergeßlich ist auch eine subjektivistische Dogmatik oder Glaubenslehre gewiß nicht. Aber seine Wirklichkeit hängt daran, daß es gelingt, die allgemeine Wahrheit von Religion als menschlicher Grunderfahrung zu erweisen. — Da beispielsweise zeigt sich, daß das Allgemeine in unserer geistigen Situation nicht auf das Besondere der Gottesoffenbarung in Jesus Christus hinführt, sondern diese umklammert, bei sich festhält oder auch in den eigenen Sturz mit hineinreißt. Das soll man wissen, wenn man sich auf solche Allgemeinheit einläßt!

Wo man sich also auf die Frage nach dem Glaubensakt abgelöst von der Frage nach dem Glaubensgegenstand konzentriert, da wird Systematische Theologie nicht mehr als Dogmatik getrieben werden können — auch darin hat Schleiermacher völlig klar den Weg gewiesen. Systematische Theologie wird dann zur „philosophischen Theologie", die bei dem Allgemeinen einsetzt, dem Begriff der Religion, der Glaubensgemeinschaft etc., und diesen Begriff in Richtung auf das Christliche hin spezifiziert. Dem kann man nicht entgehen, mindestens dort nicht, wo die innere Konsistenz der Gedanken gesucht wird. Wir können nun einmal nicht diese und jene Momente der alten oder auch der modernen, durch die Aufklärung bestimmten theologischen Tradition nach Belieben kombinieren. Das hält nicht, gibt bloß Verwirrung, Nebel. Wir wollen aber Klarheit.

3.3.2.1.2. Die Wahrheit des Glaubens

Kommen wir zurück hinter das fatale Auseinanderfallen von Glaubensakt und Glaubensgegenstand? Wir ahnen, daß sie einmal beieinander waren, wenn einer glaubte, „daß Christus für uns gelitten habe und daß uns um seinen willen die Sünde vergeben, Gerechtigkeit und ewiges Leben geschenkt wird" (CA IV). Vielleicht gibt es dieses Beieinander auch in der Unmittelbarkeit des gelebten Glaubens — das hoffen wir. Doch mit solchem Hoffen und Ahnen ist uns nicht aus der Verlegenheit geholfen, in die unsere Reflexion auf den Glauben unweigerlich hineingerät. Die muß ja unterscheiden, da sie nun einmal jene Trennung in Glaubensakt und Glaubensgegenstand nicht vergessen und also auch nicht außer acht lassen kann. Und gerät darum gerade dort in fast unlösbare Schwierigkeiten, wo sie das tut, was das vornehmste Geschäft des systematischen Theologen sein sollte — wo sie versucht, über die Wahrheit des Glaubens Rechenschaft zu geben.

Wir wollen uns freilich nicht bei einer solchen Lamentation beruhigen, fragen nach Möglichkeiten, diese fundamentale Schwierigkeit zu überwinden. Dabei muß klar sein, daß ein Ausweichen in die Naivität, in die Unmittelbarkeit des Glaubens nicht möglich ist. Wo wir einmal so weit sind, daß wir Theologie treiben, da können wir das dann nicht mehr willkürlich bleiben lassen. Wir können aber auch nicht so tun, als gebe es bei diesem Geschäft der Theologie einen Weg zurück hinter das Problembewußtsein, das uns durch unseren geistigen Standort auferlegt ist.

Solche Abgrenzungen helfen nicht weiter. Aber sie können dazu nötigen, daß wir uns den Problemen möglichst klar stellen. Weiter hilft vielleicht die Überlegung, daß diese Trennung des Glaubensaktes vom Glaubensgegenstand — nicht die Unterscheidung; die ist älter — etwas mit der anderen Trennung zu tun hat, die das Geschichtliche und das Metaphysische auseinanderlegt, die zufälligen Geschichtswahrheiten und die notwendigen Vernunftwahrheiten. Das Geschichtliche wird dann zum Gegenstand, mit dem es der Historiker zu tun hat. Wenn der freilich über das Geschichtliche in die Metaphysik will, dann gerät sein Denken in die Gefahr, die Objektivität, Allgemeinheit des Gegenständlichen zu verlieren, und in die Beliebigkeit subjektiver Ansichten zu geraten, der Deutungen des geschichtlichen Geschehens, die man sich gegenseitig konzediert, die aber kaum mehr diskutabel sind. Das Metaphysische andererseits muß in die Ungegenständlichkeit entschwinden, sobald der neuzeitliche Begriff von Gegenständlichkeit klar bewußt wird — Gegenstand, konstituiert durch das Subjekt, für das dieser Gegenstand ist. Da kann es dann metaphysische Gegenstände nicht geben, sondern allenfalls — die verschiedenen Fragestellungen können hier natürlich nicht aufgezählt werden — Versuche, Metaphysik in neuem Sinn zu treiben, in der Überwindung der Subjekt-Objekt-Gegenstellung.

Das Geschichtliche Objekt, objektivierbar — gerade darum aber machtlos. Das Metaphysische vielleicht mächtig, aber nicht gegenständlich faßbar — so muß das dann aussehen. „Nur das Metaphysische, keineswegs aber das Historische, macht selig; das letztere macht nur verständig" (J. G. Fichte, Anweisung zum seligen Leben, sechste Vorlesung. WW Hg. F. Medicus III, 197). Das ist die klare Folgerung. Doch was dann, wenn wir diese Folgerung nicht mitmachen wollen? Wie gewinnen wir die Einheit des Geschichtlichen und des Metaphysischen wieder, die dem Glauben läßt, was er glaubt?

Hier ist der Dogmatiker mit seinem Fragen bei dem Bibelwissenschaftler, der sich mit der Frage nach historischer Methode und der Anwendung der Bibel herumschlägt. Was dort die Gegenläufigkeit von Intention und Methode der Schriftauslegung ist, das ist hier das Auseinanderfallen eines objektivierbaren, aber eben damit belanglosen Historischen und eines ungegenständlichen Metaphysischen, das

dazu treiben will, die Wahrheit des Glaubens in der Subjektivität —
und das heißt in den allgemeinen Möglichkeiten des Menschseins —
zu suchen. Sicher kann man da nun postulieren, beides müsse eben
wieder zusammenfinden, beim Exegeten wie beim Systematiker. Man
müsse zu einem Geschichtsbegriff kommen, der das Metaphysische
wieder enthalte, oder zu einer Methode der Auslegung, die die
Betroffenheit durch die Sache mit einschließe. Das leuchtet ein. Aber
wir können solche Einheit nicht versprechen, solange wir den Gegensatz nur im Kompromiß überbrücken können.

Überall dort, wo Jesus als die conditio sine qua non christlichen Glaubens
behauptet wird, lebt man in diesem Kompromiß; denn das Historische
macht ja nicht selig — kann das gar nicht, da es nur wahrscheinlich in
größerem oder geringerem Maße sein kann, aber nicht so gewiß, daß man
darauf sein Heil bauen könnte. Oder, was im Grunde dasselbe bedeutet:
Glaube, der sich in irgendeiner Weise auf Jesus bezieht, hat immer ein
Moment der fides historica, des Faktenglaubens, in sich. Der Glaube steht
da ein für die Tatsächlichkeit Jesu, weil er mit dieser steht und fällt. Ich
bin der letzte, der das in irgendeiner Weise disqualifizieren wollte. Aber
man muß, mindestens als Theologe, wissen, was man tut, wenn man Jesus
und den Glauben unlösbar zusammenbindet.

Dann wäre also das die Wahrheit des Glaubens, daß das Historische
und das Metaphysische im Gegenstand dieses Glaubens zusammen
sind? So kann man in der Tat sagen, wenn man Kriterien der Tradition gelten läßt — Wahrheit in dem Wort finden will, das Fleisch
geworden ist. Doch das ist noch nicht ein eindeutiges Kriterium, das
die Wahrheit des Glaubens, und sei es dann im schroffsten Gegensatz
zu der modernen Ablösung des Glaubens von aller Gegenständlichkeit,
behaupten könnte. Was wir hier sagen können, ist bestenfalls Hinweis, Richtungsangabe, wo diese Wahrheit zu finden sein könnte. Es
ist aber vor allem Aufforderung, das systematische Problem zu sehen,
mit dem sich Theologie herumschlägt, und vorgeschlagene Lösungen in
diesem Problemfeld zu orten. Vielleicht merken dann auch Exegeten
und Systematiker, wie sie hier in einem Boot sitzen, das vielleicht nur
deshalb so richtungslos dahintreibt, weil die Mannschaft in zwei verschiedene Richtungen rudert, und deshalb keine Bewegung zustande
bringt, die ein Steuern zuließe.

Doch wir müssen versuchen, uns der Wahrheit des Glaubens, wie sie
von der Dogmatik erfragt wird, noch von einem anderen Aspekt her
zu nähern. Es geht da um dieselbe Wahrheit — das sei gleich vorlaufend bemerkt —, wie sie in der Einheit des Historischen und Metaphysischen erfragt wird. Diese Wahrheit ist geschichtliche Wahrheit
— freilich als solche nun nicht verobjektivierbar und damit dann mit-

tels der historischen Kritik dingfest zu machen. Bei einem solchen Versuch fällt diese Wahrheit vielmehr auseinander in das machtlose Historische und das unfaßbare Metaphysische.

Wir haben schon in den Überlegungen zu einem geistlichen Verstehen der Schrift davon geredet, daß sich diese Wahrheit selbst verständlich macht. Gottes Geist wirkt den Glauben, wo und wann es Gott selbst für gut befindet — nicht an der äußeren Vermittlung vorbei, aber nun doch Gott selbst durch diese Vermittlung.

Solcher Glaube läßt sich nicht vorführen. Er läßt sich nicht einmal für sich selbst in der Reflexion vergegenständlichen. Daß sie das annahm, das ist die Schranke etwa der Erlanger Erfahrungstheologie des neunzehnten Jahrhunderts. Aber es gehört zu diesem Glauben, daß er nicht bei sich bleibt, sondern sich ausspricht. Will ich mir selber über meinen Glauben klar werden, dann habe ich nicht danach zu fragen, *ob* ich glaube, sondern *was* ich glaube. Noch einmal Luther: „Ich glaube, daß ich nicht aus eigener Vernunft noch Kraft an Jesus Christus, meinen Herrn, glauben oder zu ihm kommen kann, sondern der Heilige Geist hat mich durchs Evangelium berufen, mit seinen Gaben erleuchtet, im rechten Glauben geheiligt und erhalten..." Daß ich glaube, das ist mindestens in dieser Formulierung meiner Selbsterfahrung entnommen und in die Beschreibung dessen hinein aufgehoben, was ich glaube. Nur so kann es anscheinend dabei bleiben, daß der Glaube nicht zu dem Werk gemacht wird, das ich aufbringen kann und um meiner Seligkeit willen aufbringen muß. Daß ich glaube, das ist Gottes Werk — und ich kann es darum getrost Gottes Sorge sein lassen, ob ich glaube. Das ist nicht Faulheit oder Bequemlichkeit! Mit dieser Abgrenzung lassen wir dieses Thema.

Wir werden ja hier nun gerade auf das verwiesen, *was* der Glaube glaubt. Das muß gesagt werden. Hier sind wir nun gefordert. Denn was der Glaube glaubt, das ist gewiß nicht ein Beliebiges. Nur im richtigen „Was" ist das „Daß" des Glaubens wohl aufgehoben. Hier stellt sich also die Frage nach der Wahrheit des Glaubens noch einmal, und zwar nicht nur als Frage nach einer guten oder weniger guten Formulierung dessen, was geglaubt wird. Vielmehr muß da zwischen Glauben und Irrglauben unterschieden werden. Das ist nicht ein für allemal getan, so, daß wir uns mit dem, was wir als unseren Glauben aussprechen, in Formulierungen der Tradition bergen könnten.

Gewiß tun wir das auch. Ich habe ja eben mit Bedacht eine Katechismusformulierung zitiert. Aber eine solche Formulierung ist nicht einfach richtig. Sie hat ihre Zeit — weil Gottes Wirken in die Zeit eingegangen ist, kann die Antwort auf dieses Wirken nicht zeitlos sein. Sie hat ihren geschichtlichen Kontext. Und wenn der sich wandelt, dann wird sich auch das Verständnis einer solchen Formulierung wandeln. Zu dieser Selbstverständlichkeit soll freilich auch bemerkt werden, daß eine solche Formulierung selbst bestimmende Wirkungen gewinnen kann, Tradition bildet. Sie geht wirksam mit der Zeit — braucht nicht immer und völlig hinter der Zeit zurückzubleiben. Das muß auch bedacht werden — wie man zugleich sehen sollte, daß sich solche Formulierung in einem innerkirchlichen Verstehen vermutlich sehr viel dauerhafter wirksam erweisen kann, als das ein Vergleich mit dem säkularen Sprachgebrauch vermuten ließe. „Sprache Kanaans" verhindert nicht grundsätzlich Verständigung, ermöglicht vielmehr auch Verstehen, mindestens innerhalb der Gruppe, die eine solche Sprache gebraucht. Das ist notwendig. Kirche muß sich nicht nur der Welt verständlich machen, sondern hat sich als Kirche gegenüber der Welt darzustellen. Dazu gehört auch eine eigentümliche Sprachprägung.

Wir haben also auf die Objektivationen des Glaubens zu achten — sprachliche Objektivationen in aller Regel. Dabei geht es nun, wie schon angeklungen ist, um Gemeinschaft in solcher Objektivation — Homologie, in der wir in den gemeinsamen Glauben einstimmen. Wir setzen voraus, daß dieser Glaube einer ist, wie der Gott, der diesen Glauben wirkt, einer ist — „ein Herr, ein Glaube, eine Taufe" (Eph 4, 5). Darum muß Objektivation des Glaubens die Intention auf Allgemeinheit haben. Ein Bekenntnis, das sich selbst in seiner Geltung auf einen partikulären Bereich begrenzen wollte, wäre ein Unding. Zugleich aber steht nicht nur die alte Formulierung des Glaubens in einer Zeit, die sie kaum mehr verstehen kann — vielleicht auch nicht mehr verstehen will —, die mindestens nicht mehr solche Formel als den sachgemäßen Ausdruck ihres Glaubens anerkennen kann. Das ist ein Problem, wichtig, aber hier nicht entscheidend. Es steht vielmehr Formulierung gegen Formulierung, Glaube gegen Glauben — und wir haben zu unterscheiden, wo Wahrheit ist, und wo Irrglaube.

Da zeigt sich die normative Aufgabe, die der Dogmatik aufgetragen ist. Sie fällt nicht den Richterspruch. Aber sie begründet, was richtig ist und was nicht richtig sein kann. Sie hat mit zu verantworten, was wahrer Glaube ist. Weil Glaube nur an seinen Objektivationen kenntlich wird, und weil nur an diesen Objektivationen, jetzt und hier, zwischen Glauben und Irrglauben unterschieden werden kann, ist darum gerade auch hier die Problematik von Identität und Anpassung auszutragen. Dabei begegnet nun systematische Theologie der praktischen Theologie, steht mit ihr vor der gleichen Frage, auch wenn die Wege, auf denen diese Frage angegangen wird, verschieden sein mögen.

Ich vermute, daß gerade hier für das, was wir als empirisch-kritische Reflexion bezeichnet haben, ein weites Arbeitsfeld liegt. Denn was hier zunächst als Objektivation des Glaubens bezeichnet worden ist, müßte ja nach den verschiedensten Seiten hin näher bestimmt werden. Wir haben keine theologisch reflektierte Theorie solcher Objektivationen, ihrer sozialen Funktion etc. Das sollte aber bedacht werden, damit Dogmatik hier nicht in allgemeine Richtigkeiten sich verliert, sondern weiß, warum und wozu hier Formeln notwendig sind, welchen Stellenwert sie haben. Daß dabei dann nicht der Glaube in eine empirische Theorie hinein aufgelöst wird, steht zu erwarten — dafür können wir zunächst einmal auf die Erfahrungen verweisen, die Kirche und Theologie mit der historischen Kritik gemacht haben.

Man mag darum als die Leitfrage der Dogmatik formulieren: Wie läßt sich der durch die Zeiten hindurch identisch bleibende Glaube in gemeinsamen Objektivationen so fassen, daß er die jeweilige Zeit nicht verfehlt, sondern vor ihr verantwortet und bezeugt werden kann?

3.3.2.1.3. Zur dogmatischen Methode

Von dieser Frage aus müßte eine dogmatische Methodenlehre entwickelt werden. Das hat zweifellos seine Schwierigkeiten. Wir werden freilich von einer solchen Methode auch nicht zu viel erwarten können. Auf keinen Fall kann sie die Intuition ersetzen, die gerade hier zum Geschäft doch mit dazugehört. Etwas von Gedankendichtung wird Dogmatik immer an sich haben — wen das stört, der muß sich eben ganz in der Empirie vergraben, und kann sich dann ja freuen über die paar Regenwürmer, die er dabei finden mag. Wir wollten gern etwas mehr, wenn wir über den Gegenstand unseres Glaubens nachdenken.

Methode wird also nicht garantieren können, daß da nun der Gegenstand sicher in den Griff kommt, womöglich gar konstruiert werden kann. Dogmatische Methodenlehre wird vielmehr auf das Koordinatensystem verweisen, in welchem ihre Denkvollzüge ablaufen. Das braucht hier nicht ausführlich zu geschehen. Wir haben über theologische Methode insgesamt schon ausführlich gehandelt. Was für theologische Methode allgemein gilt, das gilt nun speziell für die Dogmatik. Ihre Überlegungen bewegen sich zwischen gegenwärtigem Glauben, der zu Wort kommen will, Dogma und Bekenntnis, in denen dieser Glaube zu Wort gekommen ist, und der Schrift, die als Zeugnis von Gottes Handeln in Jesus Christus diesen Glauben zu Wort kommen läßt.

Mehr ist zu dieser Frage hier nicht zu sagen. Nur eines soll noch vermerkt werden. Unter den Bedingungen der Neuzeit wird sich solche dogmatische Reflexion selbstverständlich — wie jeder theologische Denkvollzug — zweistufig zu vollziehen haben. Man wirft den Dogmatikern ja gerne von seiten kritischer Exegeten Naivität vor — ich habe mir erlaubt, diesen Vorwurf zurückzugeben. Wir sind hier alle in der gleichen Situation. Sollte das nicht auch zu etwas mehr Verständigung führen können?

3.3.2.2. Ethik als die Frage nach dem Handeln

Wir haben uns schon gegen den Versuch abgegrenzt, der Ethik einen anderen Stellenwert zuzuweisen als der Dogmatik — indem man etwa behauptet, die Frage nach dem richtigen Handeln sei dem Menschen als Menschen eigen, während Glaube, Christsein zu diesem Menschsein erst dazukomme. Von daher sollen dann ethische Überlegungen auch in einer ganz anderen Weise kommunikabel sein als dogmatische. Auf diese Frage der Kommunikabilität kommen wir noch. Hier nur noch einmal die Erinnerung daran, daß wir in unseren ganzen Überlegungen Menschsein nicht abstrakt im Blick haben, sondern so, wie es durch Gottes geschichtliches Handeln betroffen ist. Darum können wir nicht prinzipiell zwischen Dogmatik und Ethik, zwischen Glauben und Handeln unterscheiden. Wir können das höchstens so tun, daß wir behaupten: Der Glaube des Christen ist seinem Handeln vorgeordnet. Freilich, was vom Handeln gilt, das gilt genauso von den Objektivationen des Glaubens, die Gegenstand der Dogmatik sind, so daß hier das Gleichgewicht wieder hergestellt wäre.
Doch diese Erinnerung muß noch einen Schritt weiter geführt werden. Wir haben es in der systematischen Theologie — nehmen wir die unter 3.3.2. gegebene Abgrenzung ernst — immer mit dem Menschen zu tun, der durch Gottes Handeln in Jesus Christus betroffen ist. Davon kann jetzt in der Frage nach dem richtigen Handeln genauso wenig abstrahiert werden, wie dort, wo wir nach dem Glauben fragten. Gewiß hat das seine Schwierigkeiten, auf die wir gleich zu sprechen kommen. Aber hier gilt es eine Entscheidung durchzuhalten, die sich in unseren bisherigen Überlegungen bestimmend erwies, und die wir hier nun nicht um gewisser sicher sehr beachtenswerter und gewichtiger Traditionen christlicher Ethik, die mit dem Stichwort einer „natürlichen", allgemein-menschlichen Sittlichkeit angedeutet werden können, verlassen wollen.

121

3.3.2.2.1. Der Ort des christlichen Handelns als Frage nach der Kommunikabilität christlicher Ethik

Man kann mit einigem Recht sagen — auch ohne daraus jetzt eine prinzipielle Unterscheidung zu machen — daß Dogmatik in erster Linie traditionsbestimmt sei, weil sie nach der Identität des Glaubens fragt, die auch bei der notwendigen Anpassung festgehalten werden muß, während Ethik zuerst der Gegenwart zugewandt ist, die Frage nach der Anpassung vor die Frage nach der Identität stellt. Noch einmal: Beides gehört zusammen. Wenn wir hier unterscheiden, dann nur deshalb, weil die Akzente in der Praxis hier verschieden gesetzt werden können. Immerhin liegt diese Akzentsetzung nahe — traditionsbestimmte Dogmatik, anpassungswillige Ethik — was nicht heißt, daß es nicht auch traditionsbestimmte Ethik und anpassungswillige Dogmatik geben könnte. Das zumal heute, wo ja in der Theologie so ziemlich alles möglich ist.

Ein Grund kann immerhin genannt werden, der es verständlich macht, daß Ethik mit der Frage nach der Anpassung, der Zeitgemäßheit deutlicher konfrontiert ist als Dogmatik. Diese kann sich immer noch auf eine konservative Kirchlichkeit beziehen — Ethik dagegen kann nicht absehen von dem Ort, wo sich das Handeln des Christen zu vollziehen hat. Man mag das so oder so bezeichnen, als Welt, als das „Leben", als die Zeit — auf jeden Fall ist dieser Ort des christlichen Handelns von vornherein ein Feld der Interaktion. Da geht es nicht ohne Verständigung, Gemeinsamkeit. Sicher kann es auch eine christliche Ethik geben, die nicht auf Gemeinschaft im Handeln aus ist, sondern auf Abgrenzung. Das ist nicht nur jüdisches Erbe. Es liegt in der Sache begründet. Ein Erwählungsbewußtsein, wie es auch mit der christlichen Tradition verbunden ist, betont den Gegensatz zur Welt, auch im Handeln. Doch einmal ist immer nur eine partielle Abgrenzung möglich — selbst der Säulenheilige ist auf Interaktion angewiesen, will er seinen Protest gegen die Welt durchhalten. Zum anderen ist auch in solcher Abgrenzung doch die Forderung mit gegeben, daß, da das christliche Handeln besser ist als das der Nichtchristen, dieses „Besser" auch irgendwie verständlich gemacht werden muß.

Man kann darum die Frage nach der Kommunikabilität ethischer Normen als die Grundfrage christlicher Ethik bezeichnen. Ethische Theoriebildung beschäftigt sich damit, diese Kommunikabilität zu erweisen. Es kann ja nicht zweierlei Gutes geben, in dessen Verwirklichung sich Menschsein bewährt. Darum ist das, was dem Christen als dieses Gute zu gelten hat, eine Norm, die alle Menschen verpflichtet, wie umgekehrt das, was alle Menschen verpflichtet, auch dem Christen gilt. Das ist die Grundvoraussetzung. Sie wurde in der Theorie vom Sittengesetz durchgeführt, dem Willen Gottes, der allen Menschen bekannt ist als das in ihr Herz geschriebene Gesetz. Offenbarung des Willens Gottes — der Dekalog samt seiner Auslegungstradition — wird dann verstanden als neue Kundgabe dieses allgemeinen Gesetzes. So die traditionelle Theoriebildung, die auch den konfessionellen Gegensatz zwischen Katholiken und Protestanten übergriffen hat.

Daß man auf diesem Boden auch heute gemeinsam agieren kann, beweist die vom Vorsitzenden des Rates der Evangelischen Kirche in Deutschland D. Dietzfelbinger und vom Vorsitzenden der Deutschen Bischofskonferenz Julius Kardinal Döpfner gemeinsam bevorwortete und herausgegebene Stellungnahme zur Reform des Eherechts und des Strafrechts, unter dem Titel „Das Gesetz des Staates und die sittliche Ordnung" 1970 erschienen. Sicher, die alten Theorien sind inzwischen recht brüchig geworden, und man ist auch nicht mit vollem Herzen bei der Sache, seine eigenen sittlichen Grundsätze als das, was für jeden Menschen gelten muß, einer pluralistischen Gesellschaft aufzunötigen. Auf der anderen Seite aber ist man auch nicht imstande, den alten Theorien den Abschied zu geben, die in unsere Situation nun einmal nicht mehr passen.

Sicher muß dann diese ethische Theorie in das Ganze der Theologie integriert werden. Das geschieht einmal durch den Schöpfungsgedanken. Es ist seine Geschöpflichkeit, Gottebenbildlichkeit, die den Menschen bestimmt und darum auch sittlich verantwortlich macht. Zum anderen wird diese allgemeine Bestimmtheit durch die Herkunft aus der Schöpfung auf Gottes Heilshandeln in Jesus Christus bezogen. Dieses erneuert die durch die Sünde verderbte Natur und vollendet sie. Hier kommt selbstverständlich der konfessionelle Gegensatz in die Theorie hinein. Hier interessiert uns aber allein die Theorie, die eine Identifikation allgemeiner sittlicher Normen und einer christlichen Sittlichkeit ermöglicht, sei es, daß man hier von „Natur" redet, der allen Menschen gemeinsamen Bestimmung, ihre Menschlichkeit gemäß dem Naturgesetz zu verwirklichen, sei es, daß man von Gottes Gesetz redet, durch welches er auch das von ihm abgefallene Geschöpf in der Hand behält.

Gewiß muß hier dann auch die Abgrenzung markiert werden können. Einerseits geht es um die allgemeine Verwirklichung des Menschseins, die sich im Christsein vollzieht. Andererseits muß nun doch auch die

Besonderheit des Christseins in irgendeiner Weise kenntlich werden. Hier hat das katholische Denkschema die abgestufte Sittlichkeit, welche die Abgrenzung gegenüber dem Allgemeinen innerhalb der Kirche durch den Stand des Religiosen markiert, der die evangelischen Räte befolgt und darin den Gegensatz zur Weltlichkeit aufweist. Das lutherische Schema, gerade hier antithetisch orientiert, muß sich in der Frage nach dem spezifisch Christlichen auf die Motivation zurückziehen: Der Christ handelt nicht nach anderen Normen als jeder andere Mensch. Aber er tut das, was das allgemeine Gesetz von ihm verlangt, willig und um Gottes willen, nicht gezwungen und aus Furcht, ist darum auch inhaltlich zu einem Gottes Willen angemesseneren Handeln befähigt als der Nichtchrist. „Der Gläubig . . . ohne Zwang mit willigem Geist, soviel er neu geboren, tut, das kein Trauung (Drohung) des Gesetzes aus ihm nimmermehr erzwingen können" (FC Epit. VI).

Diese hergebrachte ethische Theorie ist nicht mehr brauchbar. Sie ist nicht imstande, die Geschichtlichkeit gerade auch sittlicher Normen, ihre Differenzierung wie ihren Wandel zu erfassen. Herkunft trennt — darauf haben wir schon hingewiesen. Darum kann Kommunikation nicht gesucht werden in einer gemeinsamen Herkunft — Natur, Schöpfung, Gesetz — die die Menschen bestimmte und gerade in ihrer sittlichen Verantwortlichkeit zusammenschlösse. Sicher kann man in dieser Verlegenheit dann eine gemeinsame christlich-abendländische Herkunft beschwören, die es festzuhalten gelte. Aber Festhalten könnte doch auch hier bestenfalls als ein kontinuierliches Weiterentwickeln verstanden werden, wie das etwa E. Troeltsch in seiner Geschichtsphilosophie versucht hat. Ob wir damit aber weiterkommen — gerade angesichts der sich anbahnenden weltweiten menschlichen Interaktion?

Das hieße dann, daß neue Modelle gesucht werden müssen, die eine Kommunikation erlauben und begründen, gerade angesichts des Sachverhalts, daß das Ganze des Menschseins, damit auch seiner sittlichen Beanspruchung, fragwürdig geworden ist, mindestens nicht mehr rational faßbar erscheint. Solche Modelle vorzustellen oder zu entwickeln, ist hier nicht der Ort. Die Frage jedenfalls sollten wir sehen. Zugleich ist aber zu bemerken, daß Dogmatik im Grunde hier in keiner anderen Lage ist, auch wenn da die Frage nach der Kommunikabilität nicht so unmittelbar in der Denktradition verankert ist, daß sie sich als Zentralproblem aufdrängt: Das Allgemeine, an das Versuche der Kommunikation anknüpfen könnten, gibt es nicht so, daß darüber Einverständnis möglich wäre. Darum muß Kommunikation vom Besonderen auf solches Allgemeine hin gesucht werden. Das heißt aber immer, daß das Ganze nicht Voraussetzung der Verständigung sein kann, sondern bestenfalls das intendierte Ziel.

3.3.2.2.2. Dimensionen der ethischen Fragestellung

Wir haben bisher ein allgemeines Einverständnis darüber vorausgesetzt, daß Ethik es mit der Frage nach dem richtigen Handeln zu tun habe. Das muß nun näher präzisiert werden, indem wir nach den Dimensionen der ethischen Problematik fragen. Ich will das nur kurz andeuten.

Zunächst muß Ethik fragen nach den Zielsetzungen, die dem Handeln vorgegeben sind. Was ist das Gute, das verwirklicht werden soll? Man kann diese Dimension der ethischen Problematik als Güterlehre bezeichnen. Sie schließt in sich das, was die traditionelle lutherische Ethik als die „Ordnungen", womöglich gar die Schöpfungsordnungen bezeichnete, Ehe, Familie, Staat — um nur einiges zu nennen. Indem wir hier nicht von Ordnungen reden, sondern von Zielen des Handelns, deuten wir an, wie die hier gemeinten Sachverhalte unter den veränderten Bedingungen der Gegenwart angegangen werden müssen. Wir können nicht bleibende Strukturen voraussetzen, die es zu entdecken und zu verwirklichen gilt. Vielmehr muß hier das Institutionengefüge der Gesellschaft in seinem geschichtlichen Wandel gesehen werden, das gestaltet werden muß — in unserem Stadium der Reflexion geht das nicht anders als so, daß wir bewußte Gestaltung ins Auge fassen.

Zweitens muß Ethik die Frage nach den Normen des Handelns erörtern. Wenn wir die Frage nach dem, was verwirklicht werden soll, der Frage nach den Normen vorausschicken, so deuten wir damit schon an, daß diese Frage nach den Normen mit einer allgemeinen Pflichtethik nicht zu lösen ist. Gewiß hat Kant gerade der protestantischen Ethik ungeheuren Eindruck gemacht. Doch wir können uns heute nicht mehr in der Frage nach dem Guten, das getan werden soll, auf ein autonomes Gewissen verlassen — dazu hat uns die moderne Humanwissenschaft in ihren verschiedenen Zweigen zu viel über dieses Phänomen des Gewissens und seine Bedingtheiten gezeigt. Auch hier in der Frage nach den ethischen Normen werden wir uns also auf den geschichtlichen Wandel bewußt einzustellen haben. Ethische Normen sind veränderlich, müssen das sein. Das klingt nach einer Überforderung der Vernunft, die dann ja diese Normen jeweils zu verändern und zu gestalten hätte. In der Tat ist uns da ein Maß an Bewußtheit auferlegt, das frühere Generationen so wohl nicht kannten. Wie wir diese Bewußtheit durchhalten, das ist selbst ein Thema, das neu in die Ethik kommt!

Ich nenne schließlich als Drittes die Frage nach der Motivation. Gerade hier wird sich christliche Ethik neu zu bemühen haben — man kann diese Frage nach der Motivation ja unter der alten Bezeichnung einer Tugendlehre behandeln. Davon, wie überhaupt von einer „individualethischen" Fragestellung, sind wir, vielleicht doch zum Schaden der Sache, zu leicht abgekommen. Das kann freilich nicht bedeuten, daß wir die Frage nach Handlungsmotivationen nur individualistisch ansetzen.

Natürlich ist damit nun noch nicht der Gegenstandsbereich der Ethik abgeschritten. Es sind nur Aspekte angedeutet, unter denen die Frage nach dem richtigen Handeln betrachtet werden muß, soll es nicht zu Verkürzungen kommen. Und die können wir uns hier wie andernorts in der gegenwärtigen Situation schlecht leisten.

3.3.2.2.3. Situation und Normierung

Ethik wird schon in ihrer Grundlegung ständig in Auseinandersetzung mit den empirischen Wissenschaften vom Menschen stehen müssen — das ist eben schon zu dem Stichwort „Gewissen" angeklungen. Sie wird sich erst recht dort, wo sie auf Einzelnormen zugeht, mit dieser Empirie zu befassen haben. Hier ist wieder das Problemfeld angeschnitten, das wir in der Methodenlehre unter dem Stichwort der empirisch-kritischen Reflexion anzeigten. Ich sagte eben, die Einsicht in die geschichtliche Veränderung sittlicher Normen — ihre „Machbarkeit" — verlange von uns ein hohes Maß an Bewußtheit. Zu solcher Bewußtheit kann es helfen, wenn der Ethiker sich nicht mehr einfach auf Erfahrung, seine Lebenserfahrung bezieht, um darin den konkreten Hintergrund für seine Normfindung zu gewinnen. Das mag einmal ausgereicht haben, als Leben noch nicht so komplex war, wie heute. Wir können uns nicht mehr auf solche Erfahrung beziehen, sondern haben Erfahrung zusammen mit der empirischen Theorie dieser Erfahrung zu erfassen.

Auch hier können natürlich keine Einzelheiten angegeben werden, wie das nun zu geschehen habe. Dazu sind wir noch viel zu weit weg von einer klaren Methodik. Die ist schon dort umstritten — und wird das wohl auch noch eine ganze Weile bleiben — wo die Erfahrung wissenschaftlich aufgenommen und zur Theorie der Gesellschaft, der Seele, des Verhaltens des Menschen in dieser oder jener Hinsicht verarbeitet werden muß. Erst recht sind wir dann in methodischen Schwierigkeiten, wo wir solche Theorie mit der Frage nach einer Normfindung aufzunehmen haben. Immerhin, die Fragestellung soll hier doch genannt werden, um anzudeuten, wie sich gerade hier — in Analogie zur Dogmatik (vgl. 3.3.2.1.2.) — von der normativen Fragestellung aus die Auseinandersetzung mit den Humanwissenschaften aufnötigt, die hier an die Stelle des traditionellen Gesprächspartners, der Philosophie, treten. Freilich wird das Gespräch dann auch nicht einfach bei den alten Themen bleiben, die Theologie selbst vielleicht noch interessieren. Vielmehr hat der Gesprächspartner das Recht, zur Festsetzung der Tagesordnung das Seine beizutragen. Darum wird Ethik dann wohl etwas anders aussehen, als wir das bisher gewohnt sind.

3.3.3. Kriterien der systematischen Theologie

Wenn wir nach solchen Kriterien fragen, dann fragen wir im Grunde danach, ob es überhaupt Kriterien für die theologische Arbeit gibt. Nun soll hier nicht wiederholt werden, was in dem Methodenkapitel (2.) jeweils an Kriterien diskutiert worden ist. Das setzen wir jetzt voraus. Schrift und Tradition — und zwar in der durch die historische Kritik geforderten doppelten Reflexion, sind selbstverständlich als Kriterien der systematischen Theologie namhaft zu machen. Doch damit allein können wir uns hier noch nicht begnügen. Wir greifen vielmehr das Problem noch einmal grundsätzlich auf, das uns in der Fragestellung der Ethik schon beschäftigte.

3.3.3.1. Herkunft als Ort der Kommunikation

Die Denktradition, aus der wir kommen, hat versucht, sich als sinnvoll auszuweisen, indem sie die Besonderheit des Gegenstandes, mit dem sie sich zu befassen hatte, auf ein Allgemeines bezog — Gottes Offenbarung in Jesus Christus setzt eine allgemeinmenschliche, die „natürliche" Gotteserkenntnis voraus. Diese Erkenntnis ist zugleich theoretisch — Einsicht in die Abhängigkeit der kontingenten Weltwirklichkeit von Gott, wie praktisch — im Imperativ der Gottesverehrung wie in der Erkenntnis des sittlichen Willens Gottes.

Die Sachverhalte sind hinlänglich geläufig, brauchen darum nicht ausführlich dargestellt zu werden. Interessant ist für uns die Struktur eines solchen Denkens. Indem hier offenbarte Gotteserkenntnis auf natürliche Gotteserkenntnis bezogen ist, wird die Besonderheit der christlichen Tradition verknüpft mit rationaler Allgemeinheit. Diese Allgemeinheit ist nicht einfach Wahrheitskriterium für die Besonderheit der Offenbarung. Diese erweist sich selbst als wahr. Aber in dieser Verknüpfung mit einem rational-Allgemeinen erweist sich theologische Rede als sinnvoll, weil bezogen auf den auch rational kenntlichen „Gegenstand" Gott — wobei selbstverständlich Gegenständlichkeit Gottes in ihrer Besonderheit klar von welthafter Gegenständlichkeit unterschieden worden ist.

Nicht erst seit die Parole vom Tod Gottes zum religiösen Reizwort geworden ist, ist die Verlegenheit dieser Denkstruktur am Tage. Einzelnes muß da kaum aufgezählt werden. Religionskritik, Evolutionstheorie etwa sind Daten, mit denen dieses Schema theologischen Denkens nicht mehr fertig wird. Denn der Verweis auf die menschliche Herkunft aus Gottes Schöpfung — Begründung für die natürliche Gotteserkenntnis — deckt sich nicht mehr mit dem, was Wissenschaft über diese Herkunft zu sagen weiß. Es macht nun einmal — apologetische Versöhnung von Schöpfungsgedanken und Evolutionstheorie hin oder her — einen grundlegenden Unterschied, ob die Herkunft der Menschheit in dem Protoplasten Adam vorgestellt wird, oder im Australopithecus Africanus. Und der Hinweis auf die Allgemeinheit der Gottesverehrung zählt dann nicht mehr, wenn solche Gottesverehrung kritisch hinterfragt wird, etwa auf ihre psychische Wurzel hin. Da wird ja nun, was einmal als die gemeinsame Basis galt, die Kommunikation ermöglichen sollte, selbst zum heftig umstrittenen Sachverhalt. Natürlich kann man sich nun in diesen Kampf stürzen, und die Theologie hat das auch reichlich getan. Aber umkämpft ist da nicht mehr die Wahrheit der christlichen Offenbarung, sondern das, was als praembula fidei einst zu diesem Glauben hinführen sollte. Es ist vielleicht ehrenvoll, aber gewiß nicht sehr klug, wenn Theologie in diesem Kampf ihre Kräfte aufreibt. Besser wäre es, sie versuchte, ein anderes Schema zu entwickeln, das die Kommunikationsbasis, die wir als Theologie allerdings benötigen, neu zu schaffen suchte. Dazu sollen im folgenden zwei Hinweise gegeben werden.

3.3.3.2. Die Wendung zur Zukunft

Wir reden hier von einer notwendigen Anpassung. Darauf will ich noch einmal ausdrücklich aufmerksam machen. Hier soll jeder wissen, wie er dran ist. Wer meint, solche Anpassung sei nicht notwendig, der mag sich ins Getto zurückziehen — immerhin hat das Gottesvolk des Alten Bundes gerade im Getto überlebt! Wer meint, die notwendige Anpassung sei mit der alten Denkstruktur, die das Menschlich-Allgemeine in der Herkunft gegeben sieht und es von hier aus rational erheben will, doch schon längst geschehen, der mag dabei bleiben. Wir laufen als Theologen sowieso die meiste Zeit hinter der Entwicklung drein. Darum mag es nichts schaden, wenn wir hier noch ein Stück weiter zurückfallen. Ich will das freilich nicht gerne.

Wir sind es gewohnt, das Allgemeine, das Kommunikation ermöglichen und damit zugleich theologische Rede als sinnvoll erweisen soll, in der Herkunft zu suchen. Doch diese Herkunft weist in die Differenz geschichtlicher Besonderheit. Gerade weil Menschsein sich im Aufbau der Kultur raum-zeitlich spezifiziert, verliert es die Einheit, in der jedes Individuum zugleich die Gattung repräsentieren kann (A. Heuß)[5]. Die Frage nach dem Menschlich-Allgemeinen, die Kultur als Geschichtsphänomen nicht übergeht, muß deshalb in die Zukunft vorgreifen. Was Menschsein ausmacht, ist nicht in einer (Geist-) Natur des Menschen vorgegeben, sondern muß im Vorgriff auf Zukunft gesucht werden, in welcher dieses Menschsein wirklich werden soll.

Gewiß, das ist jetzt nur eine knappe Andeutung, Richtungsangabe, die zeigt, wo Kommunikation gesucht werden muß. Das bedeutet allerdings auch, daß hier zugleich der Widerspruch kenntlich werden muß, der von Gottes Handeln in Christus her gegen ein Menschsein erhoben wird, das seine Selbstverwirklichung ohne Gott sucht. Ich nenne das hier nur, um mich ausdrücklich gegen das Mißverständnis abzugrenzen, die notwendige Anpassung sei eine Kapitulation, in welcher die Besonderheit des Christlichen in einen allgemeinen Zukunftshorizont hinein aufgegeben wird, der vom Menschen erreicht werden soll — ohne daß da für Gott mehr Raum bliebe, als möglicherweise eine Vergewisserung des guten Ausgangs dieser Bemühung um menschliche Zukunft zu leisten.

3.3.3.3. Kommunikation als Kriterium

Wir stehen hier bei tastenden Versuchen, die sich zwar an der Tradition theologischen Denkens orientieren, aber doch so, daß dabei die notwendige Umorientierung mit bedacht werden muß. Gelingt es nicht, Kommunikation zu erreichen, die zugleich das Spezifikum des Christlichen bewahrt, dann versäumt systematische Theologie ihre Aufgabe.

Ich mache darauf aufmerksam, daß wir hier abgekürzt reden. Theorie und Praxis der Kommunikation, um die es hier geht, sind sicher zu unterscheiden, freilich auch aufeinander zu beziehen. Wenn wir hier von der Aufgabe der systematischen Theologie reden, dann ist in erster Linie die Aufgabe einer Theoriebildung angesprochen — wir haben uns ja auch in unserer Darstellung und Kritik der Tradition auf die ganz groben Umrisse der Theorie beschränkt.

Es geht also darum, eine Theorie zu entwickeln, die eine Kommunikation der christlichen Tradition mit der Welt, an die Kirche gewiesen ist, leisten kann. Wir reden von der Aufgabe — die Durchführung ist hier nicht zu geben. Sie wird sich, wenigstens so viel ist hier doch zu sagen, insofern nicht an der Tradition orientieren können, als sie eine allgemeine Verständigung über das Menschsein nicht voraussetzen und wohl auch in absehbarer Zeit nicht erwarten darf. Hier ist ein Offenbarungspositivismus angebracht, der die eigene besondere Herkunft abhebt gegen solche Allgemeinheit, gerade weil er davon überzeugt ist, daß in dieser Besonderheit der Geschichte Gottes allem Menschsein seine Zukunft erschlossen ist.

Kommunikation wird es also nicht im Bereich einer Gesamtschau von Mensch und Welt in ihrer geschichtlichen Entwicklung geben können. Kommunikation wird vielmehr gerade auf der Ebene empirischer Theoriebildung gesucht werden müssen, dort, wo Allgemeines nicht zugleich einen wertbesetzten Totalanspruch erhebt. Selbstverständlich heißt das nicht, daß das Wertproblem ausgeklammert werden kann. Aber Übereinkunft muß gerade da dann den Mut zum partiellen Miteinander, auch in der Abgrenzung, haben. Vielleicht gelingt es damit dann, verständlich zu machen, was Christsein für die Welt bedeutet — nicht kraft eigener Vollkommenheit, sondern in der Kraft des Geistes, der den Jüngern Jesu verheißen ist.

Wir haben gerade hier, wo es um systematische Theologie geht, mehr Fragen als Antworten. Aber das ist doch wohl für unsere Situation kennzeichnend, von der die Theologie in allen Disziplinen betroffen ist, die aber gerade in der systematischen Theologie besonders deutlich zum Vorschein kommt. Da zeigt sich die Spannung, die Theologie insgesamt kennzeichnet, in einer Zerrissenheit, die zu einer gemeinsamen Konzentration auf die Sache fast schon unfähig macht. Aus sich selbst wird systematische Theologie diese Zerrissenheit kaum überwinden. Vielleicht hilft es ihr, wenn sie sich der praktischen Theologie annimmt. Dazu nun zum Abschluß dieses Durchgangs durch die theologischen Disziplinen einige Gedanken.

3.4. Die praktische Theologie

Ist die Theologie insgesamt durch ihre Beziehung auf die Kirche wesentlich mitbestimmt, so muß das erst recht für die Disziplin der praktischen Theologie gelten, die ex officio die kirchliche Praxis wissenschaftlich zu bearbeiten hat. Freilich — ist das nicht Sache der Theologie überhaupt? Wir haben ja eingangs Theologie mit Schleiermacher als Kunstlehre der Kirchenleitung bestimmt, sind dann zwar über diese Bestimmung hinausgegangen, aber doch so, daß sie mit bei dem bleibt, was als Wirklichkeit der Theologie bezeichnet werden muß. Wir haben dann als Grundmodell theologischer Methode auf die dogmatisch-normative Reflexion verwiesen, die das kirchliche Leben als ihren Gegenstand hat. Beides zusammengenommen ist entweder die ganze Theologie praktische Theologie — eine gute Tradition bestimmt so ja den wissenschaftlichen Charakter der Theologie, die eine scientia practica sei — oder die praktische Theologie ist eine unnötige Doppelung dessen, was überhaupt die Aufgabe der Theologie ausmacht.

Sicher sieht die Sache bei Lichte betrachtet anders aus. Aber es ist nun doch für die Problematik der praktischen Theologie im Zusammenhang der theologischen Disziplinen kennzeichnend, daß eine Bestimmung ihres Gegenstandsbereiches zu einem solchen Mißverständnis führen kann. Nur darum kann man ja auch auf die Idee kommen, die enzyklopädische Aufgabe im Zuge einer Reform des Theologiestudiums gerade der praktischen Theologie zuweisen zu wollen (Herrmann — Lautner)[1]. Nicht, daß sich der Systematiker gerade um diese Aufgabe reißen wird — aber ein solcher Vorschlag ist doch symptomatisch für unsere ungeklärte Situation. Dabei ist hier nicht allein die praktische Theologie betroffen — gerade die Unsicherheit in der Bestimmung ihrer spezifischen Aufgabenstellung zeigt an, wie das Verhältnis der Theologie insgesamt zur kirchlichen Praxis keineswegs zureichend geklärt ist. Darum können die anderen Disziplinen dort, wo die Frage nach der praktischen Theologie verhandelt wird, im Grunde nicht unberührt beiseite stehen. Wo die praktische Theologie in Frage steht, da steht Theologie überhaupt in ihrer praktischen Relevanz in Frage.

Soviel ist vorweg zu sagen, damit nicht der Anschein entstehen kann, als werde nun der einen Disziplin der praktischen Theologie die Misere aufgebürdet, die doch die Theologie als ganze betrifft: Daß ihr Praxisbezug nicht — vielleicht nicht mehr — recht einsichtig und durchsichtig ist, darum der Theologie auch nichts mehr zugetraut wird, jedenfalls kein Beitrag zu einer rechten christlichen oder kirchlichen Praxis. Eben das wird an der ungeklärten Stellung der praktischen Theologie im Zusammenhang der theologischen Disziplinen deutlich. Wenn wir darum nun zunächst die Frage nach der Wissenschaftlichkeit der praktischen Theologie diskutieren, so heißt das nicht, daß da nur diese Disziplin in Frage steht. Mit dieser Disziplin der praktischen Theologie steht vielmehr die Wissenschaftlichkeit der Theologie überhaupt noch einmal in Frage — gerade so, daß da nun Kirchlichkeit, die Bezogenheit auf die kirchliche Praxis, und Wissenschaftlichkeit sich nicht trennen lassen.

3.4.1. *Die Wissenschaftlichkeit der praktischen Theologie*

Wenn es hier um die Wissenschaftlichkeit der praktischen Theologie geht, so kann damit keine andere Wissenschaftlichkeit gemeint sein, als die, die der Theologie überhaupt eignet. Mitgefangen — mitgehangen! Nur das ist die Frage, ob praktische Theologie da überhaupt mit dabei ist, wo Wissenschaftlichkeit der Theologie, damit etwa die Frage nach dem Ort der Theologie innerhalb der Universität, zur Debatte steht. Wir werden also nicht versuchen, mit einem allgemeinen Theorie-Praxismodell, wie es die praktische Theologie entwickeln soll, der Theologie überhaupt aufzuhelfen (G. Otto)[2]. Wir werden uns freilich auch hüten, die praktische Theologie fahren zu lassen wie die Eidechse ihren Schwanz, wenn gerade dort die Anfrage besonders laut wird. Man kann da zwar sagen, die praktische Theologie mit ihren unmittelbaren kirchlichen Ausbildungsaufgaben, die habe doch wohl nicht unbedingt ein Heimatrecht an der Universität zu beanspruchen, werde vielleicht doch besser in eigene kirchliche Ausbildungsstätten verlegt. Aber so gut sich diese Auskunft zunächst ausnimmt — damit begeht die Theologie Selbstmord. Denn dann kann man ja die einzelnen Disziplinen vollends verteilen, in die philologischen, historischen Fachbereiche. Der Systematik bleibt dann vielleicht noch ein Platz in der Nähe der Philosophie, in einer Art geistesgeschichtlichem Museum. Aber mit der Theologie ist es vorbei. Noch einmal: Verliert sie ihre Beziehung auf die Kirche, dann kann Theologie überhaupt nicht weiterleben. Gerade um das Recht dieser Beziehung auf die Kirche angesichts der Frage nach der Wissenschaftlichkeit der Theologie gilt es zu kämpfen, wo die Frage nach der Wissenschaftlichkeit der praktischen Theologie zur Debatte steht.

Eben wurde schon hingewiesen auf einen Sachverhalt, der die Wissenschaftlichkeit der praktischen Theologie zur Diskussion stellt. Gehört sie an die Universität, oder ist ihre Aufgabe nicht doch besser von einem kirchlichen Ausbildungsgang aufzunehmen, der an das Universitätsstudium anschließt? Wenn es darum geht, bestimmte praktische Techniken einzuüben — wie man predigt, wie man eine Unterrichtsstunde hält —, dann ist dafür in der Tat die Universität in ihrer gegenwärtigen Gestalt nicht der richtige Ort. Das zeigt sich deutlich in der Examensreform, die den praktischen Teil der ersten theologischen Prüfung reduziert. Predigt und Katechese werden da zwar noch ausgearbeitet — in der Regel wenigstens — aber sie werden nicht mehr gehalten. Auf eine Katechese kann man auch ganz verzichten — Einzelheiten der verschiedenen Prüfungsordnungen brauchen uns hier nicht zu interessieren; es genügt, daß wir die allgemeine Tendenz wahrnehmen. Was soll dann aber als Prüfungsleistung in praktischer Theologie an die Stelle dieser praktischen Vollzüge treten? Da wissen wir im Grunde noch nicht recht weiter.

Was wir bräuchten, wäre ein Konzept, das der praktischen Theologie ihren Ort innerhalb der wissenschaftlichen Theoriebildung der Theologie anweist. Aber diese Theoriebildung vollzieht sich gegenwärtig historisch und dogmatisch — die Spannung, die in dieser Bestimmung liegt, braucht jetzt nicht mehr eigens aufgewiesen zu werden. Hier wird die praktische Theologie nicht zum Zuge kommen — es sei denn, sie wiederholt exegetische und dogmatische Vollzüge, macht sich aber gerade damit als eigene theologische Disziplin überflüssig.

So definiert W. Jannasch (RGG[3.] V, 504) praktische Theologie als die „Lehre von den dem Evangelium entsprechenden Lebensäußerungen der Kirche". Ist nicht genau das Aufgabe der Theologie überhaupt? Sie bezieht sich auf das Leben der Kirche in umfassendem Sinn, fragt kritisch danach, ob dieses Leben dem entspricht, was Quelle und damit Norm dieses Lebens ist — was mit dem Begriff „Evangelium" bezeichnet werden kann. Aber damit ist ein Spezifikum der praktischen Theologie gerade nicht genannt.

Hier liegt dann die Frage, nicht nur nach der Wissenschaftlichkeit der praktischen Theologie, sondern auch nach der Wissenschaftlichkeit einer Theologie überhaupt, der es anscheinend noch nicht recht gelungen ist, ihren Bezug auf kirchliche Praxis so zureichend zu thematisieren, daß hier die kritische Frage in gleicher Weise zum Zug kommt, wie dort, wo es um die Beziehung zum Ursprung geht. Doch wir lassen diese Frage zunächst anstehen, fragen nun neu vom Phänomen der praktischen Theologie her. Denn diese praktische Theologie ist ja da. Und sie richtet sich in ihren faktischen Vollzügen nicht so sehr nach allgemeinen Bestimmungen dessen, was praktische Theologie sein sollte, sondern hat ihre eigene Praxis ausgebildet und institutionalisiert.

3.4.2. *Praktische Theologie als Vermittlung pastoraler Techniken*

Sicher ist das Stichwort, mit dem hier die Faktizität der praktischen Theologie gekennzeichnet wird, einseitig gewählt. Praktische Theologie ist nicht unberührt von dem Umbruch, der Unruhe, die sich derzeit in unserer theologischen Arbeit ankündigt und zu Neuerungen, Experimenten, Programmen provoziert. Aber was sich da anbahnt, das hat noch nicht zu neuen Modellen, Institutionalisierungen gefunden, die die alten Modelle der praktischen Theologie ablösen könnten. Und diese alten Modelle sind eben deshalb, weil sie es gestatten, dem Druck des Neuen auszuweichen, wirksam. Sie sind nicht nur wirksam, sondern kommen mindestens solange einem Bedürfnis entgegen, als Theologie Ausbildungsfunktionen für ein Gemeindepfarramt alten Stils zu erfüllen hat. Denn darauf ist praktische Theologie ausgerichtet — denken wir an ihre einzelnen Sparten, Liturgik, Homiletik, Katechetik, Lehre von der Seelsorge. Diese Sparten praktischer Theologie sind ja deutlich angelehnt an die Hauptfunktionen des Gemeindepfarrers, suchen ihm die Kenntnisse zu vermitteln, die er zur Ausübung dieser Funktionen braucht.

Der letzte Satz muß freilich eingeschränkt werden. Es geht hier um die speziellen Kenntnisse, die nicht durch historische und systematische Theologie vermittelt werden, die aber notwendig sind, um das, was sich der Theologe an Wissen angeeignet hat, in die Praxis seines Amtes hinein zu vermitteln. Indem sie ihre Aufgabe so bestimmt, hat sich praktische Theologie von der Theoriebildung ausgeschlossen. Sie gleicht einer Einbahnstraße. Der Verkehr läuft nur von der wissenschaftlichen Theologie hin auf die Praxis. Doch müßte nicht praktische Theologie auch umgekehrt eine Vermittlerfunktion haben? Es gibt doch, weiß Gott, genug Fragen, die von der kirchlichen Praxis aus an die Theologie zu stellen wären. Aber da fehlt dann eine Stelle, die diese Fragen sammelt und weitergibt. Ob hierfür nicht die praktische Theologie der geeignete Ort wäre — gerade in einer Situation, in der Information und Kommunikation der immer komplexer werdenden Verhältnisse wegen nicht mehr selbstverständlich funktionieren, sondern institutionalisiert werden sollten? Solange praktische Theologie ihre Aufgabe darin sieht, Techniken pastoraler Amtsführung zu vermitteln, wird sie freilich diese Aufgabe nur ungenügend wahrnehmen können.

Ich verweise dazu auf Schleiermacher, der die praktische Theologie auf diese Technik festlegt — ohne mich dabei weiter auf die Interpretation, die auch an diesem Punkte strittig ist, einzulassen. „Die praktische Theologie will nicht die Aufgaben (sc. der Kirchenleitung) richtig fassen lehren; sondern indem sie dieses voraussetzt, hat sie es nur zu tun mit der richtigen Verfahrungsweise bei der Erledigung aller unter den Begriff der Kirchenleitung zu bringenden Aufgaben. Für die richtige Fassung der Aufgaben ist durch die Theorie nichts weiter zu leisten, wenn philosophische und historische Theologie klar und im richtigen Maße angeeignet sind" (Kurze Darstellung § 260).

Gerade hier wäre an Schleiermachers Bestimmung der Theologie insgesamt ja auch die Frage zu stellen, ob der ganze Begriff nicht zu eng angesetzt ist. Theologie ist hier Theologie des kirchenleitenden Amtes und Theologie für dieses Amt. Sie ist aber nicht Theologie der Gemeinde, des allgemeinen Priestertums. Auch da müßte freilich sehr viel ausführlicher argumentiert werden, wollten wir der großartig differenzierten Position Schleiermachers gerecht werden.

Wir bleiben noch kurz bei dem Stichwort der pastoralen Technik. Zweifellos ist eine solche Arbeit notwendig, muß es Einübung geben, müssen auch die Kenntnisse und Erfahrungen anderer vermittelt werden. Aber damit sind wir ja eigentlich bei dem, was unter dem Stichwort der „Pastoraltheologie" doch als Konkurrenzunternehmen neben der praktischen Theologie herläuft (vgl. G. Krause)[3]. Praktische Theologie muß auf jeden Fall weiter ausgreifen, wenn sie sich kirchliche Praxis zu ihrem Gegenstand machen will — in welcher Hinsicht das geschehen kann und muß, darauf werden wir gleich zu sprechen kommen. Denn kirchliche Praxis ist auf keinen Fall identisch mit dem, was der Pfarrer tut.

Nun kann man selbstverständlich hier erweitern, wie das schon vielfach geschieht, also andere kirchliche Tätigkeiten mit in den Bereich dessen hineinnehmen, was die praktische Theologie bearbeitet, Missionswissenschaft, Diakoniewissenschaft, kirchliche Publizistik und ähnliches. Damit wird dann sicher das Blickfeld ausgeweitet. Doch auch damit ist noch nicht die grundsätzliche Frage nach dem Leben der Kirche in der Gesellschaft thematisiert, mit der sich praktische Theologie befassen sollte.

Ich betone noch einmal, daß hier nicht von begrüßenswerten Neueinsätzen die Rede ist — wie sie etwa von W. D. Marsch, Institution im Übergang, 1970 zusammengefaßt werden. Wir reden von dem, was bis jetzt noch in der Arbeit der praktischen Theologie das Hauptgewicht hat. Gerade weil hier ein spürbarer Mangel ist, der die Theologie als ganze verunsichert, muß mit Nachdruck auf diesen Sachverhalt immer wieder hingewiesen werden!

Es liegt auf der Hand, wohin eine solche Gewichtsverteilung führen muß. Sie kann nur stabilisierend, konservierend wirken. Die Technik, die durch die praktische Theologie vermittelt wird, bezieht sich ja auf institutionalisierte kirchliche Verhaltensweisen, die als solche dann nicht in Frage gestellt werden. Man denke etwa an die vielbeklagte Überlastung des Gemeindepfarrers, der alles allein tut. Sie spiegelt ganz genau wieder, was die Gegenstände der konventionellen praktischen Theologie ausmacht. Hier Vermittlung pastoraler Techniken — dort dann der Pfarrer, der in der Ausübung dessen, was er gelernt hat, sich aufreibt.

Selbstverständlich gibt es — vielleicht angestoßen von diesen praktischen Nöten, vielleicht auch theologisch, von einer historisch-dogmatischen Theoriebildung her begründet — eine Fülle von Reformkonzeptionen, auch praktischen Versuchen, diesem Problem der hergebrachten kirchlichen Struktur beizukommen. Aber weil hier der theologischen Theoriebildung eine solide empirische Basis immer noch fehlt, ist es kein Wunder, wenn alle diese Reformversuche bisher noch nicht so recht weitergeführt haben. Institutionalisierte Praxis läßt sich nun einmal nicht so leicht umstoßen — vor allem dann nicht, wenn gerade die praktische Theologie in ihrer institutionalisierten Praxis hier konservierend wirkt. Theorien, um diese Praxis zu verteidigen, sind dann sowieso rasch bei der Hand — ein steiles, womöglich hochkirchliches Amtsverständnis, das nun nicht nur die ganze Aktivität der Kirche auf den Amtsträger (vielleicht sollten wir gleich sagen: auf den hauptamtlichen Funktionär) konzentriert. Vielmehr wird dann Gottes Handeln in der kirchlichen Vermittlung auch wieder auf diesen Amtsträger konzentriert — so die Theorie. Was faktisch so ist, das muß so sein — denn Gott wirkt in der Kirche eben durch die ordinierten Amtsträger! Gewiß, das sind nun dogmatische Theorien, mit denen sich der Dogmatiker auseinanderzusetzen hat. Aber er braucht dazu die Hilfestellung des Praktikers — der dazu zwingt, solche dogmatischen Theorien mit empirischen Theorien zu konfrontieren.

3.4.3. Von der Technik zur Theorie

Ich kann und will nun kein Programm der praktischen Theologie entwerfen. Ich will nur einmal mehr darauf aufmerksam machen, wie gerade hier in Frage steht, ob es der Theologie gelingen wird, sich in unserer Gegenwart zurechtzufinden. Das kann nur so geschehen, daß wir die Anfragen aufnehmen und theologisch verarbeiten, die durch die Humanwissenschaften an die Theologie gestellt werden. Dazu gehört aber auch und vor allem, daß es hier zu einem geklärten Verhältnis von Theorie und Praxis kommt, in welchem gerade auch von der Praxis her Theoriebildung provoziert wird. Sonst kann Theologie zwar — wie das ja auch Kirche weithin tut — einen sehr beachtlichen Bestand weiter pflegen und verhindern, daß dieser Bestand zu schnell abbröckelt. Aber es wird nicht zu den notwendigen Reformen kommen, die eine heute unbedingt geforderte Anpassung so vollziehen, daß damit doch zugleich in der Kontinuität der Tradition die Identität gewahrt wird.

Genau hier sollte praktische Theologie ihre Aufgabe — zugleich ihre Chance — wahrnehmen. Wissenschaftlichkeit der praktischen Theologie ist bis heute eine umstrittene Sache. Was sie im Konzert der theologischen Disziplinen beizutragen hat, ist unklar — darauf muß jetzt nicht noch einmal eingegangen werden. Was sie beizutragen hätte, kann man dagegen schon sagen: Es gilt, die Provokation der Praxis an die theoriebildenden Instanzen zu vermitteln.

Das bedeutet dann, daß das Gewicht der praktischen Theologie verlagert wird. Sie darf nicht dabei bleiben, Techniken, Verfahrensweisen auszubilden und zu vermitteln. Auch das ist sicher notwendig und muß auch unbedingt weiter geschehen. Aber hier läßt sich dann in der Tat die Frage stellen, ob das nicht zweckmäßiger an einem andern Ort geschieht als gerade an der Universität, es sei denn, daß ein Kontakt zur kirchlichen Praxis schon während des Studiums hergestellt wird. Ob und wie das geschehen sollte, das ist jetzt nicht unsere Sorge. Hier geht es um die Frage einer fundierten Theoriebildung, die selbst wieder auf die Praxis wirken kann. Das verlangt aber, daß diese Praxis selbst so zu Wort kommt, daß sie der gemeinsamen theologischen Theoriebildung ihre Bedingungen stellen kann.

Genau da sehe ich die notwendige Aufgabe der praktischen Theologie. Nehmen wir einmal das Verhältnis von Exegese und Dogmatik — so ungeklärt es selbst auch im einzelnen sein mag — als Modell einer Orientierung. Der Dogmatiker kann nicht an der Schrift vorbei. Das ist sowieso klar, gehört schon zu den Grundsätzen seiner eigenen, dogmatischen Fragestellung. Aber nun zwingt ja die Exegese mit ihrer historisch-kritischen Methode dazu, daß solcher Bezug auf die Schrift nicht naiv geschieht. Er muß vielmehr mit dem allgemeinen Wahrheitsbewußtsein, wie es wissenschaftliche Historie ausgebildet hat, konfrontiert werden. Nur wenn diese Spannung durchgestanden ist, kann sich dogmatische Explikation des Glaubens sinnvollerweise auf die Schrift beziehen — wie umgekehrt Auslegung der Schrift erst dort zu einer theologisch relevanten Sache wird, wo die Frage der Anwendung mit bedacht ist. Dagegen kann sich Theologie in der Theorie des kirchlichen Lebens noch eine Naivität leisten, die sie sich eigentlich schon längst nicht mehr leisten kann. Nehmen wir etwa die dogmatische Theorie, daß der Gottesdienst das zentrale Geschehen im Leben der Kirche ist. Denn durch Wort und Sakrament wird ja der Geist gegeben, der den Glauben wirkt, wo und wann es Gott gefällt. Die Theorie stimmt, mindestens historisch-dogmatisch, wenn man sich an die traditionellen theologischen Kriterien hält. Und sie hat weitreichende Konsequenzen für den Aufbau der kirchlichen Arbeit und die institutionelle Gestaltung des kirchlichen Lebens. Aber eine solche weitreichende Theorie müßte nun ja ständig konfrontiert werden nicht nur mit empirischen Untersuchungen zur Motivation des Gottesdienstbesuches — die gibt es schon, wenn auch noch nicht differenziert und umfassend genug. Sondern von solchen empirischen Untersuchungen her müßte nun eine empirische Theorie entwickelt werden, die der traditionellen Theorie von der Stellung des Gottesdienstes vermutlich einige Verlegenheit bereiten könnte. Das nur als Beispiel. So ließe sich ja lange weitermachen.

Es hat wenig Sinn, hier nun auch Ansätze in der Richtung aufzuzählen, die von der Technik weg zur Theorie hinweisen. Ich nenne nur das von G. Otto herausgegebene Praktisch-theologische Handbuch. Zugleich erwähne ich aber noch einmal, gerade angesichts dieses begrüßenswerten Unternehmens, daß eine solche empirische Theoriebildung nicht an die Stelle der historisch-dogmatischen Theoriebildung, die wir bisher haben, treten kann. Das wäre genauso naiv gedacht, wie wenn der Historiker mittels der historisch-kritischen Methode kirchlich anwendbare Ergebnisse erzielen wollte. Daß es diese Ansprüche hier und dort gibt — daß wir gerade von einer praktischen Theologie her, die zu einem neuen Verständnis ihrer wissenschaftlichen Aufgabe finden will, mit solchen Ansprüchen in der nächsten Zeit reichlich konfrontiert werden, steht zu erwarten. Das wird Schwierigkeiten geben. Aber diese Schwierigkeiten dürfen nicht daran hindern, die praktische Theologie zu solcher Theoriebildung zu provozieren — bei der sie dann vermutlich immer enger mit den sozialethischen Abteilungen der systematischen Theologie zusammenarbeiten wird. Denn kirchliches Leben ist ja nicht nur das „religiöse" Leben, das die Gemeinschaft, vielleicht auch der einzelne, führt. Es ist auch das sittliche Leben, der „vernünftige Gottesdienst" (Röm 12, 1), in welchem die Wahrheit Gottes in Jesus Christus durch die Christenheit der Welt kenntlich gemacht werden soll.

3.4.4. Die Wissenschaftlichkeit der praktischen Theologie und Theologie als kirchliche Wissenschaft

Detaillierte Aufgaben können wir hier nicht stellen — so sehr es den Systematiker lockte, hier nun einen Katalog von Desideraten aufzustellen. Dazu sind solche allgemeinen Reflexionen nicht der geeignete Ort. Was uns hier interessiert, ist allein die Rolle der praktischen Theologie im Ganzen der theologischen Arbeit — eine Rolle, die wir nicht in Einzelheiten vorschreiben können, die wir der praktischen Theologie nur so anbieten können, daß sie sich diese Rolle selbst zu eigen macht und darin dann zu ihrem Selbstverständnis im Ganzen der Theologie findet. Dazu greifen wir nun noch einmal die Frage nach der Wissenschaftlichkeit der praktischen Theologie auf, mit der wir diesen Abschnitt begonnen haben.

Diese Wissenschaftlichkeit ist umstritten — mindestens solange umstritten, als sich einerseits die theologische Theoriebildung nur historisch-dogmatisch vollzieht, und andererseits die praktische Theologie ihren Schwerpunkt in der Ausbildung und Vermittlung pastoraler Technik hat. Ich habe schon betont, daß sich die anderen theologischen Disziplinen nicht als beati possidentes von dieser Frage nach der Wissenschaftlichkeit der praktischen Theologie distanzieren können. Hier geht es um die Frage, ob sich Theologie überhaupt als kirchliche Wissenschaft verwirklichen kann.

Sie kann das nicht, wenn sie ihre Beziehung auf die Kirche aufgibt. Darüber ist genug gesagt, wir brauchen das hier nun auch nicht mehr näher zu differenzieren. Sie kann das aber auch nicht, wenn diese Beziehung auf die Kirche in einer Naivität stecken bleibt, die Kirche nur mit theologischen — das heißt ja rebus sic stantibus historisch-dogmatischen — Theorien zu fassen vermag. Denn in solcher Naivität steht die Theologie in der Gefahr, sowohl die praktische Relevanz wie die wissenschaftliche Stringenz ihrer Theoriebildung einzubüßen. Über die praktische Relevanz historisch-dogmatischer Theoriebildung brauchen wir uns hier nicht lange zu verbreitern. Sie hat Gewicht — das zeigte sich etwa in der vielgenannten Bedeutung der dialektischen Theologie für den Kirchenkampf. Doch ob es dieser oder anderen, vielleicht weiterführenden historisch-dogmatischen Theorien gelingt, die gegenwärtige Krise der Kirchen zu bewältigen, das ist eine völlig offene Frage.

Wirkliche Neuansätze einer historisch-dogmatischen Theoriebildung, die über die dialektische Theologie hinausführte, sind auch kaum in Sicht. Vielmehr kommen durch die dialektische Theologie oft mehr verdrängte als wirklich überholte Fragestellungen und Lösungsansätze wieder neu in die Debatte. Damit kommen wir nicht weiter, treten nur auf der Stelle. M. E. ist die dogmatische Theoriebildung darum immer noch am besten dort aufgehoben, wo man die Position K. Barths mit einer strengeren Reflexion der historischen Problematik zu verbinden sucht, als sie bei Barth selbst vorliegt. Doch weiterführen wird dieser Weg nur dann, wenn ihm von der empirischen Theoriebildung her neue Möglichkeiten eröffnet werden.

Nur wenn der Bezug auf die Kirche noch einmal anders reflektiert wird, als das in der historisch-dogmatischen Theoriebildung bisher geschehen ist, wird sich die praktische Relevanz theologischer Theoriebildung überhaupt zeigen. Sie muß dann ja diesen Praxisbezug selbst wieder kritisch reflektieren, darf sich nicht mit dem —NB naiven! — Postulat beruhigen, daß theologische Theorie, weil sie den Anspruch erhebt, die kirchliche Praxis zu normieren, das darum auch faktisch tut. Da ist die praktische Theologie dann dran, auch hier eine empirische Erhebung der Wirksamkeit oder Unwirksamkeit theologischer Theorien anzustellen. Die gehören ja auch zu dem kirchlichen Leben, das dann Gegenstand der praktischen Theologie sein muß. Soviel zunächst zu dem Stichwort „praktische Relevanz".

Nehmen wir das andere, die wissenschaftliche Stringenz. Eben wurde die Beziehung auf die kirchliche Praxis als Kennzeichen theologischer Theoriebildung genannt. Wenn wir diese Beziehung weglassen, dann braucht sich mindestens die historisch arbeitende Theologie natürlich um ihre Wissenschaftlichkeit keine Sorgen zu machen. Sie wird diese Wissenschaftlichkeit dann messen an den allgemeinen Grundsätzen historischer Arbeit. Aber gerade wenn so die Wissenschaftlichkeit außer Frage zu stehen scheint, wird ja umgekehrt die Frage danach gestellt werden müssen, wie weit solche wissenschaftlichen Vollzüge noch Theologie sind. Darüber ist ebenfalls genug gesagt. Hier liegt die für unsere gegenwärtige Theologie nun einmal typische Spannung. Praktische Theologie wird sich dieser Spannung weder entziehen können, noch wird sie diese Spannung auflösen. Das gleich im voraus. Sie wird aber dazu einerseits nötigen, andererseits anleiten müssen, die Beziehung auf die Kirche, die mit Ursache dieser Spannung ist, ihrerseits wissenschaftlich zu reflektieren. Das nicht nur so, daß da die Bezogenheit theologischer Denkvollzüge auf Kirche zum Gegenstand der Untersuchung gemacht wird, sondern erst recht so, daß hier die Naivität theologischer Theoriebildung in bezug auf kirchliche Praxis — und eine andere theologische Theoriebildung kann es ja nicht gut geben — zur Selbstreflexion genötigt wird, indem sie sich mit empirischen Theorien dieser kirchlichen Praxis konfrontiert sieht. Damit wird gerade der Bezug auf kirchliche Praxis, wie er für eine rechtschaffene Theologie kennzeichnend ist, genötigt, sich noch einmal vor allgemeinwissenschaftlichen Kriterien zu verantworten. Nun nicht vor den Kriterien historischer Wissenschaft, sondern vor denen empirisch arbeitender Humanwissenschaft. Daß das dann auch die historischen Fragestellungen nicht ungeschoren lassen wird, sei hier nur am Rand vermerkt.

Theologie als kirchliche Wissenschaft wird dadurch sicher nicht einfacher werden. Wenn sich die praktische Theologie endlich mit ihrem spezifischen Beitrag in die gesamttheologische Theoriebildung einschaltet, wird vielmehr erst recht deutlich werden, wie komplex theologische Denkvollzüge in unserer heutigen Situation sein müssen. Aber das soll uns nicht hindern, das zu tun, was getan werden muß: Theologie zu treiben als eine kirchliche Wissenschaft. Dazu sind wir heute mehr denn je gerade auf den Beitrag der praktischen Theologie angewiesen. Findet sie zu ihrer Wissenschaftlichkeit, indem sie ihren Beitrag zur theologischen Theoriebildung leistet, dann hilft sie der Theologie dazu, sich gerade in den unvermeidlichen Spannungen als kirchliche Wissenschaft zu verwirklichen.

4. Folgerungen für eine Reform des Theologiestudiums

Reform des Theologiestudiums ist ein Thema, das schon lange und wieder einmal aktuell ist. Dabei steht der Aufwand an Mühe und Überlegung bisher in keinem Verhältnis zu dem erzielten Effekt. Das hängt sicher mit daran, daß sich je länger je mehr zeigt, wie Reform des Theologiestudiums nicht isoliert behandelt werden kann. Sie ist verbunden einerseits mit einer neuen Gewichtsverteilung innerhalb der Theologie. Da gibt es Schwierigkeiten. Institutionalisierte Beteiligungen und Ansprüche lassen sich nicht leicht ändern. Soll der Einfluß eines Fachs begrenzt werden, weil anderes wichtiger scheint, dann ist gleich die Theologie überhaupt in Gefahr — die Unerfreulichkeit solcher Fachegoismen braucht jetzt nicht weiter ausgebreitet zu werden; es gibt sowieso genug Leute, die da Bescheid wissen. Andererseits — und das ist wohl die noch weitergehende Konsequenz — läßt sich eine Studienreform, die mehr ist als ein bißchen Herumbessern hier und dort, nicht anfassen, ohne daß dabei der Effekt bis in die Kirchen durchschlägt, die die so ausgebildeten Theologen dann aufzunehmen haben. Studienreform müßte also immer auch ein Stück Kirchenreform mit sich bringen. Darum wird es lange dauern, bis hier etwas geschieht. Vielleicht — auch wenn das nun nach Resignation des Theologen aussehen mag — kommen wir zu der Studienreform, die wir nötig haben, erst dann, wenn die Kirche in eine gründliche Reform hineingezwungen wird.

Nun, diese Schwierigkeiten sollen uns nicht hindern, hier nun doch auch einige Konsequenzen unserer Überlegungen für das Studium der Theologie anzudeuten. Nicht, daß damit die überfällige Reform angestoßen werden könnte. Aber auch solche Überlegungen brauchen ihre Zeit, und jeder Beitrag hilft vielleicht doch ein Stück weiter — sei es auch nur dadurch, daß er Widerspruch provoziert.

Von zwei Seiten ist bisher vor allem in den Fragen einer Reform des Theologiestudiums argumentiert worden. Einmal von den praktischen Bedürfnissen her, die eine andere Ausrichtung des Studiums verlangen als die bisher vorherrschende historisch-philologische Bildung. Zum anderen von dem Rückgang der Studentenzahlen her, der mit darin begründet ist, daß die für das Theologiestudium vorausgesetzte Kenntnis der alten Sprachen immer weniger auf den Gymnasien erworben wird, darum das Theologiestudium unerträglich mit Sprachenpaukerei belastet. Das könnte nun sicher noch sehr ausführlich begründet werden. Aber wir brauchen ja bekannte Argumente nicht zu wiederholen.

Vielleicht kann die hier vorgetragene Sicht der Theologie und der wissenschaftlichen Aufgaben, die auf die Theologie zukommen, diese Argumentation noch etwas unterstützen. Dazu nun eine Reihe von Folgerungen, die freilich nicht zu dem ausgeführten Plan einer Studienreform entwickelt sind. Solches Sandkastenspiel hat wenig Sinn, solange man sich nicht über einige Grundforderungen und Möglichkeiten verständigt hat und bereit ist, dem wirklich Raum zu geben, was sich jedenfalls auf die Dauer nicht vermeiden läßt.

4.1. Zur Differenzierung der Disziplinen — die Frage nach der Einheit der Theologie

Selbstverständliches braucht hier nur erinnert zu werden. Auch Theologie ist in einem Prozeß der Differenzierung und Spezialisierung, der sich nicht bremsen läßt, der vielmehr weitergehen wird — mindestens solange nicht die materielle Basis fehlt, die ein aufwendiger Wissenschaftsbetrieb nun einmal braucht. Wir sehen diese Differenzierung und Spezialisierung in einem recht vorgerückten Stadium bei den historisch-exegetischen theologischen Disziplinen. Daß hier ein Fach vom Fachgelehrten noch in seiner ganzen Ausdehnung beherrscht wird, kann nicht mehr gefordert werden. Mindestens in der Forschung sind die einzelnen Fächer schon längst wieder aufgeteilt — nur Hermeneutik und Systematik müssen sich noch um einen Überblick über das Ganze bemühen.

Nun deutet sich aber immer mehr an — die Sozialethiker sind da im Augenblick am weitesten gekommen, aber die Praktologen werden folgen, wenn sie ihre Aufgabe und Chance wahrnehmen —, daß Theologie sich anschickt, auf den Bereich der empirischen Humanwissenschaften sehr viel stärker als bisher einzugehen. Das wird Folgen haben, die jetzt schon auszurechnen sind. Dort sind ja andere Methoden und Fragestellungen zu Hause als in den historisch arbeitenden Geisteswissenschaften. Das wird zur Folge haben, daß sich die Wissenschaftlichkeit der Theologie — Näheres braucht dazu nun nicht mehr gesagt zu werden — nicht mehr einfach in der historischen Methode auslegen kann.

Nicht nur vom Stoff, sondern auch von der Methode her wird es also zu stärkeren Differenzierungen innerhalb der theologischen Arbeit kommen. Diese Differenzierung bedeutet mehr als die Spezialisierung im Historischen. Sie wird die Frage nach der Einheit der Theologie noch einmal neu stellen. Das ist vorauszusehen. Nun ist sicher eine Theorie, die diese Einheit begründet, aufzubringen. Wir sehen diese Einheit der verschiedenen wissenschaftlichen Vollzüge der Theologie ja gegeben in ihrer Beziehung auf die Kirche. Aber diese Theorie ist nur solange wirksam, als sie auch die Praxis bestimmt. Und sie muß von einer praktischen Zusammenarbeit begleitet sein — damit es nicht zu Verständigungsschwierigkeiten innerhalb der Theologie kommt, die nun nicht in verschiedenen theologischen Positionen begründet sind, sondern in der unterschiedlichen wissenschaftlichen Methodik und Interessenrichtung. Gewiß wird der, der in der theologischen Forschung mitarbeitet, versuchen müssen, sich nebenbei einen gewissen Überblick über das Ganze der Theologie mit zu bewahren. Und der systematische Theologe wird auch weiterhin ex officio um dieses Ganze besorgt sein. Die Frage, die wir hier sehen müssen, betrifft zunächst den Studenten, der von einer solchen Theologie die Ausbildung für einen kirchlichen Beruf erwartet. Wie wird er sich in einer solchen Theologie, wie sie da zu erwarten steht, zurechtfinden? Kann er sich überhaupt zurechtfinden?

4.1.1. Einheit von Forschung und Lehre?

Wir stellen diesen ehrwürdigen Grundsatz der Humboldt'schen Universität jetzt nicht prinzipiell zur Debatte. Wir fragen auch nicht näher danach, ob es theologische Forschung eigentlich gibt, und wie die dann aussieht — nicht nur unter Naturwissenschaftlern wird man sich darunter vermutlich wenig genug vorstellen können. Wir nehmen hier die genannten Reflexionsformen und Fragestellungen als das, was Theologie als kirchliche Wissenschaft kennzeichnet. Wer hier mitdenkt und weiterdenkt, der treibt theologische Forschung. Aber die soll ja gemeinsam geschehen, soll ihre Wirkungen auch auf die Kirche haben. Umgekehrt — und das interessiert uns nun — soll die Ausbildung für die kirchliche Praxis so geschehen, daß der Student in eben diese Denkvollzüge eingeführt wird.

Hier kommt dann freilich rasch das Problem. Wo soll eine solche Einführung in dem sich doch immer weiter differenzierenden und spezialisierenden Gefüge der theologischen Disziplinen geschehen? Überall — das wäre die naheliegende Antwort. So hat man es ja auch bis jetzt gehalten, indem man etwa den Besuch eines Proseminars und eines Seminars in jeder der theologischen Einzeldisziplinen erwartet, teilweise gar in den Prüfungsordnungen vorgeschrieben hat. Das zeigt an, daß unsere Frage unmittelbar mit der Organisation des Theologiestudiums zu tun hat.

Nehmen wir noch einmal die naheliegende und bisher auch m. W. allgemein praktizierte Antwort auf die Frage, wo nun die Einführung des Studenten in die theologischen Denkvollzüge geschehen soll. Überall, d. h. in jedem der theologischen Fächer. Fragen kann man dabei höchstens, wie neben einer solchen, auf Schwerpunkte begrenzten Einführung auch der ganze Forschungsstand jedes Faches angeeignet werden sollte. Hier läßt man ja mit sich handeln. Es liegt auch auf der Hand, daß ein Überblick über das Ganze der Theologie, der wenigstens die wichtigeren Forschungsergebnisse und Problemstellungen aller Einzeldisziplinen mit einschließt, heute von einem Examenskandidaten nicht mehr verlangt werden kann. Dazu ist einfach zu viel im Gang — die geforderte Breite einer theologischen Bildung müßte so auf Kosten der Tiefe gehen, daß sie nichts mehr wert wäre (weithin sieht es ja schon so aus!).

Doch wir bleiben nun bei dem Üblichen — der Forderung, daß im Studium eine Einführung in jede der theologischen Disziplinen geschehen muß. Auch wenn dann nur Schwerpunkte gefordert werden — handelt es sich hier nicht um eine Überforderung? Das gilt schon jetzt, wo wir doch im ganzen noch bei einer einseitig historischen Ausrichtung des Studiums stehen. Es wird noch mehr gelten, wenn sich neben dieser historisch-kritisch bestimmten Ausrichtung der Theologie, wohl auch in Konkurrenz zu ihr, empirisch-kritische Forschung etabliert. Das muß sein — darüber kann es jetzt keine Diskussion mehr geben. Wir fragen hier allein nach den Folgerungen für die Gestaltung des Theologiestudiums.

Noch einmal: Wir gehen davon aus, daß es so etwas wie eine Einheit von Forschung und Lehre geben sollte. An bestimmten Punkten muß es soweit kommen, daß jeder Student für die theologische Forschung kennzeichnende Denkvollzüge mit vollzieht, vielleicht sogar so, daß es dabei dann wirklich auch zu weiterführenden Ergebnissen kommt. Erwarten wir das, dann können wir aber nicht bei der traditionellen Antwort auf die Frage, wo das dann geschehen solle, bleiben. Es kann nicht überall geschehen. Dazu sind einfach zu viele Voraussetzungen da, die erfüllt sein müssen, ehe es auch nur zu einem halbwegs verständigen Mitgehen bei solchen — vielleicht — weiterführenden theologischen Denkvollzügen kommen kann. Wird hier in Studienplänen und Prüfungsordnungen zuviel verlangt, dann erreicht man damit weniger als das, was unbedingt wünschenswert wäre. So ist das jetzt schon, und je weiter die Differenzierung der theologischen Forschung geht, desto weniger wird mit der Forderung nach einer allgemeinen, alle Disziplinen in gleicher Weise umfassenden theologischen Bildung erreicht werden. Das liegt auf der Hand. Faktisch ist es doch so, daß der normale Student bei dem historisch-philologischen Klimmzug, der ihm in der ersten Phase seines Studiums abverlangt wird, kaum noch die Nase über die Reckstange bringt. Mehr ist dann aber im weiteren Verlauf des Studiums kaum zu verlangen, und das Examen wird in der Regel mit einem oberflächlich angeeigneten historischen Wissen bestritten. Das ist nicht wünschenswert.

Wollen wir daran festhalten, daß ein Einblick in theologische Forschung zu den Bedingungen eines erfolgreichen Studiums gehört, werden wir nicht um eine Spezialisierung der Studiengänge herumkommen. Sicher heißt das, daß wir von der Vorstellung einer gleichmäßigen theologischen Allgemeinbildung abkommen müssen. Aber da handelt es sich sowieso nicht um Realität, sondern bestenfalls um ein Ideal, das nicht nur eine gute Begabung, sondern im Grunde auch eine humanistische Vorbildung voraussetzt, die wir je länger desto weniger erwarten können.

Nun will ich hier nicht theologische Studiengänge entwerfen. Dazu braucht es mehr als ein paar Einfälle, die ein einzelner bestenfalls zu solchen Projekten beisteuern kann. Das Nächstliegende will ich aber doch nennen: Es empfiehlt sich eine Zweiteilung in einen historisch-kritisch und einen empirisch-kritisch ausgerichteten Studiengang, der freilich theologisch ist und bleiben soll, also hier und dort die dogmatisch-normative Reflexion in sich schließt. Das scheint der sich abzeichnenden Struktur der theologischen Forschung am ehesten angemessen. Hier oder dort sollte eine solche Vertiefung der theologischen Arbeit erreicht werden, daß es bis zu einem Einblick auch in die laufenden Forschungsprozesse kommen kann. Das verlangt aber zugleich eine Entlastung auf anderen Gebieten. Um das Heikelste zu nennen: Der empirisch-kritische Studiengang wird auf die alten Sprachen verzichten müssen — m. E. auch auf das neutestamentliche Griechisch. Näheres braucht hier nicht gesagt zu werden.

4.1.2. Die Einheit der Theologie?

Was uns angesichts dieser unausweichlichen Notwendigkeiten — vor denen man sich vielleicht noch einige Zeit drücken kann, denen man aber nicht entgeht — vor allem interessieren muß, ist die Frage, wie hier nun die Einheit der Theologie bewahrt werden kann. Wir sollten uns dabei freilich nicht über den gegenwärtigen Zustand täuschen. Was da diese Einheit bestenfalls darstellt, sind einheitliche Prüfungsordnungen, von daher relativ einheitliche Studiengänge. Darüber hinaus dann vielleicht noch eine mindestens weithin historisch ausgerichtete Methodik und Fragestellung. Das ist nicht genug. Das merkt man dann deutlich, wenn diese die Einheit repräsentierenden oder vielleicht auch nur vortäuschenden Institutionen in Frage gestellt werden müssen. Was wir hier zu überlegen haben, das gilt also nicht nur einer Struktur der theologischen Ausbildung, die vielleicht einmal kommen wird. Es ist auch in der gegenwärtigen Situation wünschenswert, daß die Einheit der Theologie deutlicher in Erscheinung tritt als in solchen institutionellen Momenten — während man es im übrigen dem Studenten, oder dann vielleicht noch dem Kollegen von der systematischen Disziplin überläßt, diese Einheit zu finden.

Gerade wenn man sieht, wie eine Spezialisierung unvermeidlich wird, die bis in die Ausbildungsfunktionen der Theologie hineinreicht, wird man also gut daran tun, sich zu fragen, wie angesichts dieses Sachverhalts die Einheit der Theologie sichtbar werden kann. Sicher zunächst dem gegenüber, der Theologie lernen will. Aber es ist ja bekannt, daß gerade eine solche Fragestellung sehr rasch weiterführt, die eigene Reflexion anstößt, danach fragen läßt, wie je die Arbeit der eigenen Disziplin und Forschungsrichtung sich je nachdem in eine solche Darstellung der Einheit einfügte. Wo diese Einheit zu suchen ist, das habe ich ausführlich dargelegt. Wie das zu geschehen hat, das ist eine andere Frage.

Ich kann auch hier nicht Modelle vorlegen. Einiges will ich aber nennen, was mir wichtig erscheint. Einmal sollte eine solche Darstellung der Einheit der Theologie gründlich zu Beginn des Studiums erfolgen — hier könnte man K. Rahners[1] Vorschlag aufgreifen, einen theologischen Grundkurs für Studienanfänger einzurichten. Die Gestaltung würde von einem evangelischen Verständnis von Theologie her allerdings anders aussehen. Damit kann freilich diese Frage nicht als erledigt angesehen werden. Sie muß das ganze — gerade das differenzierte und spezialisierte — Studium begleiten, nun etwa als Kooperation zwischen historisch-kritischen und empirisch-kritischen Spezialisten. Sie müßte wohl auch gegen Ende des Studiums noch einmal sehr ausführlich herausgestellt werden. Das als erste Forderung, die hier zu stellen ist.

Weiter sollte eine solche Darstellung der Einheit der Theologie nicht einer einzelnen Disziplin überlassen werden. Hier ist der Ort, wo eine Kooperation der Disziplinen institutionalisiert werden muß. Das wird Schwierigkeiten geben. Es wird aber zugleich dazu zwingen, gegenläufig zu der notwendigen Spezialisierung immer auch das Ganze der Theologie im Blick zu behalten.

Schließlich ist hier der Ort, wo neue Modelle von Lehrveranstaltungen ausgearbeitet werden müssen. Eine solche Darstellung der Einheit der Theologie wird weder in der Form einer Vorlesung, noch eines Seminars gelingen. Sie hat vielmehr in einer Kombination verschiedener Typen von Lehrveranstaltungen zu erfolgen — was zu didaktischen Reflexionen zwingt, die auch andernorts sich auswirken werden.

4.2. Zur Zielsetzung des Theologiestudiums

Eine wenigstens partielle „Verschulung" des Universitätsstudiums läßt sich nicht vermeiden. Andererseits besteht die berechtigte Befürchtung, daß das Niveau der theologischen Ausbildung an der Universität noch weiter sinken wird, wenn man solchen Tendenzen nachgibt. Dieses Hin und Her ist aus den Debatten zur Studienreform bekannt. Dabei hat es gar keinen Sinn, wenn wir vor den Schwierigkeiten die Augen schließen, die heute schon vorliegen. Eine gewisse Lenkung des Studiums läßt sich nicht vermeiden. Sie sollte dann freilich nicht nur durch eine Studienberatung erfolgen — einer solchen Studienberatung müßte auf der anderen Seite ein sinnvoll abgestimmtes Lehrangebot entsprechen. Das sind im Grunde Selbstverständlichkeiten. Man muß sie aber immer wieder einmal aussprechen — ein Blick in Vorlesungsverzeichnisse zeigt, daß sich hier Selbstverständliches noch lange nicht von selbst versteht.

Nun sollen auch hier keine großen Vorschläge gemacht werden. Ich will nur im Zusammenhang unserer Überlegungen zwei Gesichtspunkte hervorheben.

Einmal haben wir mit dem Vorschlag zur Differenzierung des Theologiestudiums in einen historisch-kritischen und einen empirisch-kritischen Zweig der Vorstellung einer theologischen Gesamtbildung den Abschied gegeben. Das muß sein. Solche Vorstellung ist sowieso spätestens seit dem Zeitpunkt illusorisch geworden, wo diese theologische

Gesamtbildung nicht mehr an eine einheitliche humanistische Schulbildung anknüpfte und auf ihr aufruhte. Wir brauchen einer solchen einheitlichen theologischen Bildung auch nicht nachzutrauern. Sie wäre ja desto weniger kommunikationsfördernd, je mehr sich die allgemeine Bildung vom humanistischen Ideal enfernt.

Wir werden zwar — Vorschläge dazu sind schon genannt — auf eine Darstellung der Einheit der Theologie nicht verzichten können. Das wird einen Überblick über das gesamte Problemfeld der Theologie in sich schließen. Doch sollten wir hier nicht zu viel an materialer Kenntnis fordern. Vielmehr gilt es, je innerhalb des gewählten speziellen Studienganges nun zu vertieften Kenntnissen zu kommen. Ein bestimmtes Maß von Wissen ist ja die Voraussetzung, um Probleme überhaupt zu erfassen und dann sich auch eine Methodik der Problemlösung anzueignen. Das zunächst — solches Wissen muß angeeignet werden, und eine Prüfungsordnung hat zu nennen, was da verlangt und erwartet wird.

Zweitens — das erscheint mir nun noch wichtiger als der Hinweis darauf, daß es ohne die Aneignung materialen Wissens auch in Zukunft nicht abgehen wird: Theologisches Denken, das wissenschaftliches Niveau beansprucht, muß die Zweistufigkeit der Reflexion beherrschen, die für unsere gegenwärtige theologische Situation kennzeichnend ist. Wie eine solche zweistufige Reflexion einzuüben ist, das ist eine ganz andere Frage. Sie wird jedenfalls nicht nur in einer historisch-kritisch arbeitenden Disziplin erworben werden können. Gewiß sind wir alle von unseren Erfahrungen mit der Theologie her geneigt, gerade historisch-kritische Arbeit als die conditio sine qua non für wissenschaftliches theologisches Arbeiten anzusehen. So haben wir Theologie gelernt. Aber wir werden uns gerade hier nicht allein an den eigenen Erfahrungsbereich halten dürfen, müssen die neuen Aspekte der theologischen Arbeit, die sich immer deutlicher abzeichnen, mit berücksichtigen. Auch dort, wo eine empirische Theoriebildung die theologische Reflexion mitbestimmt, wird sich diese auf einem anspruchsvollen wissenschaftlichen Niveau bewegen müssen. Es ist sicher nicht so, daß ein empirisch-kritisch orientiertes Theologiestudium einfacher ist, weniger verlangt, als eines, das historisch-kritisch ausgerichtet ist.

Das als zweiter Punkt, der zur Zielsetzung des Theologiestudiums zu beachten ist. Damit ist gesagt, was zu diesem Thema der Studienreform von unseren Gesamtüberlegungen aus gesagt werden muß. Eine Folgerung freilich muß wenigstens noch genannt werden — damit sie nicht vergessen wird.

4.3. Differenzierung im Examen, in der weiterführenden kirchlichen Ausbildung, im Beruf

Die Stichworte sind genannt. Sie ergeben sich aus dem, was wir eben ausgeführt haben. Eine Spezialisierung und Differenzierung theologischer Studiengänge ist selbstverständlich unsinnig, wenn am Ende dann ein Einheitsexamen steht. Man muß den Vorwurf freilich umkehren. Nicht ein hergebrachtes Examen ist ja Studienziel. Vielmehr soll dieses Examen den Erfolg des theologischen Bildungsganges aufweisen. Kann es diesen Bildungsgang sinnvollerweise nur so differenziert geben, wie wir vorschlagen, dann ist ein Einheitsexamen als Studienabschluß unsinnig.

Auch das muß wenigstens genannt werden, daß differenzierte theologische Studiengänge dann auch eine differenzierte Weiterbildung verlangen, auch ein differenzierteres Berufsbild, als wir es bis jetzt haben. Hier sehe ich Hemmungen, die nicht leichter zu beheben sind als das Beharren auf hergebrachten Rechten und Ansprüchen der theologischen Disziplinen, die bei einer Studienreform, die diesen Namen verdient, ja auch nicht einfach bestehen bleiben können. Nur dann aber hat theologische Arbeit, Theoriebildung wie die Ausbildung derer, die in der Kirche ihren Beruf suchen, einen Sinn, wenn sie sich nicht nur bewußt auf die Kirche bezieht, sondern auch von der Kirche angenommen wird. Darauf sind wir angewiesen, nicht nur mit unseren Vorschlägen zur Reform des Theologiestudiums.

ANMERKUNGEN

O. *Vorbemerkung*

[1] D. Rößler, Positionelle und kritische Theologie, ZThK 1970, 215 ff. Statt sich nur auf Kirche und kirchliche Praxis zu beziehen, soll nach Rößlers Meinung kritische Theologie fortschreiten zu einer „Theorie des neuzeitlichen Christentums" (231), das nicht nur kirchliches Christentum sei, sondern dessen Praxis in der modernen Welt allgemein geworden sei.

Zum Stichwort einer „Theologischen Enzyklopädie" ist nach wie vor von entscheidender Bedeutung *F. Schleiermacher*, Kurze Darstellung des theologischen Studiums zum Behuf einleitender Vorlesungen. Kritische Ausgabe hg. von H. Scholz 4.1961. Daneben nenne ich von den Arbeiten aus dem 19. Jahrhundert noch *R. Rothe*, Theologische Encyclopädie, aus seinem Nachlasse herausgegeben von H. Ruppelius, 1880.

Neben der methodisch bestimmten Enzyklopädie steht als Gesamtdarbietung des theologischen Stoffes die Realenzyklopädie, durch verschiedene Nachschlagewerke vertreten. Ich verweise hier auch auf die an den aktuellen Problemen der einzelnen Disziplinen orientierte enzyklopädische Arbeit von *H. Diem*, Theologie als kirchliche Wissenschaft. Eine Handreichung zur Einübung ihrer Probleme. Band I, Exegese und Historie, 1951; Band II, Dogmatik, 1955; Band III, Die Kirche und ihre Praxis, 1963. Der von H. Diem diskutierte Problemstand ist freilich inzwischen an manchen Punkten durch neue Entwicklungen überholt.

Zu dem Unternehmen einer theologischen Enzyklopädie überhaupt vgl. *G. Ebeling*, Erwägungen zu einer evangelischen Fundamentaltheologie, ZThK 1970, 479 ff., insbesondere 484—489. Ebeling hält eine terminologische Anknüpfung an die Enzyklopädien des 19. Jahrhunderts, wie sie hier versucht wird, nicht mehr für möglich.

Die enzyklopädische Aufgabe, der wir uns hier stellen, wird, freilich unter anderem Namen und meist mit einem begrenzteren Ziel, von den verschiedenen Einführungen in die Theologie angefaßt. Ich nenne hier:

Hg. *M. Doerne*, Grundriß des Theologiestudiums I—III, 1948—1952.

Hg. *R. Bohren*, Einführung in das Studium der Evangelischen Theologie, 1964.

Dazu sei gleich noch erwähnt die sehr persönlich gefaßte Arbeit von *H. Vogel*, Grundfragen des Studiums der Theologie, 1957.

Schließlich muß hier mit Nachdruck genannt werden *K. Barth*, Einführung in die evangelische Theologie, 1962 (jetzt auch als Siebenstern-TB 111).

Wer sich von der verwirrend breiten Skala von Möglichkeiten, Theologie zu begreifen, rasch einen Eindruck verschaffen will, sei auf den von *P. Neuenzeit* herausgegebenen interkonfessionllen Sammelband „Die Funktion der Theologie in Kirche und Gesellschaft", 1969, verwiesen.

1. Spannungsfeld Theologie

1.1.

[1] *K. Koch,* Die Aufgaben der Theologie in der heutigen Gesellschaft. In: Kirche und Theologie in der demokratischen Gesellschaft, 1969, 27 ff. Ich führe zur Charakteristik einen zusammenfassenden Satz an: „Solange eine Gesellschaft Wissenschaft als ihre Aufgabe ansieht, bedarf solche Wissenschaft einer Integration in einem verbindlichen wissenschaftlichen Bild vom Menschen. Da der Mensch in seinem Wesen nicht anders zu fassen ist als geschichtlich, denn der Mensch existiert geschichtlich auf Erden, wird die theologische Deutung der Geschichte zugleich zum Aufweis menschlicher Bestimmung überhaupt. So ist es durchaus berechtigt, wenn Theologie im Rahmen anderer Wissenschaften betrieben wird und an Universitäten betrieben wird und dort auch weiterhin verbleibt" (41).

[2] Kritische Ausgabe von *H. Scholz,* S. 2. Zum Verständnis meiner Ausführungen ist eine Kenntnis der „Kurzen Darstellung" Schleiermachers, mindestens der einleitenden Paragraphen 1—31, von Nutzen. Dabei soll hier die Frage anstehen, ob nicht das Theologieverständnis Schleiermachers zu unkritisch den Gegensatz von Amt und Gemeinde voraussetzt, die Frage nach einer Theologie des Laien und für den Laien übergeht, die wir jedenfalls heute dringlich mit bedenken müssen.

Zu Schleiermachers Position vgl. *H. J. Birkner,* Beobachtungen zu Schleiermachers Programm der Dogmatik, NZSThR 1963, 119 ff. und vor allem *M. Doerne,* Theologie und Kirchenregiment. Eine Studie zu Schleiermachers praktischer Theologie, NZSThR 1968, 360 ff. Das Thema „Theologie und Kirchenleitung" behandelt *M. Fischer* in EvTh 1961, 49 ff. als das Verhältnis von akademischer Theologie und Kirchenleitung im engeren Sinne.

[3] „Neque vero somniamus nos Platonicam civitatem, ut quidam impie cavillantur, sed dicimus existere hanc ecclesiam, videlicet vere credentes ac iustos sparsos per totum orbem." So Melanchthon, AC VII, 20 (BSLK[2]., 238).

[4] Eine vor allem in der „Evangelischen Theologie" geführte Diskussion zu *Weischedels* Programm einer philosophischen Theologie bringt der Sammelband „Philosophische Theologie im Schatten des Nihilismus", Hg. J. Salaquarda, 1971.

Zur Frage nach der Einheit der Theologie seien zwei neuere Arbeiten mit recht gegensätzlichen Lösungsversuchen genannt: *E. Jüngel,* Das Verhältnis der theologischen Disziplinen untereinander, in: E. Jüngel, K. Rahner, M. Seitz, Die Praktische Theologie zwischen Wissenschaft und Praxis, 1968. Jüngel versucht den Ansatz Schleiermachers neu zu durchdenken und ihn von der in der Tradition der dialektischen Theologie bestimmenden Denkfigur „Ereignis des Wortes Gottes" her zu präzisieren. Er schließt damit kritisch an an die „Diskussionsthesen für eine Vorlesung zur Einführung in das Studium der Theologie" von *G. Ebeling* (in: Wort und Glaube, 1960, 447 ff.). Ergänzend sei hingewiesen auf *E. Jüngel,* Die Freiheit der Theologie, ThSt 88, 1967.

R. Schäfer, Die Einheit der Theologie, ZThK 1969, 369—385, will die gegenwärtig gängigen Wege, die Einheit der Theologie zu finden — den biblizistischen, den kirchlichen, den eschatologisch-ethischen — hinterfragen, da hier fragwürdig gewordene Voraussetzungen vorlägen. Als Lösungsvorschlag kommt dann leider einmal mehr nur das Postulat einer natürlichen Gotteserkenntnis, die jenen Voraussetzungen zu Hilfe kommen müsse. Hier soll der Wirklichkeitsbezug der Theologie liegen, deren christliche Präzisierung dann wieder in der Tradition gesucht wird. Mit solchem Insistieren auf einer allgemeinen Erfahrbarkeit Gottes ist uns heute wenig geholfen.
Ich notiere weiter *E. H. Amberg,* Die Frage nach der Einheit der evangelischen Theologie, ThLZ 1967, 82 ff. Zur Problematik der Ekklesiologie nenne ich *W. D. Marsch,* Institution im Übergang. Evangelische Kirche zwischen Tradition und Reform, 1970 und *W. Pannenberg,* Thesen zur Theologie der Kirche, 1970.

1.2.
Zu dem gespannten Verhältnis von Theologie und Kirche wäre eine Fülle von Literatur zu nennen. Einiges sei angeführt. *H. Lilje,* Bemerkungen zum Verhältnis von Theologie und Kirche, LMH 1963, 3—6 artikuliert das Mißtrauen der Gemeinde gegenüber theologischer Bibelkritik.
H. O. Wölber, Brief an einen jungen Theologen, LMH 1969, 348 ff. sucht die resignierende Distanz des Theologen gegenüber der verfaßten Kirche zu überwinden.
W. Trillhaas, Die Kirche und ihre Professoren, EvKomm 1968, 326 ff. spricht das gespannte Verhältnis von seiten der Universitätstheologie an.
Grundsätzlichere Ausführungen zum Verhältnis von Theologie und Kirche bei *G. Ebeling,* Der Theologe und sein Amt in der Kirche, ZThK 1969, 245 ff. Dazu als offiziöses Dokument: Schrift, Theologie, Verkündigung. Erarbeitet und mit Genehmigung des Rates der Evangelischen Kirche in Deutschland herausgegeben von dem *theologisch-wissenschaftlichen Arbeitskreis „Schrift und Verkündigung",* 1971. Die konservative katholische Position — Bindung der Theologie an Hierarchie und Lehramt — beschreibt *W. Bartz,* Die Lebensfunktion der Theologie in der Kirche, Trierer ThZ 1967, 1 ff.
Von neueren Versuchen, der Gemeinde gegenüber das Recht kritischer Theologie zu verdeutlichen — solche Versuche hat es natürlich schon längst auch gegeben — nenne ich:
G. Klein, W. Kreck, W. Marxsen, Bibelkritik und Gemeindefrömmigkeit. Vorträge auf dem 12. deutschen evangelischen Kirchentag, 1966.

Hg. *H. Schnell,* Kranzbacher Gespräch der lutherischen Bischofskonferenz zur Auseinandersetzung um die Bibel, 1967.

Hg. *K. Aland,* Ein anderes Evangelium? Wissenschaftliche Theologie und christliche Gemeinde. Ringvorlesung der Evangelisch-Theologischen Fakultät der Westfälischen Wilhelmsuniversität Münster, 1967.

U. Bach, Gott und seine Theologen. Wege und Ziele der neueren Schriftauslegung, 1969.

Ch. Gestrich, Zutrauen zur Theologie. Eine Besinnung über Theologiestudium und kirchliches Amt, EvKomm 1970, 139 ff.

Als Beispiel der gemeindetheologischen Polemik gegen die kritische Universitätstheologie führe ich an:

G. Bergmann, Kirche am Scheideweg. Glaube oder Irrglaube, 1967, und — in seinen Anfragen sehr viel tiefer gehend — *H. Brown,* Kirche im Ausverkauf? Protest eines beunruhigten Protestanten, 1970. Deutlich wird in diesen Äußerungen — neben sehr viel berechtigter Warnung vor Leichtsinn und einem gedankenlosen Modernismus — das Mißtrauen gegenüber jeder Neuerung. Identität wird in der identischen Formel gesucht, die Notwendigkeit einer Anpassung nicht bewußt wahrgenommen — eben weil man sich in der Frontstellung gegen eine Anpassung um jeden Preis befindet.

Über den jüngsten Verlauf der Auseinandersetzungen mit der kritischen Theologie informiert:

H. Strathmann, Kein anderes Evangelium. Geist und Geschichte der neuen Bekenntnisbewegung, 1970.

H. Lachenmann, Theologie und Gemeindefrömmigkeit, LMH 1964, 565 ff., vor allem die Vorgänge in Württemberg berücksichtigend.

Mit dem zentralen Problem von Anpassung und Identität befaßt sich Heft 1, 1970 von *Concilium,* Die Kirche in der Spannung um ihr Bekenntnis. Zu diesem Problem vgl. auch *G. Ebeling,* Die Geschichtlichkeit der Kirche und ihrer Verkündigung als theologisches Problem SVG 207/208, 1954.

Die Literatur zur Kritik und Reform der Kirche kann wieder nur in einer ganz knappen Auswahl genannt werden.

Über den institutionellen Wandel der kath. Kirche seit dem 2. Vatikanischen Konzil berichtet *F. Houtart,* Explosion der Kirche?, 1969. Für die Gesamtproblematik aus ev. Sicht sei hier noch einmal auf *W. D. Marsch,* Institution im Übergang, verwiesen. Weiter sei *W. Jetter,* Was wird aus der Kirche? Beobachtungen, Fragen, Vorschläge — genannt (jetzt als Gütersloher Taschenausgabe 62/63, 1971).

Als Exempel für die Behauptung, daß Kritik an der Institution sehr viel schwerer ankommt als Kritik an der persönlichen Haltung:

H. O. Wölber, Kirchenreform zwischen Utopie und Wirklichkeit, LMH 1966, 275 ff. und *K. Schmidt-Clausen,* Wozu (noch) Volkskirche? Plädoyer für die Angeklagte eines Schauprozesses, LMH 1969, 372 ff.

Zum Problem der Volkskirche äußern sich im Radius mit sehr verschiedenem Maß von Einsicht 1970, 4, S. 7—20 H. Bannach, F. Benseler, H. H. Brunner unter dem Titel „Wozu eigentlich noch Kirche?". Von Interesse ist auch W. Dirks, Volkskirche im Übergang, Frankf. H. 1970, 108 ff.; 187 ff.

1.3.

[1] R. Schäfer, Die Misere der theologischen Fakultäten. Dokumentation und Kritik eines Tabus, 1970. Die Argumentation ist von einem naiven Rationalismus getragen, der die Problematik der eigenen Position anscheinend nicht wahrnimmt. Hoffentlich sehen wir als Theologen hier etwas deutlicher!

[2] J. M. Bochenski, Logik der Religion, 1968.

[3] D. Savramis, Religionssoziologie. Eine Einführung, 1968. Vgl. vor allem S. 63 ff. den Abschnitt über die „Konfessionalisierung der Religionssoziologie".

[4] A. Nygren, Die Gültigkeit der religiösen Erfahrung, 1922.

[5] E. Spranger, Der Sinn der Voraussetzungslosigkeit in den Geisteswissenschaften, SAB 1929, phil. hist. Klasse, I, S. 2—30. Nachdruck bei der Wissenschaftlichen Buchgesellschaft, Darmstadt, 1958, Libelli XCII.

Über die Wissenschaftlichkeit der Theologie ist selbstverständlich schon seit langem diskutiert worden. So findet sich wohl in jeder Dogmatik in den Prolegomena ein entsprechender Abschnitt. Genannt sei hier auf jeden Fall noch H. Scholz, Wie ist eine evangelische Theologie als Wissenschaft möglich? ZdZ 1931, 8—53. Einige neuere Aufsätze zu dem Thema sollen wenigstens erwähnt werden (Urteile erspare ich mir):

E. Steinbach, Über die Stellung der theologischen Fakultäten im Ganzen der Universität, ZThK 1951, 360 ff.

C. H. Ratschow, Das Christentum als denkende Religion, NZSThR 1963, 16 ff.

H. Gerdes, Die christliche Theologie als Wissenschaft NZSThR 1964, 1 ff.

J. Moltmann, Theologie in der Welt der modernen Wissenschaften, EvTh 1966, 621 ff.

W. Wiesner, Die Theologie als Wissenschaft, ThZ (Basel) 1970, 265 ff.

J. Hemberg, Theologie und moderne Wissenschaft, NZSThR 1970, 165 ff. — dies eine in ihrer Simplizität außerordentlich einleuchtende Position, vor der im Namen der Wissenschaft wie der Theologie gewarnt werden muß.

S. M. Daecke, Soll die Theologie an der Universität bleiben? Die Auseinandersetzung um eine Begründung der Theologie als Wissenschaft, EvKomm 1972, 196 ff.

Hg. H. Siemers und H. R. Reuter, Die Theologie als Wissenschaft in der Gesellschaft, 1970, bringt eine Sammlung sehr verschiedener Ansätze.

Hg. G. Sauter, Theologie als Wissenschaft, ThB 43, 1971, druckt wichtige Stellungnahmen zu unserem Thema seit Troeltsch ab (auch Bibliographie).

Zur Frage einer Theologie aus Glauben weise ich hin auf *K. E. Papapetrou*, Zur Frage: Was ist eigentlich Theologie?, EvTh 1966, 551 ff. Hier wird Theologie als glaubendes Verstehen und so als Teilhabe an Gott verstanden — eine der unsrigen diametral entgegengesetzte Position, die ich ebendarum erwähnen will. Zu der von einer Theologie aus Glauben zu unterscheidenden Frage nach dem Glauben des Theologen weiß *O. Hammelsbeck*, Du willst Theologie studieren? EvTh 1960, 289 ff., Beherzigenswertes zu sagen. Kirchliche Theologie in eine wertneutrale Religionswissenschaft umzuwandeln, ist nicht nur die von R. Schäfer vorgeschlagene Patentlösung des Problems, das mit der Existenz der Theologie an unseren Universitäten gegeben ist. Über die Lage in Schweden in dieser Frage informiert: *C. M. Edsman*, Theologie oder Religionswissenschaft? ThR 1970, 1 ff., und *H. Reller*, Theologie als Abteilung der philosophischen Fakultäten: Die Reformen in Schweden. LMH 1971, 55 f.

Zur allgemeinen Wissenschaftstheorie nenne ich:
H. Seiffert, Einführung in die Wissenschaftstheorie 1, 2.1970; 2, 1970. Eine Diskussion der besonderen Problematik der Geschichts- bzw. Geisteswissenschaft in Auseinandersetzung mit naturwissenschaftlicher Theoriebildung bringt *K. Gründer*, Hermeneutik und Wissenschaftstheorie, PhJ 75, 1967/68, 152—165 (dort weitere Literatur zum Thema).

Zur Frage der Vernünftigkeit moderner Wissenschaft und möglichen theologischen Beiträgen zu solcher Vernünftigkeit vgl. *G. Picht*, Mut zur Utopie. Die großen Zukunftsaufgaben, 1969; ders., Theologie in der Krise der Wissenschaft, EvKomm 1970, 199 ff.; *H. E. Tödt*, Schöpferische Nachfolge in der Krise der gegenwärtigen Welt, LR 1970, 418—432.

2. Stufen der theologischen Reflexion

2.1.

Zum Problem dogmatischer Reflexion in der gegenwärtigen Situation vgl. *H. Diem*, Dogmatik. Ihr Weg zwischen Historismus und Existentialismus, 1955. Vom selben Vf. „Was heißt schriftgemäß?", 1958. Eine knappe und klare Bestimmung findet sich auch bei *E. Kinder*, Dogmatik und Dogma, in: Hg. W. Joest und W. Pannenberg, Dogma und Denkstrukturen, 1963, 9—28.

Von Interesse für unsere Fragestellung ist weiter *E. Schlink*, Die Struktur der dogmatischen Aussage als ökumenisches Problem, in: Der kommende Christus und die kirchlichen Traditionen, 1963, 24—79.

Eigenwillig und nicht ganz einfach zu lesen ist *H. G. Fritzsche*, Die Strukturtypen der Theologie. Eine kritische Einführung in die Theologie, 1961.

Das Problem von Dogmatik und Historie ist noch längst nicht ausdiskutiert. Dazu hier zwei katholische Arbeiten:

M. Blondel, Geschichte und Dogma — 1904 in Auseinandersetzung mit dem Modernisten Loisy geschrieben, 1963 in deutscher Übersetzung erschienen. Sicher, das ist eine katholische Position. Doch sie ist gerade in ihrer scharfsichtigen Kennzeichnung des „Historizismus" und seiner Schwächen auch heute noch von Interesse. Sehr umsichtige Reflexionen über die Notwendigkeit und Grenze der Dogmatik im Horizont geschichtlichen Denkens bringt *K. Lehmann,* Die dogmatische Denkform als hermeneutisches Problem, EvTh 1970, 469 ff.

Zur Frage nach den Kriterien dogmatischer Reflexion:

K. H. Ohlig, Woher nimmt die Bibel ihre Autorität? Zum Verhältnis von Schriftkanon, Kirche und Jesus, 1970. Neben dieser katholischen Arbeit zum Thema die evangelische:

J. Wirsching, Was ist schriftgemäß? Studien zur Theologie des äußeren Bibelwortes, 1971.

Für die Geltung des Bekenntnisses setzt sich ein:

H. Stoevesandt, Die Bedeutung des Symbolums in Theologie und Kirche, ThEx 163, 1970. Typisch für die weitverbreitete Unsicherheit in der Frage nach dem Bekenntnis dagegen:

Hg. *G. Ruhbach, H. Schröer, M. Wichelhaus,* Bekenntnis in Bewegung. Ein Informations- und Diskussionsbuch, 1969.

2.2.

Für die emanzipatorische Tendenz historischer Kritik verweise ich auf *G. E. Lessings* bekannte Abhandlung „Über den Beweis des Geistes und der Kraft" (1777).

Zur Einführung in die Problematik ist nach wie vor unübertroffen der Aufsatz von *E. Troeltsch,* Über historische und dogmatische Methode in der Theologie (1898), Ges. Schr. 2, 1913, 729—753. Hier werden die Konsequenzen einer Historisierung der theologischen Arbeit aufgewiesen, ohne dabei den Bruch zur theologischen Tradition zu verschleiern. Eine solche Verschleierung liegt m. E. dort vor, wo man die Aufnahme der historischkritischen Methode in der Theologie theologisch damit zu rechtfertigen sucht, daß hier die Entscheidung der Reformation unter anderem geistesgeschichtlichem Vorzeichen durchgehalten worden sei. So in *G. Ebelings* programmatischem Aufsatz „Die Bedeutung der historisch-kritischen Methode für die protestantische Theologie und Kirche", ZThK 1950, 1 ff., in Wort und Glaube 1960, 1—49. Zu dieser These ist freilich zu bemerken, daß hier das Verständnis der historisch-kritischen Methode stark überdehnt ist. Es soll den ganzen hermeneutischen Prozeß umfassen — also doch auch die Momente, die wir der traditionellen dogmatisch-normativen Reflexion zugewiesen haben. Andernorts weiß Ebeling auch zu unterscheiden und gerade die Spannung, die hier vorliegt, zu markieren. Ich zitiere dazu aus den „Diskussionsthesen zur Einführung in das Studium der Theologie", Wort und Glaube 1960, 449 „Die Aufteilung der Theologie in Disziplinen ist erst in der Neuzeit von Bedeutung geworden mit dem Aufkommen historisch-kritischer Methode und deren Spannung zu systematisch-normativer Fragestellung. Diese Spannung ist das einzige ins Gewicht fallende Problem in bezug auf das Verhältnis der theologischen Disziplinen zueinander, aber von solcher Problematik, daß davon die Einheit der Theologie bedroht ist" — wozu ich nur anmerken will: Die angedeutete Spannung läßt sich nicht auf die einzelnen theologischen Disziplinen aufteilen, wie es hier bei Ebeling scheinen mag, sondern steckt in jedem Akt der theologischen Reflexion mit drin. Das kann freilich nicht heißen, daß damit jede Unterscheidung zwischen den Disziplinen im Grunde aufgehoben wäre. Historische Arbeit hat in ihrer von der Dogmatik unterschiedenen Fragestellung als theologische Arbeit ihr Recht. Dazu vgl. die immer noch aktuelle Arbeit von *Adolf Schlatter*, Die Theologie des Neuen Testaments und die Dogmatik (1909), in Hg. *U. Luck*, A. Schlatter, Zur Theologie des Neuen Testaments und zur Dogmatik. Kleine Schriften, ThB 41, 1969.

Zur Problematik der historischen Kritik sei schließlich noch hingewiesen auf *G. Sauter*, Vor einem neuen Methodenstreit in der Theologie?, ThEx 164, 1970, wo die von uns angesprochene methodische Problematik mit dem Versuch diskutiert wird, die Alternative von historischer und empirischer Kritik zu überwinden, und auf *R. Weth*, In der Zange von rechts und links. Häresie- und Ideologieverdacht: Kritik an der historisch-kritischen Theologie, EvKomm 1970, 390 ff.

2.3.

[1] Zu *R. Sohm* vgl. *S. Grundmann* in RGG[3]. VI, Sp. 116 f. Dort auch weitere Literatur. *E. Brunners* „Mißverständnis der Kirche", 1951 (in zweiter, erweiterter Auflage) sucht die Sohm'sche Position mit ihrer schroffen Entgegensetzung von rechtlicher Ordnung und Geistgemeinschaft zu erneuern. Dabei werden genau die Notwendigkeiten im Rückverweis auf die „Urgemeinde" übersprungen, auf die es bei einer empirisch-analytischen Reflexion der Kirche ankommen müßte.

[2] Dazu vgl. Hg. *H. Maus* und *F. Fürstenberg*, Der Positivismusstreit in der deutschen Soziologie, 1969.

Was empirisch-kritische Theologie einmal sein wird, weiß man naturgemäß noch nicht so recht. Darum ist hier auch wenig Literatur zu nennen. Programmatisch *W. Herrmann*, Empirisch-kritische Theologie — oder: Kritik einer Theologie ohne Folgen, WuP (PTh) 1968, 534 ff. Die Schwierigkeiten, das, was empirisch-kritische Theologie nun eigentlich werden soll, genauer zu definieren, zeigen sich gerade bei Herrmann, der in der Studienreformdebatte das Schlagwort von der empirisch-kritischen Theologie prägte.

Vielleicht kann man einige Ansätze finden bei *H. D. Bastian*, Theologie der Frage, 1969 — schade um den hochgestochen irreführenden Titel. Eine umfassende theologische Untersuchung kirchlicher Praxis in der Heimstätte Boldern/Männedorf (Ev. Akademie) gibt *Th. Vogt*, Herausforderung zum Gespräch. Die Kirche als Partner im gesellschaftlichen Dialog, 1970.

Wichtig ist vor allem die in ihrem zweiten Teil sehr grundsätzliche Arbeit von *A. Hollweg*, Theologie und Empirie. Ein Beitrag zum Gespräch zwischen Theologie und Sozialwissenschaften in den USA und Deutschland, 1971. Dort finden sich auch eine Fülle weiterer Literaturhinweise.

3. Die theologischen Einzeldisziplinen

3.1.

[1] Vgl. Philosophische Brosamen oder ein bißchen Philosophie von Johannes Climacus. Herausgegeben von *S. Kierkegaard*, Kopenhagen 1844.

[2] Ich nenne hier den wichtigen Aufsatz: *R. Bultmann*, Das Problem der Hermeneutik (1950), in: Glauben und Verstehen II, 211 ff. und die zusammenfassende Darstellung: Jesus Christus und die Mythologie, GV IV, 141 ff., die durch den zweifachen Übersetzungsvorgang an Präzision vielleicht etwas verloren, aber an Verständlichkeit entschieden gewonnen hat.

[3] Zu *Ebeling* und *Fuchs* verweise ich auf Hg. *J. M. Robinson* und *J. B. Cobb, Jr.*, Die neue Hermeneutik, Neuland in der Theologie 2, 1965. Vgl. auch die Aufsatzsammlungen: *E. Fuchs*, Zum hermeneutischen Problem in der Theologie, 1959; Zur Frage nach dem historischen Jesus, 1960; Glaube und Erfahrung 1965, sowie Marburger Hermeneutik, 1968. *G. Ebeling*, Wort und Glaube, 1960 und Wort und Glaube II, 1969, sowie Theologie und Verkündigung. Ein Gespräch mit Rudolf Bultmann, 1962.

[4] *J. M. Robinson*, Kerygma und historischer Jesus, 1960. *H. Braun*, Der Sinn der neutestamentlichen Christologie, ZThK 1957, 341 ff.

Dazu vgl. auch *R. Bultmann*, Das Verhältnis der urchristlichen Christusbotschaft zum historischen Jesus, SBA Heidelberg, Phil. hist. Klasse 1960, 3, 21 ff.

[5] ... declaramus, ut in rebus fidei et morum ad aedificationem doctrinae christianae pertinentium is pro vero sensu sacrae scripturae habendus sit, quem tenuit ac tenet sancta mater Ecclesia, cuius est iudicare de vero sensu et interpretatione Scripturarum sanctarum.

Über die historische Arbeit am Alten bzw. am Neuen Testament informieren *H. J. Kraus*, Geschichte der historisch-kritischen Erforschung des Alten Testaments, 2.1969 und *W. G. Kümmel*, Das Neue Testament. Geschichte der Erforschung seiner Probleme 2.1970 (Textsammlung).

Zur Problematik einer biblischen Theologie vgl. *G. Ebeling*, Was heißt

„Biblische Theologie"?, WuG 1960, 69—89. Sehr scharfsinnig werden die Probleme aufgezeigt. Eine Lösung wird sich aber auf dem von Ebeling gewiesenen Weg historisch-hermeneutischer Arbeit kaum finden lassen. Sehr umfassend informiert *H. J. Kraus,* Die biblische Theologie. Ihre Geschichte und Problematik, 1970. Dazu muß noch auf den höchst interessanten Aufsatz von *H. Gese,* Erwägungen zur Einheit der biblischen Theologie, ZThK 1970, 417 ff. hingewiesen werden. Hier sind eine Fülle von Anregungen zu finden, die gerade auch von der neutestamentlichen Exegese aufgegriffen werden sollten — die Frage nach einer einheitlichen biblischen Theologie wird ja nicht von ungefähr derzeit eher von Alttestamentlern als von Neutestamentlern gefördert.

Die hermeneutische Debatte in der neutestamentlichen Wissenschaft ist in den letzten Jahrzehnten durch *R. Bultmann* und sein Programm der Entmythologisierung bzw. der existentialen Interpretation bestimmt worden. Ein Großteil der Beiträge ist gesammelt in Hg. *H. W. Bartsch,* Kerygma und Mythos I, 1948 bis VI, 2, 1964, darunter in KuM I der programmatische Aufsatz von *R. Bultmann,* Neues Testament und Mythologie (zuerst 1941 in BEvTh 7). Einen guten Überblick über die Problematik und weiterführende Lösungsansätze gibt *P. Stuhlmacher,* Neues Testament und Hermeneutik — Versuch einer Bestandsaufnahme, ZThK 1971, 121—161.

Zur Debatte der Alttestamentler vgl. Hg. *C. Westermann,* Probleme alttestamentlicher Hermeneutik. Aufsätze zum Verstehen des Alten Testaments, ThB 11, 1960.

Weiter verweise ich auf zwei katholische Arbeiten: *R. Schnackenburg,* Neutestamentliche Theologie. Der Stand der Forschung, 1963. Interessant ist vor allem das erste Kapitel (S. 11—24) als Einführung in die Probleme. *N. Lohfink,* Bibelauslegung im Wandel. Ein Exeget ortet seine Wissenschaft, 1967.

Schließlich zum Thema „Geistliches Verstehen". *O. A. Dilschneider* beklagt sich über „Die Geistvergessenheit der Theologie" (Epilog zur Diskussion über den historischen Jesus und den kerygmatischen Christus, ThLZ 1961, 233 ff.). So sehr ihm zuzustimmen ist bei seinem Verweis auf die Kontinuität des Verstehens und Bezeugens — das Problem der Vermittlung, der Objektivierungen des Geistes wird dabei übersehen. Das gilt auch für die 1969 vorgelegte Arbeit *Dilschneiders,* „Ich glaube an den Heiligen Geist". Ähnliches könnte zu *O. Rodenberg,* Wort und Geist, 1969, gesagt werden. Auch wo man den Geist streng an das Schriftwort bindet, muß ja das Problem einer Vermittlung mit der glaubenden Subjektivität bedacht werden. Dafür aber ist unsere evangelische Theologie weithin schlecht gerüstet. Darum verweise ich — neben der zu 2.1. schon genannten Literatur — hier noch auf zwei katholische Arbeiten: *E. Schillebeeckx,* Exegese, Dogmatik und Dogmenentwicklung, in: Hg. *H. Vorgrimler,* Exegese und Dogmatik, und

W. Joest, F. Mußner, L. Scheffczyk, A. Vögtle, U. Wilckens, Was heißt
Auslegung der Heiligen Schrift, 1966 — hier insbesondere auf den Beitrag
von *F. Mußner,* Aufgaben und Ziele der biblischen Hermeneutik, 7—28.

3.2.

[1] *K. Barth,* KD I, 1 S. 3. Die Dreiheit von exegetischer, dogmatischer und
praktischer Theologie, die der Kirchengeschichte keinen selbständigen Raum
läßt, ist dabei vestigium trinitatis (ebd S. 367).

[2] *J. G. Droysen,* Historik. Vorlesungen über Enzyklopädie und Methodo-
logie der Geschichte, Hg. R Hübner [3]·1958, S. 322. Vgl. auch S. 345, 421 f.

[3] *E. Meyer,* Zur Theorie und Methodik der Geschichte, 1902, S. 36.

[4] *E. Troeltsch,* Der Historismus und seine Probleme. Ges. Schr. 3, 1922.
ders., Der Historismus und seine Überwindung, 1924.

[5] *K. Barth,* KD I, 2, 764. *G. Ebeling,* Kirchengeschichte als Geschichte der
Auslegung der Heiligen Schrift, SGV 189, 1947. Neu abgedruckt in: Wort
Gottes und Tradition, 1964, 9—27.

Informationen über die verschiedenen Konzepte von Kirchengeschichte gibt
P. Meinhold, Geschichte der kirchlichen Historiographie, 2 Bände, 1967
(Textsammlung).
Weiter ist eine Debatte über das Problem der Dogmengeschichte zu ver-
merken, die freilich nicht zu klaren Ergebnissen führte. Außenseiter ist
dabei *W. Elert,* Die Kirche und ihre Dogmengeschichte, 1950. Neu abge-
druckt in: Der Ausgang der altkirchlichen Christologie, 1957. Sonst geht es
in der Regel darum, in Auseinandersetzung vor allem mit A. Harnack die
Impulse der dialektischen Theologie für die Dogmengeschichte fruchtbar zu
machen — wobei freilich K. Barths Bestimmung der Kirchengeschichte als
Hilfswissenschaft teilweise etwas hemmt.
Ich nenne:
W. Schneemelcher, Das Problem der Dogmengeschichte, ZThK 1951, 63 ff.
E. Wolf, „Kerygma und Dogma"? Prolegomena zum Problem und zur Pro-
blematik der Dogmengeschichte. In: Antwort. Karl Barth zum siebzigsten
Geburtstag, 1956, 780 ff.
G. W. Locher, Was ist Dogmengeschichte? EvTh 1959, 16 ff.
B. Lohse, Was verstehen wir unter Dogmengeschichte innerhalb der evan-
gelischen Theologie, KuD 1962, 27—45.
Die Zeitschrift *Concilium* 1970 H. 8/9, Kirchengeschichte im Umbruch,
bringt einen insgesamt recht informativen Überblick über die methodischen
Probleme der Kirchengeschichte, der freilich auch die Unsicherheit zeigt.
Eine weitere katholische Sammlung ist hier noch zu nennen: Hg. *R. Kottje,*
Kirchengeschichte heute. Geschichtswissenschaft oder Theologie. Mit Beiträ-
gen von N. Brox, E. Iserloh, H. Jedin, H. Lutz und P. Stockmeyer, 1970.

3.3.

[1] Vgl. *H. E. Weber*, Der Einfluß der protestantischen Schulphilosophie auf die orthodox-lutherische Dogmatik, 1908, S. 14—74.

[2] Vgl. meine Arbeit „Theologie für die Zeit", 1969, die diesen Sachverhalt an einer Reihe theologischer Entwürfe von der Aufklärung an bis in die unmittelbare Gegenwart aufzeigt.

[3] *K. H. Miskotte*, Der moderne Dogmatiker als Dilettant und Dirigent, EvTh 1960, 245 ff.

[4] *W. Herrmann*, Der geschichtliche Christus der Grund unseres Glaubens (1892), in: Schriften zur Grundlegung der Theologie Teil 1, ThB 36, 1966, 149 ff.

W. Pannenberg, Stellungnahme zur Diskussion III., in: Hg. J. M. Robinson und J. B. Cobb, Jr., Neuland in der Theologie 3, Theologie als Geschichte, 1967, S. 340—351, u. ö.

[5] *A. Heuß*, Möglichkeiten einer Weltgeschichte heute, in: Zur Theorie der Weltgeschichte, 1968, S. 1 ff.

Zur Dogmatik neuere Literatur anzugeben, ist fast unmöglich, da alles, was theologisch von Belang ist, auch die Dogmatik angeht. Ich verweise darum nur auf einige methodische und programmatische Arbeiten:

G. Wingren, Die Methodenfrage der Theologie, 1957.

H. Ott, Dogmatik und Verkündigung. Ein Programm dogmatischer Arbeit, dargestellt im Anschluß an die Fragen 1—11 des Heidelberger Katechismus, 1961.

R. Röhricht, Theologie als Hinweis und Entwurf. Eine Untersuchung der Eigenart und Grenzen theologischer Aussagen, 1964.

J. Moltmann, Theologie der Hoffnung. Untersuchungen zur Begründung und zu den Konsequenzen einer christlichen Eschatologie, BEvTh 38, 1964. Dazu sind die Diskussionsbände der Reihe *„Neuland in der Theologie"* zu nennen, jeweils von *J. M. Robinson* und *J. B. Cobb, Jr.* herausgegeben. Band 1, Der spätere Heidegger und die Theologie, 1964. Hier geht die Diskussion aus von einem Vortrag von H. Ott, Was ist systematische Theologie? Band 2, Die neue Hermeneutik, 1965 — wesentlich ergiebiger als der erste Band — befaßt sich mit Ebeling und Fuchs. Band 3, Theologie als Geschichte, 1967, diskutiert das offenbarungsgeschichtliche Programm von W. Pannenberg.

Zu den Prinzipienfragen der Ethik verweise ich auf die Textsammlung:

Glaube und Handeln. Grundprobleme evangelischer Ethik. Texte aus der evangelischen Ethik der Gegenwart. Ausgewählt von *H. H. Schrey* mit einer Einleitung von *H. Thielicke*, 2.1961.

Zur Frage der „Anknüpfung" ist bis heute von Interesse die Auseinandersetzung zwischen Brunner und Barth —

Anmerkungen zu 4.
Folgerungen für eine Reform des Theologiestudiums   4

E. Brunner, Natur und Gnade. Zum Gespräch mit Karl Barth, 1934 und
K. Barth, Nein! Antwort an Emil Brunner, 1934.
Beide sind wieder abgedruckt in: Hg. *W. Fürst,* Dialektische Theologie in
Scheidung und Bewährung, ThB 34, 1966.
Dazu *K. Barth,* Evangelium und Gesetz, ThEx 32, 1935, das zu einer zeit-
gemäßen Neufassung dieses Theologumenons auffordert. Wie wenig man
das begriffen hat, zeigt der Sammelband Hg. *E. Kinder* und *K. Haendler,*
Gesetz und Evangelium. Beiträge zur gegenwärtigen theologischen Diskus-
sion, Wege der Forschung CXLII, 1968.

3.4.

[1] *W. Herrmann, G. Lautner,* Theologiestudium. Entwurf einer Reform,
1965, S. 22 f.
[2] *G. Otto,* Zur gegenwärtigen Diskussion in der praktischen Theologie, in:
Hg. G. Otto, Praktisch-theologisches Handbuch, 1970, 10 ff.
[3] Vgl. *G. Krause,* Hat die Praktische Theologie wirklich die Konkurrenz
der Pastoraltheologie überwunden?, ThLZ 1970, 721 ff.

Ich verweise noch einmal auf das von *G. Otto* herausgegebene Praktisch-
theologische Handbuch mit freilich sehr verschiedenartigen Beiträgen. Aber
auch das ist ja symptomatisch für die verworrene Lage in der praktischen
Theologie.
Weiter ist zu nennen:
M. Fischer, Das Selbstverständnis der Theologie und das Praktisch-theologische Studium, PTh 1966, 135 ff.
E. Jüngel, K. Rahner, M. Seitz, Die Praktische Theologie zwischen Wissenschaft und Praxis, 1968.
H. Schröer, Inventur der praktischen Theologie. Zur heutigen Forschungs-
und Studienlage. DPfBl 1969, 720 ff.

4. Folgerungen für eine Reform des Theologiestudiums

4.

[1] *K. Rahner,* Zur Reform des Theologiestudiums, 1969.

Zur Frage der Studienreform ist zu nennen:
W. Herrmann, G. Lautner, Theologiestudium. Entwurf einer Reform. Gut-
achten, angefertigt im Auftrag des Fachverbands Evangelische Theologie im
Verband Deutscher Studentenschaften, 1965.
M. Braun, Reformation des Theologiestudiums, 1966, mit viel Literatur-
angaben zum gesamten Bereich der Theologie.

Hg. *H. E. Hess* und *H. E. Tödt* im Auftrag der Gemischten Kommission für die Reform des Theologiestudiums, Reform der theologischen Ausbildung 1, 1967 bis 6, 1970.

W. Huber, Reform der theologischen Ausbildung. Bericht über die Arbeit der „Gemischten Kommission", EvKomm 1969, 207 ff.

H. N. Janowski, Theologie studieren heute. Zur Reform der theologischen Ausbildung. EvKomm 1971, 247 ff.

R. Koppe, Reform der theologischen Ausbildung in der Bundesrepublik Deutschland zwischen Theorie und Praxis, LR 1971, 75 ff.

D. Schuller, Der Bildungsweg zum geistlichen Amt in den USA heute, LR 1970, 304 ff.

Eine Dokumentation über die theologische Ausbildung findet sich in der *Lutherischen Rundschau* 1970, S. 329 ff. mit Berichten aus Westdeutschland, Schweden, Afrika - Asien und Amerika.

Mit dem landeskirchlichen Ausbildungsweg nach dem Studium befassen sich: *G. Fuhrmann,* Überlegungen zu einer Reform des landeskirchlichen Vorbereitungsdienstes, PTh 1968, 248 ff.

W. Herrmann, Das Vikariat, ebd. 263 ff.

E. Rosenboom, Zur theologischen Ausbildung im Vikariat, ebd. 275 ff.

Im September 1971 hat die Gemischte Kommission für die Reform des Theologiestudiums Empfehlungen für einen Gesamtplan der theologischen Ausbildung in den drei Phasen wissenschaftliches Studium an den Fakultäten, kirchlicher Vorbereitungsdienst, Fort- und Weiterbildung der Pfarrer vorgelegt, auf die hier hingewiesen werden soll.

FRIEDRICH MILDENBERGER, geboren 1929, stu-
dierte Theologie in Tübingen und Göttingen; 1954
bis 1957 Repetent am Evangelischen Stift in Tübingen, dann bis 1964 Pfarrer im Dienst der
Evangelischen Landeskirche in Württemberg. 1962
Promotion, 1964 Habilitation, bis 1970 Universi-
tätsdozent in Tübingen, jetzt ordentlicher Profes-
sor für Systematische Theologie in Erlangen.

„Heute ... ist ja in der Theologie so ziemlich alles möglich" — heißt es auf
einer der Seiten dieses Buches. Wahrhaftig, wer könnte leugnen, daß unsere
heutige Theologie in gefährlicher Weise „theorielos", ja „konzeptionslos" geworden ist und schwer leidet unter dem Mangel an methodisch-kritischer
Selbstbesinnung? Im vorliegenden Band geht der Erlanger Systematiker daran,
auf die im 19. Jahrhundert gängige Form einer theologischen Enzyklopädie zu-
rückzugreifen und dabei die Einheit der Theologie, ihre methodischen Wege
und das Ineinandergreifen der einzelnen theologischen Disziplinen neu zu bedenken.

Mildenberger weiß, daß im Spannungsfeld zwischen kirchlicher Bindung und
wissenschaftlichem Anspruch keiner dieser beiden Pole aufgegeben werden
darf, wenn Theologie bei ihrer Sache bleiben will. Er legt dann aber auch
besonderen Wert darauf, die historisch-kritischen und dogmatisch-normativen
Überlegungen zu ergänzen durch nachdrückliche Einbeziehung der Fragestellungen, die sich durch die neuen „Humanwissenschaften" (Psychologie, Psychoanalyse, Soziologie u. a.) ergeben.

Die einzelnen theologischen Disziplinen — Bibelwissenschaft, Kirchengeschichte,
Systematische Theologie, Praktische Theologie — spiegeln in ihrer spezifischen
Problematik die Spannungen wieder, wie sie die Theologie insgesamt kennzeichnen. Sie müssen zueinander finden, soll nicht die Theologie ihre Sache
wie ihren wissenschaftlichen Anspruch verlieren. Abschließend zieht der Ver-
fasser einige Konsequenzen für Studienreform und Organisation der theologischen Lehre, die ihrerseits wieder in die kirchliche Praxis hineinführen.